한 권으로 끝내는

광역교통시설부담금

장상록 · 문진기 · 김정훈 · 김성범

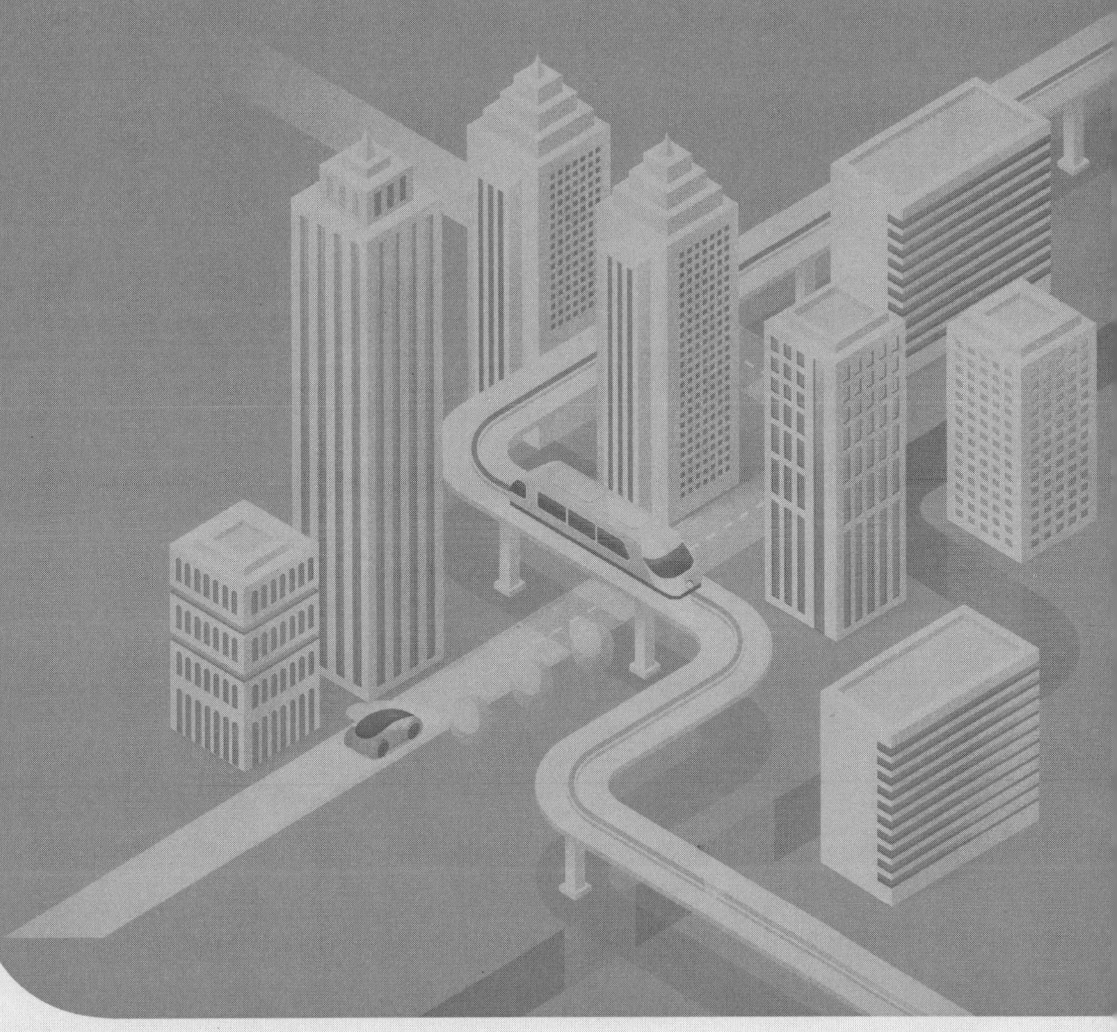

도서출판 탐진
www.tamjin.co.kr

머리말

광역교통시설부담금은 광역교통계획이 수립, 고시된 대도시권의 광역교통시설[광역 전철, 광역 도로 등] 재원 확충을 통한 교통난 완화를 위해 징수하는 부담금이다.

수도권은 2001년 4월 30일부터, 지방 5대 도시권[부산권, 울산권, 광주권, 대구권, 대전권]은 2002년 1월 11일부터 부담금이 부과되었다.

부과 대상은 택지 조성 사업과 주택 건설 사업에 대하여 정한 범위 내로, 택지 조성 사업의 경우 택지 개발 사업 · 도시 개발 사업 · 대지 조성 사업[종전 아파트 지구 개발 사업 포함] 등이며, 주택 건설 사업은 주택 건설 사업[20세대 이상] · 주택 재개발 사업[재건축 포함] · 주상 복합 건축 사업[20세대 이상] 등이다.

본서는 광역교통시설부담금의 개요와 주요 내용에 대하여 해설하고, 법제처, 국토교통부 등의 해석사례와 행정심판위원회 결정사례 등을 소개하였다.

아무쪼록 광역교통시설부담금 업무를 담당하는 공무원이나 납세자 등 모든 분들이 현장에서 광역교통시설부담금을 과세하고 납부하는 데 참고가 되기를 바라며, 부족한 부분은 향후 독자 여러분들의 질책과 조언으로 보완해 나가 것을 약속드립니다.

마지막으로 이 책을 출간하는데 아낌없는 성원을 해 준 최효진상무, 출간을 허락하신 도서출판 탐진 최재범 대표님께 감사한 마을을 전해드립니다.

2022년 11월

장상록 문진기 김정훈 김성범

차 례

제1부 광역교통시설부담금 일반

제2부 관련 법령 주요 내용

제3부 주요 해석사례

제4부 부 록

광역교통시설부담금

1 광역교통시설부담금이란?

○ **(부과목적)** 광역교통시설의 건설을 위한 재원확충을 위해 대도시권에서 시행되는 개발사업시행자에게 원인자 부담원칙에 따라 경제적 부담을 부과

* 근거 : 대도시권 광역교통관리에 관한 특별법(제11조)

○ **(부과지역 및 부과시기)** 수도권은 '01.4.30부터, 지방 5대도시권(부산 · 울산권, 광주권, 대구권, 대전권)은 '02.1.11부터 부과

○ **(부과대상)**

- 택지조성 사업 : 택지개발사업, 도시개발사업, 대지조성사업(종전 아파트지구 개발사업 포함)
- 주택건설사업 : 주택건설(사업승인이 의제되는 협의를 거친 경우 포함) · 주택 재개발 · 개건축, 건축허가를 받아 주택외의 시설과 20세대 이상의 주택을 동일건축물로 건축하는 사업

○ **(감면대상)** 주거환경개선사업, 임대주택건설, 이주택지 및 주택건설, 사회기반시설민간투자 부대사업, 행복도시 예정지역 내 주택건설(부과하지 아니함) / 국가 · 지자체 시행사업, 주택재개발 · 재건축, 국토의 계획 및 이용에 관한 법률 제6조에 따른 도시지역 내 사업(50% 경감)

○ **(부과 · 징수권자)** 시 · 도지사

○ **(부과 및 납부기한)** 사업의 승인 또는 인가 등을 받은 날로부터 60일 이내 부과, 부과일로부터 1년 이내 납부

※ 광역교통시설부담금 부과산식

▸ 택지조성 : [1㎡당 표준개발비 × 부과율 × 개발면적 × (용적률 / 200)] − 공제액

* 공공시설, 학교, 임대주택건설 용지 등은 개발면적에서 제외
* 부과율 : 수도권 30%, 지방 15%(지방조례로 50%범위내 가감 가능)

▸ 주택건설 : (1㎡당 표준건축비×부과율×건축연면적) − 공제액

* 광역교통시설설치비용 공제
* 부과율 : 수도권 4%, 지방 2%(지방조례로 50%범위내 가감 가능)

2 광역교통시설부담금 관련 질의-답변

① 광역교통시설부담금 부과대상은?

☞ 광역교통시설부담금은 광역교통시행계획이 수립 · 고시된 대도시권에서 「택지개발촉진법」에 따른 택지개발사업, 「도시개발법」에 따른 도시개발사업, 「주택법」에 따른 대지조성사업, 아파트지구개발사업, 주택건설사업, 「도시 및 주거환경정비법」에 따른 주택 재개발·재건축사업, 건축법 제11조에 따른 건축허가를 받아 주택외의 시설과 20세대 이상의 주택을 동일건축물로 건축하는 사업에 대하여 부과합니다. (대도시권 광역교통관리에 관한 특별법 제11조 참조)

② 광역교통시설부담금 면제 또는 감면 대상은?

☞ 광역교통시설부담금을 면제하는 사업으로는

1. 제11조 제1호부터 제3호까지 해당하여 부담금 부과대상으로 결정된 사업의 지구, 구역 또는 사업지역에서 시행되는 같은 조 제1호부터 제4호까지, 제6호 및 제7호의 사업
2. 「도시 및 주거환경정비법」에 따른 주거환경개선사업
3. 제11조 제1항 제4호 및 제6호의 사업 중 4년 이상 임대하기 위하여 「민간임대주택에 관한 특별법」에 따른 민간임대주택 또는 「공공주택 특별법」에 따른 공공임대주택 의하여 국민주택규모 이하의 임대주택을 건설하는 사업
4. 「공익사업을 위한 토지 등의 취득 및 보상에 관한 법률」 제78조에 따른 이주대책의 실시에 따른 주택지의 조성 및 주택 건설 사업
5. 제11조 각 호의 사업 중 「사회기반시설에 대한 민간투자법」 제2조 제1호 가목부터 다목까지의 어느 하나에 해당하는 시설을 신설·증설 또는 개량하는 사업을 시행하는 자가 같은 법 제21조에 따라 부대사업으로 시행하는 사업
6. 「신행정수도 후속대책을 위한 연기 · 공주지역 행정중심복합도시 건설을 위한 특별법」 제11조에 따라 지정된 예정지역에서 시행되는 주택 건설사업

☞ 또한, 「대도시권 광역교통관리에 관한 특별법」 제11조의2 제2항에서 국가나 지자체가 시행하는 사업, 「도시 및 주거환경정비법」에 따른 주택재개발 · 재건축사업, 「국토의 계획 및 이용에 관한 법률」 제6조 제1호에 따른 도시지역에서 시행되는 제11조 제1항 각 호의 사업은 부담금의 100분의 50을 경감 받을 수 있으며, 「국토의 계획 및 이용에 관한 법률」 제6조 제1호에 따른 도시지역에서 국가나 지자체가 시행하는 사업, 「도시 및 주거환경정비법」에 따른 주택재개발 · 재건축사업의 경우에는 100분의 75를 경감 받을 수 있습니다.

③ 광역교통시설부담금 공제대상은?

☞ 당해 사업과 관련하여 도시철도 또는 철도의 건설 및 개량에 소요되는 비용을 부담하는 경우 그 비용과 법 제11조 제1항 각 호에 따른 사업이 시행되는 지구 · 구역 또는 사업지역 밖에서 도로관계법령에 의한 지방도급 이상의 도로, 광역도로에 해당되는 시 · 군 · 구도, 광역교통개선대책에 따라 건설 또는 개량되는 도로 등을 설치하거나 그 비용의 전부 또는 일부를 부담하는 경우 그 금액을 공제 합니다. (자세한 사항은 같은 법 시행령 제16조의2 제4항 참조)

한 권으로 끝내는 광역교통시설부담금

제 1 부

광역교통시설 부담금 일반

I 부담금 제도 개요

1. 추진 배경 및 목적

기간도로망과 철도망 등 SOC시설은 국가와 지방자치단체가 공공재원으로 건설하는 것이 기본원칙이며, 광역교통시설은 이러한 원칙에 따라 국가와 지자체가 재원을 조달하여 확충하여 왔다.

그러나, 주택건설 등 개발사업의 급속한 시행으로 인한 생활권 확대로 통근권이 대도시권으로 확대되고 있는 여건 하에서 날로 심화되고 있는 광역교통문제를 공공투자만으로 해결하기에는 재원마련에 한계가 있다. 수도권의 경우 광역교통망 확충을 위해 대도시권 광역교통계획을 수립하여 재원을 투입하고 있으나 지자체의 재원조달이 어려워 광역교통시설의 확충이 어려운 실정이다.

나아가 당해 개발사업의 시행으로 인해 건설 필요성이 제기되고 이들 입주민들이 주로 이용하게 될 광역교통시설을 공공투자만으로 건설할 경우 특정 개발사업에 대해 공공재원을 과다 지원하는 형평성 침해의 문제가 제기될 수 있고, 개별 주택건설사업의 경우에는 간선교통시설에 대한 투자가 따르지 않아 난개발 문제가 대두되는 등 사업간 비용부담의 형평성을 확보하여야 할 필요성이 제기될 수 있다.

종전의 광역전철부담금제는 법적근거가 있었음에도 불구하고 부과대상자(광역전철의 건설로 인해 수혜를 얻는 자)의 범위를 객관화하기 어려워 징수실적이 없는 등 제도개선의 필요성이 제기되어 현재의 광역교통시설부담금 제도가 탄생되었다.

현재 대도시권이 처하고 있는 여건과 종전제도의 문제점 등을 고려하여 개발압력으로 인한 광역교통시설 부족 문제에 효율적으로 대처하고자 주택단지 등 개발사업 시행자가 교통시설비의 일부를 부담하도록 종전의 「광역전철부담금제」를 「광역교통시설부담금제」로 확대 개편하였다.

부담금의 목적

▶ **광역교통시설 재원확충을 통한 교통난 완화**
광역교통수요가 급증하여 광역교통계획이 수립된 대도시권에서 주택건설 관련 사업을 시행하는 사업자에게 경제적 부담을 부과하고 그 재원으로 그 지역에 대한 광역교통시설 건설비의 일부를 충당함으로써 교통시설을 적기에 확충하여 광역교통난을 완화

▶ **사업간 형평성 확보를 통한 난개발 완화**
택지개발 또는 주택건설사업 시행시 공공부문과 민간부문 모두 동일한 수준의 간선교통시설 설치비를 부담하도록 개선하여 사업간 비용부담의 형평성을 확보하고 난개발 요인을 완화

▶ **개발사업의 효과성 및 주거만족도 제고**
개발사업의 착수와 함께 간선교통시설 설치가 가능토록 하여 개발 사업의 효과성을 높이고 출·퇴근난 완화를 통해 주거만족도를 제고

2. 관련 법령

(1) 법령 근거 및 성격

① 법적 근거

(법률) 대도시권 광역교통관리에 관한 특별법 제11조~제11조의7
같은 법 시행령 제15조~제17조의4
(고시) 법 제11조의3 제4항에 따라 고시하는 표준개발비 및 표준건축비

② 성격

㈎ 광역교통시설부담금을 재원의 일부로 하여 도로와 전철 등 광역교통시설을 건설하는 인적공용부담이자 재정충당적 부담금의 일종이며 부수적으로는 부담금 부과로 인해 교통난 등 외부불경제 효과를 유발하는 개발행위를 억제하는 성격을 가짐

㈏ 원인자부담금제와 수익자부담금제의 성격을 함께 갖고 있어 사업으로 인해 필요하게 된 광역교통시설을 설치

(2) 제도 경위

① '97.04.10. ~ 01.04.30. **광역전철부담금제 운영**

㈎ 법적근거 : 종전 대도시권 광역교통관리에 관한 특별법 제11조

㈏ 시행시기 : '97.07.11.(제도시행 이후 부과된 사례 없음)

㈐ 적용대상 지역 : 수도권(서울, 인천, 경기)

※ 전국이 5개 대도시권으로 확대됨에 따라 부과 대상 지역도 전국 5개 대도시권으로 확대('00.04.13)

㈑ 부과 대상 사업 : 30만㎡ 이상의 택지개발사업 및 대지조성사업

㈒ 면제 대상 사업

▸ 「사회간접자본시설에대한민간투자법」 제2조 제1호 가목 부터 다목의1에 해당하는 시설(도로, 철도, 도시철도)을 신설 · 증설 또는 개량하는 사업을 시행하는 자가 부대사업으로 택지개발사업 또는 대지조성사업을 시행하는 경우

▸ 시 · 도지사가 당해 지역의 지리적·지형적 조건, 교통여건 등으로 보아 주민이 광역전철을 이용하기 곤란하다고 인정하는 지역에 시행하는 택지개발사업 및 대지조성사업

㈓ 부담액 : 사업비의 3/100로 하되, 아래 비용은 사업비에서 제외

▸ 당해 사업과 관련하여 법령의 규정에 의하여 납부하는 각종 세금 및 부담금

▸ 당해 사업과 관련하여 국가 또는 지방자치단체에 기부채납하는 간선시설의 설치비용

㈔ 공제액 : 당해 사업과 관련하여 도시철도 또는 철도의 건설 및 개량에 소요되는 비용을 부담한 경우에는 그 금액을 부담금에서 공제

㈕ 귀속 : 지자체로 귀속되어 광역전철건설비 중 지자체 분담분에 포함

② '01.01.29 ~ **현재 광역교통시설부담금으로 확대개편**

국회 건설교통위원 전원합동으로 「대도시권 광역교통관리에 관한 특별법」 개정안을 발의('00.12.19.)하여 국회 본회의 의결을 거쳐 공포('01.1.29.) · 시행 ('01.4.30.)됨으로써 광역전철부담금에서 광역교통시설부담금으로 확대개편

II 법령 개정 연혁

1. 법률 주요 개정내용

- 광역교통시설부담금 부과대상 확대(공포 2007.1.19., 시행 2007.4.30.)

개정이유 유사 개발사업 간의 형평성 및 부담금 운용의 적정성 확보

▸ 「도시 및 주거환경정비법」에 따른 정비사업* 중 주택재개발사업 및 주택재건축사업에 대하여는 부담금을 부과하고 있으나 도시환경정비사업에 대하여는 주택건설 일부가 포함되는 사업에도 불구하고 부담금 부과 대상에서 제외

* 주거환경개선사업, 주택재개발사업, 주택재건축사업, 도시환경정비사업

개정내용 부담금부과대상에 20세대 이상의 공동주택을 건설하는 도시환경정비사업 추가

- 부담금 납부 기한 연장(공포 2009.1.30., 시행 2009.7.31.)

개정이유 개발사업의 특성상 자금투입이 집중되는 사업 초기에 사업시행자의 과중한 자금부담 완화

개정내용 부담금 납부 기간을 당초 60일에서 1년으로 연장

- 부담금 감면 대상 확대(공포 · 시행 2009.6.9.)

개정이유 행정중심복합도시 지구는 광역교통개선대책을 행복청장이 직접 수립하고, 광역교통시설 설치 및 그 비용을 국가에서 전부 부담하고 있어 그 실효성을 거두기 위해서는 부담금 감면 필요

개정내용 행정중심복합도시 지구 안에서 시행되는 주택의 건설사업 부담금 감면

- 부담금 중복부과 방지 및 부과대상 사업 명확화(공포 2012.2.22., 시행 2012.8.23.)

개정이유 택지개발사업 내 대지조성사업을 시행하는 경우 중복 부과되는 사례가 발생하고 다른 법령에 따라 사업승인 의제 처리되는 주택건설사업 의 경우 부담금 부과 대상 불명확

개정내용 동일지역에 다른 부담금 부과대상 사업이 차례로 시행될 경우 이중 부과 방지를 위해 뒤에 시행되는 사업에 대한 부담금 감면 및 다른 법령에 의제 처리되는 주택건설사업도 부담금 부과 대상 규정

- 부담금 감면 대상 추가, 납부의무자 승계 및 납부 기한 유예 등 제도 마련(공포 2013.8.6., 시행 2014.2.7.)

개정이유
① 임대주택 건설 사업에 대한 감면제도의[1] 형평성 제고
② 사업의 양도 · 양수 등에 따른 부담금 납부 주체를 명확히 함
③ 착공 지연으로 체납사례가 증가하고 납부의무자의 부담 완화 등을 위해 착공 시까지 징수유예 근거 필요
④ 국민 · 기업의 부담 완화를 위해 가산금 인하 필요

개정내용
① 주상복합건축 사업에 대해서도 주택건설사업과 동일하게 임대주택 사업을 할 경우 부담금 감면
② 부담금 납부의무자가 사업 완료 전에 사업시행자의 지위를 승계하는 경우 그 지위를 승계한 자가 부담금 납부
③ 정당한 사유(대통령령으로 위임)에 따라 사업의 착공이 연기되는 경우 납부의무자의 신청을 받아 사업의 착공 시까지 납부 기한을 연기할 수 있도록 근거 규정 마련
④ 당초 부담금 가산금을 당초 5%에서 국세 가산금 요율과 동일하게 3%로 완화

---

1) 임택주택사업 중 주택건설사업에 대해서는 부담금 감면이 가능하나 주상복합건축사업에 대해서는 비감면

2. 시행령 주요 개정내용

• 부담금 연면적 산정 합리화(공포 2004.1.20., 시행 2004.1.26.)

개정이유 주택건설사업 및 주택재개발 · 재건축사업의 건축연면적 산정 시 제외면적 합리화

▶ 제외 면적에 부대시설 중 관리사무소만 제외되고 유사 부대시설인 공동화장실은 비제외

▶ 주택재개발 · 재건축사업의 건축연면적 제외 면적이 종전건축물 면적과 조합원이 받는 분양면적 제외 시 부담금 면제가 가능하여 사업별 형평성 문제 발생

개정내용 건축연면적 제외 면적에 공동화장실을 추가하고 당초 조합원에게 분양되는 건축연면적(종전건축물 연면적 + 분양시 증가연면적)을 제외하던 것을 조합원의 종전 건축물 연면적만 제외토록 변경

• 광역교통시설부담금 산정기준 중 용적률 명확화(공포 · 시행 2006.3.29.)

개정이유 ① 부담금 부과대상이 되는 택지개발사업 및 대지조성사업 등의 용적률은 공동주택이 건립되는 용지의 평균용적률만 규정하고 있어 공동주택이 건립되지 않는 경우 부담금 산정의 어려움이 있고

② 평균용적률을 산정하는 데 상당한 기간이 소요되는 경우 법정 기간(60일 이내)내에 부담금 부과에 어려움이 있어 용적률 기준 명확화 등 제도 개선이 필요

개정내용 ① 공동주택 외에 단독주택만 건립되는 경우와 공동주택과 단독주택이 함께 건립되는 경우 용적률 적용 기준을 마련

② 평균용적률을 기간 내에 산정할 수 없을 경우 각 지자체 조례로 정하는 용적률을 우선 적용하고 향후 정산토록 규정

• 임대주택의 광역교통시설부담금 감면조항 정비(공포 · 시행 2007.4.20.)

개정이유 주택건설사업 중 국민임대주택 규모 이하의 임대주택을 건설하는 경우 부담금 부과하지 않는 법 취지에 따라 일부 임대주택건설을 추진할 경우에도 건축연면적에서 임대주택의 연면적을 제외할 필요

개정내용 국민주택 규모 이하인 임대주택의 연면적은 건축연면적에서 제외

- 부담금 산정 시 종전건축물 제외기준 개선(공포 · 시행 2010.6.10.)

개정이유 광역교통시설부담금 취지가 신규광역교통수요 유발에 대한 원인자부담금의 성격임을 감안하여 '조합원' 변동에 따른 부담금 산정액의 변경[2] 문제 해소 필요

개정내용 주택재개발 · 재건축사업에 대한 부담금 연면적 산정 시 당초 '정비사업 조합 조합원의 종전 건축물의 연면적을 제외하던 것'을 '사업 시행 구역 내 종전 건축물의 연면적 모두 건축연면적에서 제외하는 방식'으로 변경

- 광역교통시설부담금 산정 방법 합리화(공포 · 시행 2011.1.17.)

개정이유 ① '평균용적률'을 부지면적을 고려하여 가중평균한 용적률[3]로 명확화
② 평균용적률 산정 시 사업시행자 부담 완화를 위해 공동 · 단독주택을 함께 건립하는 경우에는 단독주택 부지의 용적률도 고려

개정내용 ① 광역교통시설부담금 산정시 '평균용적률'을 용지면적 비율을 고려한 가중 평균으로 명확히 규정
② 공동 · 단독주택 건립 시 단독주택부지의 용적률도 고려하여 산정

- 광역교통시설부담금 산정기준 중 용적률 등 개선(공포 2012.8.22., 시행 2012.8.23.)

개정이유 ① 부담금 산정시 적용하는 용적률이 주거지역 용적률의 최대한도(500%)를 초과하지 않도록 함으로써 개발사업간 형평성[4] 제고
② 도시환경정비사업의 경우에도 주택재개발 · 재건축 사업과 동일하게 종전 건축물의 연면적을 제외하고 건축물 연면적을 산정토록 형평성 제고

---

2) 조합원 소유 종전건축물은 건축연면적에서 공제되나 비조합원 소유 종전건축물은 건축연면적 공제대상 면적에서 제외

3) 평균용적률을 부지면적 고려 없이 '산술평균'으로 해석하는 견해(법제처)와의 충돌방지 필요, 당초 공동주택과 단독주택이 함께 건립되는 경우 단독주택에도 일률적으로 공동주택 용적률이 적용됨

4) 주택 위주 개발사업인 택지개발사업은 최대 용적률이 500%로 산정방식에 문제가 없으나 도시개발사업의 경우 일부 주상복합건축물 건축 시 최대 1,500%가 적용되어 불합리

개정내용 ① 산정된 용적률이 「국토의 계획 및 이용에 관한 법률」 제78조에서 정한 주거 지역 용적률의 최대한도를 초과할 경우 그 최대한도를 용적률로 적용
② 종전 건축물의 연면적 제외 대상에 주택재개발 · 재건축사업과 유사한 도시환경정비사업을 추가

• 광역교통시설부담금 납부기한 연기사유 신설 등(공포 2014.2.5., 시행 2014.2.7.)

개정이유 ① 부동산 시장의 위축 등으로 인한 착공 지연으로 부담금 체납사례 증가
② 사업시행자가 부담하는 BRT, 환승센터 등의 비용은 부담금 공제대상에서 제외

개정내용 ① 시 · 도지사가 인정하는 경우 등 정당한 사유로 사업의 착공이 지연되는 경우 사업의 착공 시까지 부담금 납부기한 연기
② 사업 시행자가 BRT, 환승센터 등 광역교통시설의 건설 및 개량에 소요되는 비용을 부담하는 경우 그 금액을 공제
※ 시행 전에 사업의 승인 또는 인가 등을 받고 시행 후 부과하는 부담금에 대해서도 적용(부칙 제2조)

• 부담금 공제범위 확대 및 시 · 군 징수 교부율 조정 등(공포 · 시행 2015.12.15.)

개정이유 ① 대도시권에서 택지개발사업, 도시개발사업 등을 시행하는 사업시행자의 경영상 부담을 완화하기 위하여 광역교통시설 부담금 공제액의 범위 확대
② 광역교통시설부담금 징수율이 50% 내외로 저조하여 징수율 초과 달성 시 인센티브를 제공하여 징수율 제고

개정내용 ① 광역교통시설부담금 공제범위에 고속국도, 자동차전용도로, 일반국도, 광역도로에 해당하는 시군구도 등의 도로뿐만이 아니라 시 · 도지사가 광역교통에 영향을 미친다고 인정하는 도로 포함
② 시 · 도 조례로 정한 징수율 이상 부담금 징수 시 부담금의 10% 범위 내에서 처리비용을 교부

• 부담금 산정 시 건축연면적 제외사항 추가(공포 · 시행 2020.3.24.)

개정이유 부담금 산정시 소규모주택 정비사업자의 광역교통시설 부담금 완화하기 위해 사업 구역내 종전 건축물 연면적을 건축연면적에서 제외

개정내용 「빈집 및 소규모주택 정비에 관한 특례법」에 따른 소규모주택정비 사업을 하는 경우 사업 구역 내 종전 건축물의 연면적을 광역교통시설부담금 산정의 기준이 되는 건축연면적에서 제외

3. 경기도 광역교통시설부담금 부과 · 징수 및 광역교통시설 특별회계 설치 조례 주요 개정내용

• 부담금의 부과율 조정(공포 · 시행 2015.01.14.)

개정이유 법령개정에(시행 2014.02.07.) 따른 가산금 요율 개정

개정내용 당초 부담금 가산금을 당초 5%에서 3%로 개정

• 가산금 부과기한(공포 · 시행 2015.10.13.)

개정이유 부담금 부과 관련 기한 및 관계법령의 명확한 명칭 명시

개정내용 ① 부담금 납부기한을 법 제11조의4 제2항에 따른 기한으로 문구 수정
② 과오납금 처리와 관련된 법령을 「지방세기본법」으로 명확히 명시
③ 부담금 특별회계 명칭(지역발전특별회계 중 경제발전계정)을 명확히 명시

• 시 · 군 징수 수수료 교부율 조정(공포 · 시행 2016.05.17.)

개정이유 부담금 징수율이 높은 시 · 군에 대한 인센티브 부여

개정내용 연간 징수율이 80% 미만은 100분의3, 징수율이 80% 이상인 시 군에 대하여 징수수수료 5% ~ 10% 차등 지급

- 시 · 군 징수 수수료 교부율 기준 완화 및 조정(공포 · 시행 2019.04.29.)

개정이유 시 · 군 부담금 징수율에 따른 교부금의 기준 완화 및 징수율이 높은 시·군에 대한 인센티브 부여

개정내용 연간 징수율이 70% 미만은 100분의3, 징수율이 70% 이상인 시군에 대하여 징수수수료 8%~10% 차등 지급

부담금의 징수율	교부금
70퍼센트 이상 80퍼센트 미만	징수한 부담금의 100분의 8
80퍼센트 이상 90퍼센트 미만	징수한 부담금의 100분의 9
90퍼센트 이상	징수한 부담금의 100분의 10

4. 광역교통시설부담금 부과 · 징수 및 광역교통시설 특별회계 설치 조례 시행 규칙 주요 개정내용

- 회계관직 명칭변경(공포 · 시행 2015.03.06.)

개정이유 규칙 용어 등 일괄정비

개정내용 회계 관계 공무원 회계관직 명칭변경
① (당초) 징수관 · 경리관 → (변경) 징수관 · 재무관
② (당초) 분임징수관 · 분임경리관 → (변경) 분임징수관 · 분임재무관

- 부담금 징수율 산출방식 신규 제정 등(공포 · 시행 2016.10.05.)

개정이유 부담금 징수율이 높은 시 · 군에 대한 인센티브 부여 및 조례 내용 외 회계관련 사항에 대하여는 준용 조례 명시

개정내용 징수율 산출방식 명시 및 본 조례내용 외 회계관련 사항에 대하여는 경기도 도세 조례 시행규칙 및 경기도 재무회계 규칙 준용을 명시

[별표] [신설 2016.10.05.]

전년도 부담금 징수율 산출방식(제9조제3항 관련)

$$\text{전년도 부담금 징수율(\%)} = \frac{\{(\text{전전년도 부과})\ \text{징수액} + \text{분납 징수액}\} + \{(\text{전전년도 이전 부과})\ \text{체납징수액} + \text{분납 징수액}\}}{\{(\text{전전년도})\ \text{부과액} + \text{분납부과액}\} + \{(\text{전전년도 이전 부과})\ \text{체납액 징수분} + \text{분납액 징수분}\}} \times 100$$

※ 비고 : 전전년도 부과액은 전전년도 분납부과액을 제외한 금액으로 한다.

- 회계관직 개정(공포 · 시행 2020.10.07.)

개정이유 광역교통시설 지원사업에 대해 관련 조례 및 규칙의 사무와 부합하도록 각 사업부서에서 지출업무 등의 처리가 되도록 회계관직을 개정

개정내용 회계관계공무원 회계관직 개정

구 분	당 초	변 경
징수관 · 재무관	교통국장	
분임징수관	광역교통정책과장	
분임재무관	광역교통정책과장	특별회계 사업 담당과장
지출원	특별회계 회계 담당사무관	특별회계 사업 담당사무관

제 2 부

관련 법령 주요 내용

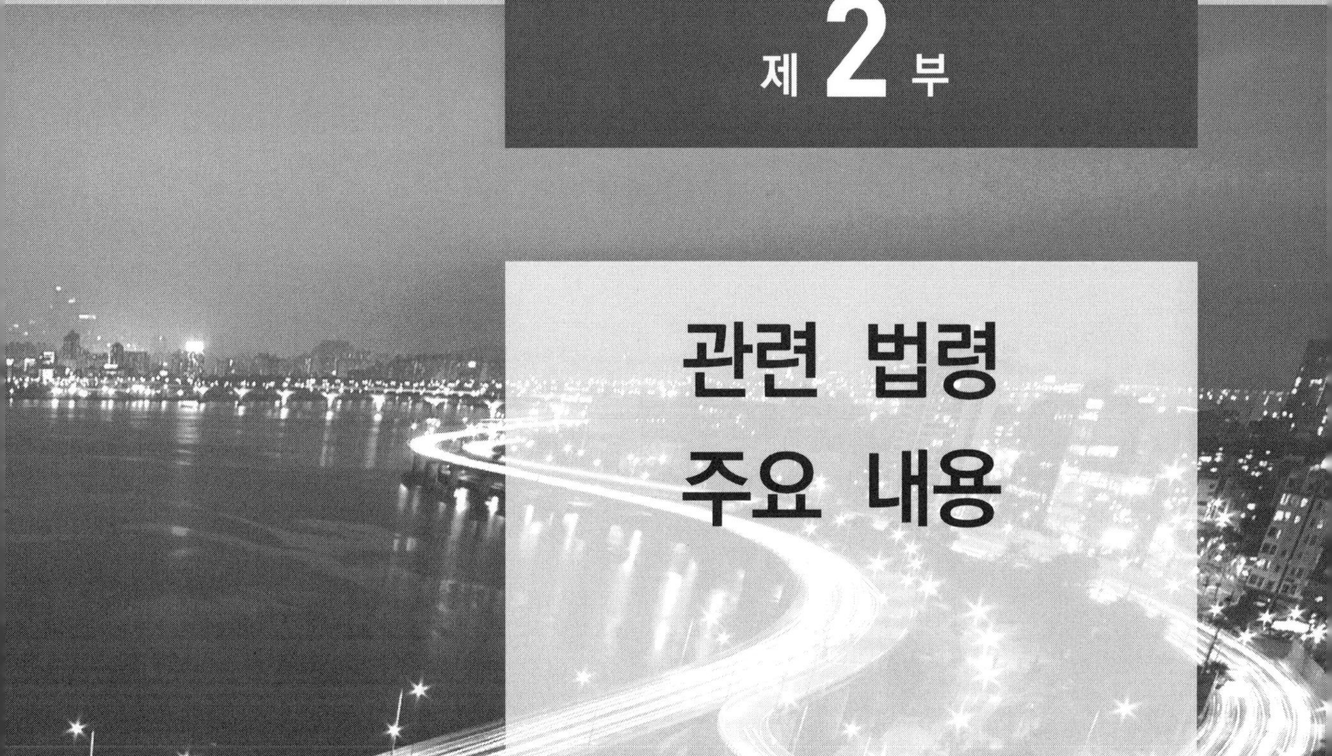

I 부담금의 부과 대상

1. 부담금의 부과 대상 지역(법 제2조, 영 제2조)

법 **제2조(정의)** 이 법에서 사용되는 용어의 뜻은 다음과 같다.
<개정 2012.2.22., 2013.8.6., 2015.7.24., 2020.6.9., 2020.10.20.>

1. "대도시권"이란 「지방자치법」 제2조 제1항 제1호에 따른 특별시 · 광역시 및 그 도시와 같은 교통생활권에 있는 지역 중 대통령령으로 정하는 지역을 말한다.

영 **제2조(적용범위)** 「대도시권 광역교통 관리에 관한 특별법」(이하 "법"이라 한다) 제2조 제1호의 규정에 의한 대도시권의 범위는 [별표 1]과 같다. <개정 2000.4.12., 2001.4.30., 2005.6.30., 2012.4.27.>

- 광역교통시설부담금은 광역교통계획이 수립 · 고시된 전국 5개 대도시권에서 부과됨(법 제11조 제1항)
  ☞ 광역교통계획이 기수립된 수도권은 2001.4.30.일부터 광역교통시설부담금이 부과되었으며, 광역교통계획이 2002.1.5. 수립 · 고시(건설교통부고시 제2001373호)된 부산 · 울산권 등 지방 대도시권의 경우에는 2002.1.11.부터 부과됨.

- 대도시권은 「지방자치법」 제2조 제1항 제1호의 규정에 의한 특별시와 광역시 및 그 도시와 같은 교통생활권에 있는 지역 중 대통령령으로 정하는 지역을 말함(법 제2조 제1호).
  ☞ 대도시권에 포함되는 행정구역의 범위는 아래 표와 같음(시행령 제2조 [별표1])

■ 대도시권 광역교통 관리에 관한 특별법 시행령 [별표 1] 〈개정 2015.12.15.〉

대도시권의 범위(제2조 관련)

권 역 별	범 위
수도권	서울특별시, 인천광역시 및 경기도
부산 · 울산권	부산광역시, 울산광역시, 경상북도 경주시 및 경상남도 양산시 · 김해시 · 창원시
대구권	대구광역시, 경상북도 구미시 · 경산시 · 영천시 · 군위군 · 청도군 · 고령군 · 성주군 · 칠곡군 및 경상남도 창녕군
광주권	광주광역시 및 전라남도 나주시 · 담양군 · 화순군 · 함평군 · 장성군
대전권	대전광역시, 세종특별자치시, 충청남도 공주시 · 논산시 · 계룡시 · 금산군 및 충청북도 청주시 · 보은군 · 옥천군

2. 부담금의 부과 대상 사업(법 제11조)

법 제11조(광역교통시설 부담금의 부과 대상)

① 광역교통시행계획이 수립 · 고시된 대도시권에서 다음 각 호의 어느 하나에 해당하는 사업을 시행하는 자는 광역교통시설 등의 건설 및 개량, 광역버스운송사업에 대한 지원 등을 위한 광역교통시설 부담금(이하 "부담금"이라 한다)을 내야 한다. <개정 2012.2.22., 2013.8.6., 2017.2.8., 2020.6.9.>

1. 「택지개발촉진법」에 따른 택지개발사업
2. 「도시개발법」에 따른 도시개발사업
3. 「주택법」에 따른 대지조성사업 및 법률 제6916호 주택건설촉진법개정법률 부칙 제9조에 따라 종전의 규정에 따르도록 한 아파트지구개발사업
4. 「주택법」에 따른 주택건설사업(다른 법령에 따라 사업 승인이 의제되는 협의를 거친 경우를 포함한다)
5. 「도시 및 주거환경정비법」에 따른 재개발사업 및 재건축사업. 다만, 재개발사업의 경우에는 20세대 이상의 공동주택을 건설하는 경우만 해당한다.
6. 「건축법」 제11조에 따른 건축허가를 받아 주택 외의 시설과 20세대 이상의 주택을 동일 건축물로 건축하는 사업
7. 그 밖에 제1호부터 제6호까지의 사업과 유사한 사업으로서 대통령령으로 정하는 사업

② 제1항에 따른 부담금 납부의무자가 사업의 사용승인 · 사용검사 · 준공인가 또는 준공검사(이하 "사용승인등"이라 한다)를 받는 날(국가나 지방자치단체가 시행하는 사업의 경우 준공완료 공고일을 말한다) 이전에 사업시행자의 지위를 승계하는 경우에는 그 지위를 승계한 자가 부담금을 내야 한다. <신설 2013.8.6.>

③ 부담금 납부의무의 승계, 연대 납부의무 및 제2차 납부의무에 관하여는 이 법의 규정에 반하지 아니하는 범위에서 「지방세기본법」 제41조부터 제48조까지 및 「지방세징수법」 제15조를 준용한다. <신설 2013.8.6., 2016.12.27., 2020.6.9.> [전문개정 2012.1.17.]

(1) 「택지개발촉진법」에 의한 택지개발사업

국가 · 지방자치단체 · 한국토지주택공사 · 지방공사 등 국토교통부장관이 지정하는 사업자가 국가 또는 지자체로부터 실시계획 승인을 받아 택지를 조성하는 사업

(2) 「도시개발법」에 의한 도시개발사업

도시개발구역 안에서 주거 · 상업 · 유통 · 정보통신 · 생태 · 문화 · 보건 및 복지 등의 기능을 가지는 단지 또는 시가지를 조성하기 위하여 국가 또는 지자체, 도시개발구역 안의 토지소유자 또는 이들이 도시개발사업을 위하여 설립한 조합 등이 국가 또는 지자체로부터 실시계획 승인을 받아 시행하는 사업

(3) 「주택법」에 의한 대지조성사업, 아파트지구개발사업

- 대지조성사업 : 대지조성등록업자가 10,000㎡이상의 대지를 조성하고자하는 경우 국가 또는 지자체로부터 사업계획 승인을 받아 시행하는 사업
- 아파트지구개발사업 : 당해 아파트지구안의 토지의 소유자 또는 그들이 설립하는 조합, 국가 · 지자체 · 한국토지주택공사 또는 지방공사중 국가 또는 지자체가 지정하는 자가 국가 또는 지자체로부터 사업시행인가를 받아 시행하는 사업

(4) 「주택법」에 의한 주택건설사업

주택건설등록업자가 30세대 이상의 공동주택 및 30호 이상의 단독주택을 건축하고자 국가 또는 지자체로부터 사업계획승인을 받아 시행하는 사업

※ 주택법에 의한 재건축사업 · 지역조합 및 직장조합 주택건설사업도 부과 대상에 포함

(5) 「도시 및 주거환경 정비법」에 의한 재개발사업, 재건축사업

토지 등의 소유자 · 조합, 지자체 · 한국주택토지공사 · 지방공사 · 제3개발자 등이 국가 또는 지자체로부터 사업시행인가를 받아 시행하는 사업

※ 재개발사업의 경우 20세대 이상의 공동주택을 건설하는 경우에만 부과

(6) 「건축법」 제11조의 규정에 의한 건축허가를 받아 주택외의 시설과 20세대 이상의 주택을 동일건축물로 건축하는 사업

동일 건축물 내에 20세대 이상의 주택과 상업용 또는 공업용 시설 등을 함께 건축하는 사업을 말하며, 통상적으로 시행되고 있는 형태는 주상복합건축 사업

II 부담금의 감면

법 제11조의2(부담금의 감면)

① 다음 각 호의 사업에 대하여는 부담금을 부과하지 아니한다. <개정 2012.2.22., 2013.8.6., 2015.8.28.>

1. 제11조 제1항 제1호부터 제3호까지에 해당하여 부담금 부과 대상으로 결정된 사업의 지구, 구역 또는 사업지역에서 시행되는 같은 항 제1호부터 제4호까지, 제6호 및 제7호의 사업
2. 「도시 및 주거환경정비법」에 따른 주거환경개선사업
3. 다음 각 목의 사업 중 4년 이상 임대하기 위하여 「민간임대주택에 관한 특별법」에 따른 민간임대주택 또는 「공공주택 특별법」에 따른 공공임대주택을 건설하는 사업으로서 대통령령으로 정하는 사업
   가. 제11조 제1항 제4호의 주택건설사업
   나. 제11조 제1항 제6호의 사업
4. 「공익사업을 위한 토지 등의 취득 및 보상에 관한 법률」 제78조에 따른 이주대책의 실시에 따른 주택지의 조성 및 주택의 건설
5. 제11조 제1항 각 호의 사업 중 「사회기반시설에 대한 민간투자법」 제2조 제1호 가목부터 다목까지의 어느 하나에 해당하는 시설을 신설 · 증설 또는 개량하는 사업을 시행하는 자가 같은 법 제21조에 따라 부대사업으로 시행하는 사업
6. 「신행정수도 후속대책을 위한 연기 · 공주지역 행정중심복합도시 건설을 위한 특별법」 제11조에 따라 지정된 예정지역에서 시행되는 주택의 건설사업

② 다음 각 호의 사업에 대하여는 부담금의 100분의 50을 경감한다. 다만, 제4호의 사업 중 제1호부터 제3호까지에 해당하는 사업은 100분의 75를 경감한다. <개정 2013.5.22., 2013.8.6., 2017.2.8.>

1. 국가나 지방자치단체가 시행하는 사업
2. 「도시 및 주거환경정비법」에 따른 재개발사업
3. 「도시 및 주거환경정비법」에 따른 재건축사업
4. 「국토의 계획 및 이용에 관한 법률」 제6조 제1호에 따른 도시지역에서 시행되는 제11조 제1항 각 호의 사업

③ 삭제 <2013.8.6.>

[전문개정 2012.1.17.]

> **영** **제16조(부담금의 감면)** 법 제11조의2 제1항 제3호 각 목 외의 부분에서 "대통령령으로 정하는 사업"이란 「주택법」 제2조 제6호의 국민주택규모 이하의 임대주택(「민간임대주택에 관한 특별법」에 따른 민간임대주택 또는 「공공주택 특별법」에 따른 공공임대주택을 말한다. 이하 같다)을 건설하는 사업을 말한다.
>
> <개정 2003.11.29., 2005.6.30., 2007.4.20., 2012.4.27., 2014.2.5., 2015.12.28., 2016.8.11.> [전문개정 2001.4.30.]

1. 법 제11조의2 제1항 제1호

> **법** **제11조의2(부담금의 감면)**
>
> ① 다음 각 호의 사업에 대하여는 부담금을 부과하지 아니한다. <개정 2012.2.22., 2013.8.6., 2015.8.28.>
>
> 1. 제11조 제1항 제1호부터 제3호까지에 해당하여 부담금 부과 대상으로 결정된 사업의 지구, 구역 또는 사업지역에서 시행되는 같은 항 제1호부터 제4호까지, 제6호 및 제7호의 사업

택지개발사업, 도시개발사업, 대지조성사업(법 제11조의2 제1항 제1호부터 제3호까지)이 부담금 부과 대상으로 결정된 사업의 지구 · 구역 또는 사업지역에서 시행되는 택지개발사업, 도시개발사업, 대지조성사업, 주택건설사업, 주상복합건축사업(법 제11조 제1항 제1호부터 제4호까지, 제6호)은 이중부과 방지를 위하여 부담금 부과 대상에서 면제된다.

주요제도 개선내용

기 존	택지개발사업, 도시개발사업, 대지조성사업이 시행되는지구 · 구역 또는 사업지역에서 시행되는 주택건설사업, 주상복합건축 사업만 부담금 면제
문제점	택지개발사업 지구 안에서 대지조성사업 시행할 경우 이중부과 사례 발생
개 선	택지개발사업으로 부담금 부과 대상으로 결정된 지구 안에서 대지조성사업 등을 포함한 다른 부과대상 사업이 시행될 경우 부담금 면제

2. 법 제11조의2 제1항 제2호

법 제11조의2(부담금의 감면)

① 다음 각 호의 사업에 대하여는 부담금을 부과하지 아니한다. <개정 2012.2.22., 2013.8.6., 2015.8.28.>

2. 「도시 및 주거환경정비법」에 따른 주거환경개선사업

「도시 및 주거환경정비법」에 따른 주거환경개선사업은 도시 저소득주민들을 위하여 극히 열악하고 노후 · 불량건축물이 밀집한 지역에서 주거환경을 개선하기 위한 사업으로 공익적 목적이 크므로 부담금 부과 대상에서 면제된다.

3. 법 제11조의2 제1항 제3호

법 제11조의2(부담금의 감면)

① 다음 각 호의 사업에 대하여는 부담금을 부과하지 아니한다. <개정 2012.2.22., 2013.8.6., 2015.8.28.>

3. 다음 각 목의 사업 중 4년 이상 임대하기 위하여 「민간임대주택에 관한 특별법」에 따른 민간임대주택 또는 「공공주택 특별법」에 따른 공공임대주택을 건설하는 사업으로서 대통령령으로 정하는 사업
   가. 제11조 제1항 제4호의 주택건설사업
   나. 제11조 제1항 제6호의 사업

「주택법」에 따른 주택건설사업 및 「건축법」 제11조에 따른 건축허가를 받아 주택외의 시설과 20세대 이상의 주택을 동일 건축물로 건축하는 사업이 4년 이상 임대하기 위하여 임대주택[1])을 건설하는 사업으로서 「주택법」 제2조 제3호의 국민주택규모[2]) 이하의 임대주택을 건설하는 사업은 부담금이 면제된다.

---

1) 민간임대주택에 관한 특별법」에 따른 민간임대주택 또는 「공공주택특별법」에 따른 공공임대주택을 건설하는 사업

2) 국민주택규모란 1호(戶) 또는 1세대당 85제곱미터 이하인 주택(「수도권정비계획법」 제2조 제1호에 따른 수도권을 제외한 도시지역이 아닌 읍 또는 면 지역은 1호(戶) 또는 1세대당 100제곱미터 이하인 주택)

주요제도 개선내용

기 존 「주택법」에 따른 주택건설사업만 임대주택사업을 할 경우 부담금 면제

문제점 「건축법」에 따라 시행하는 주상복합건축사업의 경우 임대주택사업을 할 경우 부담금 미면제로 형평성 문제 발생

개 선 사업간 형평성 차원에서 주상복합건축사업에 대해서도 임대주택사업을 시행할 경우부담금 면제(법률 공포 2013.8.6, 시행 2014.2.7)

4. 법 제11조의2 제1항 제4호

법 제11조의2(부담금의 감면)

① 다음 각 호의 사업에 대하여는 부담금을 부과하지 아니한다. <개정 2012.2.22., 2013.8.6., 2015.8.28.>

4. 「공익사업을 위한 토지 등의 취득 및 보상에 관한 법률」 제78조에 따른 이주대책의 실시에 따른 주택지의 조성 및 주택의 건설

공익사업의 시행으로 생활의 근거를 상실한 자에게 주택지 조성 및 주택 건설은 부담금이 면제된다.

[관련법령]

「공익사업을 위한 토지 등의 취득 및 보상에 관한 법률」

제78조(이주대책의 수립 등)

① 사업시행자는 공익사업의 시행으로 인하여 주거용 건축물을 제공함에 따라 생활의 근거를 상실하게 되는 자(이하 "이주대책대상자"라 한다)를 위하여 대통령령으로 정하는 바에 따라 이주대책을 수립 · 실시하거나 이주정착금을 지급하여야 한다.

② 사업시행자는 제1항에 따라 이주대책을 수립하려면 미리 관할 지방자치단체의 장과 협의하여야 한다.

③ 국가나 지방자치단체는 이주대책의 실시에 따른 주택지의 조성 및 주택의 건설에 대하여는 「주택도시기금법」에 따른 주택도시기금을 우선적으로 지원하여야 한다.

5. 법 제11조의2 제1항 제5호

법 제11조의2(부담금의 감면)

① 다음 각 호의 사업에 대하여는 부담금을 부과하지 아니한다. <개정 2012.2.22., 2013.8.6., 2015.8.28.>

5. 제11조 제1항 각 호의 사업 중 「사회기반시설에 대한 민간투자법」 제2조 제1호 가목부터 다목까지의 어느 하나에 해당하는 시설을 신설 · 증설 또는 개량하는 사업을 시행하는 자가 같은 법 제21조에 따라 부대사업으로 시행하는 사업

부담금 부과대상 사업이 사회기반시설인 도로 및 철도(도시철도포함)시설을 신설·증설 또는 개량하는 사업의 부대시설 사업인 경우 면제

[관련법령]

「사회기반시설에 대한 민간투자법」

제2조(정의) 이 법에서 사용하는 용어의 뜻은 다음과 같다.

1. "사회기반시설"이란 각종 생산활동의 기반이 되는 시설, 해당 시설의 효용을 증진시키거나 이용자의 편의를 도모하는 시설 및 국민생활의 편익을 증진시키는 시설로서, 다음 각 목의 어느 하나에 해당하는 시설을 말한다.
   가. 「도로법」 제2조 제1호 및 제2호에 따른 도로 및 도로의 부속물
   나. 「철도사업법」 제2조 제1호에 따른 철도
   다. 「도시철도법」 제2조 제2호에 따른 도시철도, 라 ~ 수(생략)

제21조(부대사업의 시행)

① 주무관청은 사업시행자가 민간투자사업을 시행할 때 해당 사회기반시설의 투자비 보전(補塡) 또는 원활한 운영, 사용료 인하 등 이용자의 편익 증진, 주무관청의 재정부담 완화 등을 위하여 필요하다고 인정하는 경우에는 다음 각 호의 어느 하나에 해당하는 부대사업을 해당 민간투자사업과 연계하여 시행하게 할 수 있다.
   1. 「주택법」에 따른 주택건설사업
   2. 「택지개발촉진법」에 따른 택지개발사업, 3 ~ 18(생략)

6. 법 제11조의2 제1항 제6호

법 제11조의2(부담금의 감면)

① 다음 각 호의 사업에 대하여는 부담금을 부과하지 아니한다. <개정 2012.2.22., 2013.8.6., 2015.8.28.>

6. 「신행정수도 후속대책을 위한 연기 · 공주지역 행정중심복합도시 건설을 위한 특별법」 제11조에 따라 지정된 예정지역에서 시행되는 주택의 건설사업

행정중심복합도시로 지정된 예정지역에서 시행되는 주택의 건설사업은 부담금 면제

[관련법령]

「신행정수도 후속대책을 위한 연기 · 공주지역 행정중심복합도시 건설을 위한 특별법」

제11조(예정지역등의 지정 등)

① 국토교통부장관은 대통령의 승인을 받아 예정지역등을 지정한다.

② 예정지역은 충청남도 연기군 및 공주시의 지역 중에서 지정한다.

③ 국토교통부장관은 예정지역등의 경계를 설정할 때 자연지형 · 환경성 · 경제성 및 행정구역 등을 고려하여야 한다.

④ 국토교통부장관은 예정지역등을 지정하려는 경우에는 미리 공청회를 열어 주민과 관계 전문가 등의 의견을 듣고, 관계 지방자치단체의 장의 의견을 들은 후 위원회의 심의와 관계 중앙행정기관의 장과의 협의를 거쳐야 한다.

⑤ ~ ⑦(생략)

7. 법 제11조의2 제2항

법 제11조의2(부담금의 감면)

② 다음 각 호의 사업에 대하여는 부담금의 100분의 50을 경감한다. 다만, 제4호의 사업 중 제1호부터 제3호까지에 해당하는 사업은 100분의 75를 경감한다. <개정 2013.5.22., 2013.8.6., 2017.2.8.>

1. 국가나 지방자치단체가 시행하는 사업
2. 「도시 및 주거환경정비법」에 따른 재개발사업
3. 「도시 및 주거환경정비법」에 따른 재건축사업
4. 「국토의 계획 및 이용에 관한 법률」 제6조 제1호에 따른 도시지역에서 시행되는 제11조 제1항 각 호의 사업

- (50% 감경) 국가나 지방자치단체가 시행하는 사업, ① 재개발 · 재건축사업, ② 도시지역에서 시행되는 부과대상 사업
  ① 『도시 및 주거환경정비법』에 따른 재개발·재건축사업은 정비기반시설이 열악하거나 노후 · 불량건축물이 밀집한 지역에서 주거환경을 개선하는 사업으로 부담금 감경
  ② 도시지역에서 시행하는 사업은 도시기본계획에 따라 이미 기반시설이 마련되어 있고 여타 개발사업과 비교해 볼 때 교통난 유발 정도가 낮은 측면이 있으므로 이를 감안하여 부담금 감경
- (75% 감경) 도시지역에서 국가나 지방자치단체가 시행하는 사업, 재개발 · 재건축사업을 시행하는 경우 해당

[관련법령]

국토의 계획 및 이용에 관한 법률」 제6조(국토의 용도 구분)

국토는 토지의 이용실태 및 특성, 장래의 토지 이용 방향, 지역 간 균형발전 등을 고려하여 다음과 같은 용도지역으로 구분한다.

1. 도시지역 : 인구와 산업이 밀집되어 있거나 밀집이 예상되어 그 지역에 대하여 체계적인 개발 · 정비 · 관리 · 보전 등이 필요한 지역

III 시행 시기

법 부칙 <법률 제6402호, 2001.1.29.>

제1조 (시행일) 이 법은 공포 후 3월이 경과한 날부터 시행한다.

제2조 (광역교통시설부담금 부과에 관한 적용례) 제11조의 개정규정에 의한 부담금은 이 법 시행일 이후 제11조의4 제1항의 개정규정에 의한 사업의 승인 또는 인가 등을 받는 사업부터 적용한다.

영 부칙 <대통령령 제17218호, 2001.4.30.>

제1조 (시행일) 이 영은 2001년 4월 30일부터 시행한다.

- (시행시기) 광역교통계획이 수립('98.12.)된 수도권은 2001.4.30.부터 시행하고, 광역교통계획이 수립('02.1.5.)된 지방대도시권에 대하여는 그 효력 발생일인 2002.1.11.부터 시행함
- 대도시권 광역교통관리에 관한 특별법('01.1.29.) 부칙 제2조에 의하면 "제11조의 개정규정에 의한 부담금은 이 법 시행일('01.4.30.) 이후 제11조의4 제1항의 개정 규정에 의한 사업의 승인 또는 인가 등을 받는 사업부터 적용한다"라고 규정하고 있음
- 부담금 부과대상사업으로서 개정법률 시행일('01.4.30.) 이전에 사업의 승인·인가 등을 받고 '01.4.30. 이후 사업계획 등을 변경하여 승인 · 인가 등을 받는 경우에는 원칙적으로 부과대상에서 제외됨
  - 다만, 부과대상사업 규모 이상으로 개발면적(택지조성 사업), 호수 또는 세대수(주택건설 관련 사업)가 증가되는 경우 증가되는 개발면적 또는 건축연면적(변경 후 건축연면적 - 변경 전 건축연면적)에 대하여 부담금 부과

예 시

'01.4.30. 이전에 일반상업용건축물을 건축하는 사업으로 건축허가를 받았으나, '01.4.30. 이후 부담금 부과대상인 주상복합건축물을 건축하는 사업으로 변경하여 건축허가를 받을 경우에는 부담금을 부과

Ⅳ 사업종류별 부담금의 산정방법

법 제11조의3(부담금의 산정기준)

① 제11조 제1항 제1호부터 제6호까지의 사업에 대한 부담금은 다음 각 호의 계산식으로 계산한 금액으로 한다. <개정 2013.8.6.>

1. 제11조 제1항 제1호부터 제3호까지의 사업에 해당하는 부담금 = {1㎡당 표준개발비 × 부과율 × 개발면적 × (용적률 ÷ 200)} − 공제액
2. 제11조 제1항 제4호 및 제5호의 사업에 해당하는 부담금 = {1㎡당 표준건축비 × 부과율 × 건축연면적} − 공제액
3. 제11조 제1항 제6호의 사업에 해당하는 부담금 = {1㎡당 표준건축비 × 부과율 × 건축연면적(주택인 시설의 건축연면적의 합계를 말한다)} − 공제액

② 제11조 제1항 제7호의 사업에 대한 부담금은 대통령령으로 정하는 바에 따른다. <개정 2013.8.6.>

③ 제1항 제1호에 따른 부과율은 100분의 50의 범위에서, 제1항 제2호 및 제3호에 따른 부과율은 100분의 10의 범위에서 각각 대통령령으로 정하되 시 · 도지사는 해당 지방자치단체의 조례로 정하는 바에 따라 제11조 제1항에 따른 사업이 시행되는 지구, 구역 또는 사업지역의 위치 · 규모 · 특성 등에 따라 100분의 50의 범위에서 부과율을 조정할 수 있다. <개정 2013.8.6.>

④ 제1항 제1호에 따른 표준개발비는 단위당 개발비용으로서 생산자물가상승률 등을 고려하여 국토교통부장관이 고시하는 금액으로 하며, 제1항 제2호 및 제3호에 따른 표준건축비는 「공공주택 특별법」 제50조의3에 따라 공공건설임대주택의 분양전환가격을 산정하는 기준으로 국토교통부장관이 고시하는 표준건축비로 한다. <개정 2013.8.6., 2015.8.28.>

⑤ 제1항에 따른 개발면적, 용적률, 건축연면적, 공제액 등에 대한 기준은 대통령령으로 정한다.

[전문개정 2012.1.17.]

영 제16조의2(부담금의 산정기준)

① 법 제11조의3 제1항 제1호의 규정에 의한 개발면적은 당해 사업이 시행되는 지구 · 구역 또는 사업지역의 전체 면적에서 다음 각 호의 용지의 면적을 제외한 면적으로 한다. <개정 2005.6.30., 2012.4.27., 2014.2.5.>

1. 관계 법령의 규정에 의하여 국가 또는 지방자치단체에 무상으로 귀속되거나 법 제11조 제1항 각 호에 따른 사업을 시행하는 자(이하 "사업시행자"라 한다)가 국가 또는 지방자치단체에 기부채납하는 용지

2. 제16조의 규정에 의한 임대주택의 건설을 위한 용지
3. 법 제11조의2 제1항 제4호에 따른 이주대책의 실시에 따른 주택지의 조성 및 주택의 건설을 위한 용지
4. 공용의 청사용지와 「학교용지 확보 등에 관한 특례법」 제1조에 따른 각급학교 용지

② 법 제11조의3 제1항 제1호에 따른 용적률은 해당사업이 시행되는 지구 · 구역 또는 사업지역 안에서 「주택법」 제15조 제1항에 따른 사업계획의 승인(「택지개발촉진법」 제11조 또는 「도시개발법」 제19조에 따라 승인을 얻은 것으로 보는 경우를 포함한다)을 얻어 「주택법」 제2조 제2호 및 제3호에 따른 단독주택 및 공동주택을 건립하는 경우 각 주택이 건립되는 대지의 면적에 따라 가중평균하여 산정한다. 다만, 가중평균하여 산정된 용적률이 「국토의 계획 및 이용에 관한 법률」 제78조 제1항 제1호 가목에서 정한 주거지역 용적률의 최대한도를 초과하는 경우에는 그 최대한도의 용적률을 적용한다. <개정 2006.3.29., 2011.1.17., 2012.8.22., 2016.8.11.>

1. 삭제 <2011.1.17.>
2. 삭제 <2011.1.17.>

③ 시 · 도지사는 사업시행자가 해당사업의 승인 또는 인가를 받은 날부터 60일 이내에 제2항 본문에 따른평균용적률을 산정할 수 없는 때에는 「국토의 계획 및 이용에 관한 법률」 제78조에 따라 특별시 · 광역시 · 특별자치시 · 시 또는 군의 조례로 정하는 용적률의 최대한도를 적용할 수 있다. 다만, 용적률의 최대한도와 제2항 본문에 따른 평균용적률의 차이에 따른 부담금의 차액은 평균용적률을 산정할 수 있게 된 때에 지체 없이 정산하여야 하며, 이 경우 정산금액에는 부담금을 납부한 날부터 정산금액의 지급일 전날까지의 이자(이자율은 「은행법」에 따라 설립된 은행의 1년 만기 정기예금 평균이자율로서 부담금 납부일 당시의 금리를 기준으로 한다)를 가산하여야 한다. <신설 2006.3.29., 2010.11.15., 2012.8.22., 2014.2.5.>

④ 법 제11조의3 제1항 제1호부터 제3호까지의 규정에 따른 공제액은 다음 각 호의 금액을 모두 합한 금액으로 한다. <개정 2005.6.30., 2006.3.29., 2007.4.20., 2012.8.22., 2014.2.5., 2015.12.15.>

1. 당해 사업과 관련하여 도시철도 또는 철도의 건설 및 개량에 소요되는 비용을 부담하는 경우에는 그 금액
2. 법 제11조 제1항 각 호에 따른 사업이 시행되는 지구 · 구역 또는 사업지역 밖에서 다음 각 목의 어느 하나에 해당하는 도로를 설치하거나 그 비용의 전부 또는 일부를 부담하는 경우에는 그 금액
   가. 도로관계 법령에 의한 고속국도, 자동차전용도로, 일반국도, 특별시도, 광역시도 또는 지방도
   나. 광역도로에 해당하는 시 · 군 · 구도
   다. 법 제7조의2 제3항에 따라 확정된 광역교통개선대책에 따라 건설 또는 개량되는 도로
   라. 그 밖에 시 · 도지사가 광역교통에 영향을 미친다고 인정하는 도로

3. 해당 사업과 관련하여 다음 각 목의 어느 하나에 해당하는 시설을 설치하거나 그 시설의 건설 및 개량에 드는 비용의 전부 또는 일부를 부담하는 경우에는 그 금액
   가. 법 제2조 제2호 다목에 따른 주차장
   나. 법 제2조 제2호 라목에 따라 여객자동차 운수사업에 제공되는 차고지로서 지방자치단체의 장이 설치하는 공영차고지
   다. 법 제2조 제2호 마목 및 이 영 제4조의2 제1항에 따른 간선급행버스체계의 구성시설
   라. 법 제2조 제2호 바목 및 이 영 제4조의2 제2항에 따른 환승센터의 구성시설

⑤ 제4항에 따른 공제액을 인정받고자 하는 사업시행자는 관할 시 · 도지사에게 그 사유를 증명하는 서류를 제출하여야 한다. <개정 2006.3.29., 2012.8.22.>

⑥ 법 제11조의3 제1항 제2호에 따른 건축연면적은 전체 연면적의 합계에서 다음 각 호의 어느 하나에 해당하는 연면적의 합계를 제외한 면적으로 한다. <개정 2003.6.30., 2003.11.29., 2004.1.20., 2005.6.30., 2006.3.29., 2007.4.20., 2010.6.10., 2012.8.22., 2014.2.5., 2016.8.11., 2018.2.9., 2020.3.24.>

1. 지하층(주거용인 경우를 제외한다)과 건축물안의 주차장
2. 공용의 청사와 「학교용지 확보 등에 관한 특례법」 제1조에 따른 각급학교
3. 「주택법」 제2조 제13호에 따른 부대시설 및 같은 조 제14호에 따른 복리시설 3의2. 「주택건설기준 등에 관한 규정」 제2조 제3호에 따른 주민공동시설(제3호에 해당하는 시설은 제외한다)
4. 「도시 및 주거환경정비법」에 따른 재개발사업 및 재건축사업의 경우 해당 사업이 시행되는 구역 내 종전 건축물의 연면적
5. 「빈집 및 소규모주택 정비에 관한 특례법」에 따른 소규모주택정비사업의 경우 해당 사업이 시행되는 구역내 종전 건축물의 연면적
6. 「주택법」 제2조 제6호의 국민주택 규모 이하인 임대주택의 연면적

⑦ 삭제 <2014.2.5.>

⑧ 법 제11조의3 제3항에 따른 부과율은 다음 각 호와 같다. <개정 2006.3.29., 2014.2.5.>

1. 법 제11조의3 제1항 제1호의 부과율 : 100분의 15. 다만, [별표 1]의 대도시권중 수도권인 경우에는 100분의 30
2. 법 제11조의3 제1항 제2호 및 제3호의 부과율 : 100분의 2. 다만, [별표 1]의 대도시권중 수도권인 경우에는 100분의 4

[본조신설 2001.4.30.]

1. 택지개발사업 등의 산정기준(법 제11조의3 제1항 제1호)

① **대상사업**(법 제11조의3 제1항 제1호)

택지개발사업, 도시개발사업, 대지조성사업 · 아파트지구개발사업

② **부담금 산정식**(법 제11조의3 제1항 제1호)

{1㎡당 표준개발비 × 부과율 × 개발면적 × (용적률 / 200)} – 공제액

③ **표준개발비**(법 제11조의3 제4항)

- 표준개발비 : 299,350원/㎡ (국토교통부 고시 제2013-181호, 시행 2013.04.30.)
- 적용기간 : 2013년 4월 30일 ~ 추후 고시일까지

④ **부과율 및 적용시한**(법 제11조의3 제3항, 영 제16조의2 제8항)

- 부과율 : 100분의 30
- 적용시행 : '14.2.7부터 시행(영 시행 전에 사업의 승인 또는 인가 등을 받고 이영 시행 후 부과하는 부담금에 대해서도 적용)

⑤ **개발면적**(법 제11조의3 제1항, 영 제16조의2 제1항)

당해 사업이 시행되는 지구 · 구역 또는 사업지역의 전체면적에서 다음 용지의 면적을 제외한 면적

- 관계법령의 규정에 의하여 국가 또는 지자체에 무상귀속 되거나 법 제11조 제1항 각호의 규정에 따른 사업을 시행하는 자가 국가 또는 지자체에 기부 채납하는 용지
- 「주택법」 제2조 제6호의 국민주택규모 이하 임대주택의 건설을 위한 용지
- 「공익사업을 위한 토지 등의 취득 및 보상에 관한 법률」 제78조에 따른 이주대책의 실시에 따른 주택지의 조성 및 주택의 건설을 위한 용지
- 공용의 청사용지와 각급 학교 용지

※ 승인 또는 인가한 실시계획, 사업시행계획 또는 사업계획 등에서 상기 용지의 면적을 산정하여 개발면적에서 제외

⑥ **용적률**(법 제11조의3 제1항, 영 제16조의2 제2항)

부과대상 사업이 시행되는 지구 · 구역 또는 사업지역 안에서 「주택법」 제15조,

부과대상 사업이 시행되는 지구 · 구역 또는 사업지역 안에서 「주택법」 제15조

제1항에 따른 사업계획의 승인(「택지개발촉진법」 제11조 또는 「도시개발법」 제19조에 따라 승인 포함)을 얻어 「주택법」 제2조 제2호 및 제3호에 따른 단독주택 및 공동주택을 건립하는 경우 각 주택이 건립되는 면적에 따라 가중 평균하여 산정한다. 다만, 가중평균하여 산정된 용적률이 「국토의 계획 및 이용에 관한법률」 제78조 제1항 제1호 가목에서 정한 주거지역 용적률의 최대한도를 초과하는 경우에는 그 최대한도의 용적률을 적용한다.

※ 해당 사업의 승인 또는 인가를 받은 날부터 60일 이내에 평균용적률을 산정할 수 없는 때에는 「국토의 계획 및 이용에 관한 법률」 제78조에 따라 각 조례로 정하는 용적률의 최대한도를 우선 적용하고 향후 산정할 수 있을 때 정산

용적률 산정 예시

- 실시계획 승인을 받은 택지개발지구내의 공동주택용지의 총면적이 70만㎡이며 A블록(20만㎡)의 계획용적률은 250%, B블록(30만㎡)의 계획용적률은 230%, C블록(20만㎡)의 계획용적률이 190%일 경우 평균용적률은 아래 산식에 의해 224%가 됨(소수둘째자리까지 계산)
- 산식

$$\frac{(20만㎡ \times 250\%) + (30만㎡ \times 230\%) + (20만㎡ \times 190\%)}{(20만㎡ + 30만㎡ + 20만㎡)} = 224.29(\%)$$

⑦ **공제액**(법 제11조의3 제5항, 영 제16조의2 제4항)

- 당해 사업과 관련하여 도시철도 또는 철도의 건설 및 개량에 소요되는 비용을 부담하는 경우에는 그 금액
- 사업이 시행되는 지구 · 구역 · 사업지역 밖에서 다음의 도로를 설치하거나 그 비용의 전부 또는 일부를 부담하는 경우에는 그 금액
  고속국도, 자동차전용도로, 일반국도, 특별시도, 광역시도, 지방도
  - 법 제2조 제2호 가목의 규정에 의한 광역도로에 해당하는 시 · 군 · 구도
  - 법 제7조 제2호 제3항에 따라 확정된 광역교통개선대책에 따라 건설 또는 개량되는 도로
- 기타 광역교통시설[3]을 설치하거나 그 시설의 건설 및 개량에 드는 비용의 전부 또는 일부

3) 도시 외곽에 위치한 광역철도 역의 인근에 건설 주차장, 공영차고지, 간선급행버스체계의 구성시설, 환승센터의 구성시설

- 공제액을 인정받고자 하는 사업시행자는 사업의 승인 또는 인가 시에 공제액에 대한 타당한 자료(원가계산기관의 검증을 거친 실시설계의 내역과 지가공시법에 의한 감정평가서)를 제출하여야 함
- 사업의 승인 또는 인가 시에 실시 설계의 내역과 감정평가서를 제출하기 어려운 경우에는 용지비는 공시지가로 하고, 시설비는 전년도의 평균 도로 시설비용을 감안하여 지역별 실정에 따라 산출한 추정비용을 그 내역과 함께 제출받아 검토

⑧ **부담금 감면**(법 제11조의2 제2항)

- 국가나 지방자치단체가 시행하는 사업, 재개발 · 재건축 사업, 도시지역에서 시행하는 사업은 최종 부담금의 50% 경감
- 도시지역 내 국가나 지방자치단체가 시행하는 사업 및 재개발·재건축 사업의 경우 75% 경감

부과 예시(택지개발사업)

<사업개요>

경기도 ㅇㅇ시 ㅇㅇ읍 ㅇㅇ번지 일대 3,265,000㎡를 수용인구 53,881명을 계획으로 △△공사 에서 ㅇㅇ택지개발사업을 시행코자 하며, 그 사업계획은 다음과 같다.

- 토지이용계획
  - 사업면적 : 3,265,000㎡
  - 주택건설용지 : 1,507,508㎡(단독, 연립, 아파트, 근린생활 등)
  - 상업용지 : 114,388㎡
  - 공공시설용지 : 1,643,104㎡
- 근린생활시설 용지 : 3개소 2,360㎡
- 공공시설용지
  - 공원녹지 : 900,222㎡
    [근린공원 19개소 570,787㎡ / 어린이공원 13개소 47,974㎡ / 녹지 281,461㎡(완충 : 14개소 148,809㎡, 경관 9개소 132,652㎡)]
  - 도로 : 143개 노선 면적 518,520㎡(연장 32,277m) [교통광장 9,247㎡포함]
  - 주차장 : 4개소 19,624㎡
  - 광장 : 2개소 16,593㎡(교통 9,247㎡, 미관 7,346㎡)

- 학교 : 10개소 133,100㎡(초등 5, 중등 3, 고등 2)
- 도서관 : 1개소 1,653㎡
- 공공용지 : 32개소 82,180㎡
- 자동차관련시설 : 3.186㎡
- 열공급시설 : 1개소 13,223㎡
- 위험물저장 및 처리시설(주유소) : 3개소 5,008㎡
- 도시형공장 및 업무시설 : 24개소 44,684㎡
- 공공청사(동사무소, 파출소, 소방파출소 등) : 11개소 52,523㎡
- 종교시설 : 5개소 4,379㎡
- 하천 : 9,057㎡

※ 광역교통시설설치비용 : 경전철 부담액(22,500백만원), 외부도로개설(54,335백만원)

- 각 항목별 산출근거
  - 표준개발비 = 299,350원/㎡
  - 부과율 = 30/100(수도권)
  - 개발면적 = 총 사업면적 − 제외대상면적
    = 3,265,000㎡ − (900,222㎡ + 518,520㎡ + 7,346㎡ + 133,100㎡ + 1,653㎡ + 82,180㎡ + 52,523㎡ + 9,057㎡) = 1,560,399㎡

  ※ 제외대상 용지 : 공원녹지, 도로, 광장(미관), 학교, 도서관, 공공용지, 공공청사, 하천(영 제16조의2 제1항) − 평균용적률의 산출(획지별 용적률을 가중 평균하여 산출)

$$\text{평균용적률(\%)} = \frac{166,576,060 + 16,470,650}{941,139 + 159,413} = 166.32(\%)$$

  ※ 획지별 용적률은 뒷면 표 참조

  공제액 = 22,500백만원(경전철 부담액) + 54,335백만원(도로설치 비용) = 76,835백만원

- 부담금의 산정

  {1㎡당 표준개발비 × 부과율 × 개발면적 × (용적률 / 200)} − 공제액

  = (299,350원/㎡ × 30/100 × 1,560,399㎡ × 166.32 / 200) − 76,835,000,000원

  = 39,698,465,333원

  ☞ △△공사에 39,698,465,330원 고지

  ※ 위 사업이 도시지역에서 시행하는 사업이라면 위 산출 금액의 50%(법 제11조의2 제2항)

〈획지별 용적률 및 평균 용적률〉

(C : 아파트용지, D : 연립주택용지)

획지명	면적(㎡)(A)	용적률(%)(B)	(A) × (B)	획지명	면적(㎡)(A)	용적률(%)(B)	(A) × (B)
C1-1	12,589	170	2,136,730	D1	28,944	120	3,473,280
C1-2	29,648	180	5,336,640	D2-1	30,384	100	3,038,400
C1-3	44,183	170	7,511,110	D2-2	11,657	90	1,049,130
C2-1	30,228	190	5,743,320	D2-3	9,702	90	873,180
C2-2	41,013	170	6,972,210	D2-4	9,420	90	847,800
C2-3	38,370	180	6,906,600	D3	22,348	120	2,681,760
C2-4	46,352	170	7,879,840	D4-1	28,979	100	2,897,900
C3-1	41,809	170	7,107,530	D4-2	7,046	90	634,140
C3-2	17,205	170	2,924,850	D4-3	3,259	90	293,310
C3-3	23,456	170	3,987,520	D4-4	7,575	90	681,750
C4-1	23,974	170	4,075,580	합계(2)	159,314		16,470,650
C4-2	27,888	170	4,740,960				
C5-1	22,808	190	4,333,520				
C5-2	24,002	190	4,560,380				
C5-3	18,512	190	3,517,280				
C5-4	21,925	190	4,165,750				
C6-1	19,935	170	3,388,950				
C6-2	11,970	180	2,154,600				
C7-1	31,292	170	5,319,640				
C7-2	43,328	170	7,385,780				
C8-1	22,981	180	4,136,580				
C8-2	23,761	180	4,276,980				
C9-1	33,692	180	6,064,560				
C9-2	14,095	180	2,537,100				
C10-1	22,113	180	3,980,340				
C10-2	39,127	180	7,042,860				
C11	43,582	170	7,408,940				
C12-1	38,847	180	6,992,460				
C12-2	18,941	180	3,409,380				
C13-1	16,832	180	3,029,760				
C13-2	27,977	190	5,315,630				
C14	40,243	170	6,841,310				
C15-1	13,064	190	2,482,160				
C15-2	15,417	190	2,929,230				
합계(1)	941,139		166,576,060				

2. 주택건설사업 등의 산정기준(법 제11조의3 제1항 제2호)

① **대상사업**(법 제11조의3 제1항 제2호)

주택건설사업, 재개발사업(20세대 이상의 공동주택을 건설하는 경우), 재건축 사업

② **부담금 산정식**(법 제11조의3 제1항 제2호)

(1㎡당 표준건축비 × 부과율 × 건축연면적) – 공제액

③ **표준건축비**(법 제11조의3 제4항)

- 「공공주택 특별법」 제50조의3에 따라 공공건설임대주택의 분양전환가격을 산정하는 기준으로 국토교통부장관이 고시하는 표준건축비
- 승인된 사업계획 신청서에 기재된 층수와 평형을 토대로 구분하여 건축연면적을 산정하고 해당층수와 평형에 부합하는 표준건축비를 적용
- 부과대상에서 제외되지 아니하는 상가 등 주택 외의 시설의 경우에도 층수와 평형에 맞는 공공 건설임대주택의 표준건축비를 적용하여 산정

<공공건설임대주택 표준건축비(국토부 고시 제2016-339호, '16.06.)>

(단위 : 천원/㎡)

구 분 (주거전용면적기준)		건축비 상한가격 (주택공급면적에 적용)
5층 이하	~ 40㎡ 이하	1,026.1
	40㎡ 초과 ~ 50㎡ 이하	1,043.0
	50㎡ 초과 ~ 60㎡ 이하	1,010.5
	60㎡ 초과 ~	1,020.8
6 ~ 10층 이하	~ 40㎡ 이하	1,101.8
	40㎡ 초과 ~ 50㎡ 이하	1,116.7
	50㎡ 초과 ~ 60㎡ 이하	1,082.4
	60㎡ 초과 ~	1,085.9
11 ~ 20층 이하	~ 40㎡ 이하	1,041.0
	40㎡ 초과 ~ 50㎡ 이하	1,051.1
	50㎡ 초과 ~ 60㎡ 이하	1,019.4
	60㎡ 초과 ~	1,018.9
21층 이상	~ 40㎡ 이하	1,058.8
	40㎡ 초과 ~ 50㎡ 이하	1,069.0
	50㎡ 초과 ~ 60㎡ 이하	1,037.5
	60㎡ 초과 ~	1,036.8

④ **부과율**(법 제11조의3 제3항, 영 제16조의2 제8항) : **100분의 4**

⑤ **건축연면적**(법 제11조의3 제1항, 영 제16조의2 제6항)

사업계획 · 사업시행 승인 또는 인가를 받거나 건축허가를 받은 서류상에 반영된 전체 연면적의 합계에서 영 제16조의2 제6항 각 호에 해당하는 시설의 연면적의 합계를 제외하여 산정

- 지하층(주거용인 경우를 제외한다)과 건축물안의 주차장
- 공용의 청사와 「학교용지 확보에 관한 특례법」 제1조에 따른 각급학교
- 「주택법」 제2조 제13호에 따른 부대시설 및 같은 조 제14호에 따른 복리시설
- 「주택건설기준 등에 관한 규정」 제2조 제3호에 따른 주민공동시설(제3호에 해당하는 시설은 제외한다)
- 재개발사업 · 재건축사업의 경우 해당 사업이 시행되는 구역 내 종전 건축물의 연면적
- 소규모주택정비사업의 경우 해당 사업이 시행되는 구역 내 종전 건축물의 연면적
- 「주택법」 제2조 제6호의 국민주택 규모 이하인 임대주택의 연면적

⑥ **공제액 및 감면**(법 제11조의3 제5항, 법 제11조의2 제2항, 영 제16조의2 제4항)

택지조성사업의 경우와 동일

부과 예시(주택건설사업)

<사업개요>

△△주택건설사에서 경기도 00시 00읍00번지 일대 토지 28,084㎡에 용적률 157% 이하로 10~16층 아파트 572호를 건립하여 일반에게 분양코자 하며, 사업승인 내용은 다음과 같다.

<사업승인내용>

- 공동주택건립 : 14층 이하, 572호, 연면적 37,595㎡(주거용 이외의 지하층 3,863㎡)
  - 아파트 : 33,622㎡
  - 관리사무소 : 72㎡
- 공제대상 도로 설치비용 : 254,000천원

- 각 항목별 산출근거
  - 표준건축비 = 1,018.9천원/㎡(표준건축비중 편의상 11~20층 이하 60㎡ 이상의 경우에 적용되는 금액을 예로 사용)

- 부과율 = 4/100(수도권)
- 공제액 = 254,000천원(영 제16조2 제4항에 따른 도로 설치비용)

• 부과대상 건축연면적의 산정
- 건축연면적 = 총 건축연면적 - 제외대상면적
- 부과대상면적 = 37,595㎡ - (3,863㎡ + 72㎡) = 33,660㎡

※ 제외연면적은 지하주차장 3,863㎡, 관리사무소 72㎡(주택법 제2조 제13호에 따른 부대시설 제외)

• 부담금의 산정

(1㎡당 표준건축비 × 부과율 × 건축연면적) - 공제액

= (1,018,900원/㎡ × 4/100 × 33,660㎡) - 254,000,000 = 1,117,846,960원

☞ △△주택건설사에 1,117,846,960원 고지

부과 예시(재개발사업)

<사업개요>

서울특별시 00구00동00번지 일대 142,362㎡(도시계획구역)는 주택재개발 구역으로 지정되어 있으며 △△주택재개발조합에서 사업시행인가를 받으려고 한다. 사업시행인가 내용은 아래와 같다.

<사업계획>

• 사업계획 용지면적 : 142,362㎡

<사업시행인가 내용>

• 공동주택건립 : 20층 이하, 3,322호, 연면적 458,249㎡(주거용 이외의 지하층 116,092㎡)
- 분양주택 : 2,810호(전용 59㎡ ~ 114㎡)
- 임대주택 : 512호, 25,088㎡(전용 39㎡)

• 기타 : 관리사무소(4,658㎡), 근린생활시설(5,702㎡)

• 종전 건축연면적 : 193,662㎡

• 공제대상 주택재개발구역 도로 설치비용 : 785,000천원

• 각 항목별 산출근거
- 표준건축비 = 1,018.9천원/㎡(표준건축비중 편의상 11 ~ 20층 이하 60㎡ 이상의 경우에 적용되는 금액을 예로 사용)
- 부과율 = 4/100(수도권)
- 공제액 = 785,000천원(영 제16조2 제4항에 따른 도로 설치비용)

- 부과대상 건축연면적의 산정
  - 건축연면적 = 총 건축연면적 - 제외대상면적
  - 대상면적 = (458,249㎡ + 4,658㎡ + 5,702㎡) - (116,092㎡ + 25,088㎡ + 4,658㎡ + 5,702㎡)
    = 317,069㎡

  ※ 제외연면적은 지하층 116,092㎡, 임대주택 25,088㎡, 관리사무소 4,658㎡, 근린생활시설 5,702㎡
  - 실 부과대상면적(종전 건축 연면적 제외) = 317,069㎡ - 193,662㎡ = 123,407㎡
- 부담금의 산정

  (1㎡당 표준건축비 × 부과율 × 건축연면적) - 공제액

  = {(1,018,900원/㎡ × 4/100 × 123,407㎡) - 785,000,000원} × 25/100 = 1,061,143,923원

  ☞ △△주택재개발조합에 1,061,143,920원 고지

  ※ 주택재개발사업이고 도시지역에서 시행되는 사업이므로 75% 감(법 제11조의2 제2항)

3. 주상복합건축사업의 산정기준(법 제11조의3 제1항 제3호)

① **대상사업**(법 제11조의3 제1항 제3호)

「건축법」 제11조에 따른 건축허가를 받아 주택 외의 시설과 20세대 이상의 주택을 동일 건축물로 건축하는 사업

② **부과산식**(법 제11조의3 제1항 제3호)

{1㎡당 표준건축비 × 부과율 × 건축연면적(주택인 시설 건축연면적 합계)} - 공제액

③ **표준건축비**(법 제11조의3 제4항)

주택건설사업 등의 경우와 동일

④ **부과율**(법 제11조의3 제3항, 영 제16조의2 제8항) : 100분의 4

⑤ **건축연면적**(법 제11조의3 제1항)

주상복합건축물 등 주택과 주택이외의 시설을 함께 건축하는 사업의 경우에 건축연면적은 주택인 시설의 건축연면적의 합계로 산정하되, 허가된 건축허가도서상의 주택인 시설의 건축연면적으로 산정

⑥ **공제액 및 감면**(법 제11조의3 제5항, 법 제11조의2 제2항, 영 제16조의2 제4항)
주택건설사업 등의 경우와 동일

부과 예시(주상복합건축사업)

<사업개요>
△△주택건설사에서 안산시 00구 00동 00번지에 지하2층, 지상15층이하 주상복합 41세대를 건립하여 일반에게 분양코자 하며, 건축허가 내용은 다음과 같음.

<건축허가 내용>
- 승인내용 : 20층 이하, 41세대, 연면적 6,583.17㎡

<사업시행인가 내용>
- 공동주택(아파트) : 41세대 4,172.35㎡
- 근린생활시설 등 : 2,410.82㎡

- 각 항목별 산출근거
  - 표준건축비 = 1,018.9천원/㎡(11 ~ 20층이하 60㎡ 초과)
  - 부과율 = 4/100(수도권)
- 부과대상 건축연면적의 산정
  - 부과대싱면직(주택부분만) – 4,172.35㎡
- 부담금의 산정

  {1㎡당 표준건축비 × 부과율 × 건축연면적(주택인 시설 건축연면적 합계)} – 공제액
  (1,018,900원/㎡ × 4/100 × 4,172.35㎡) × 50/100 = 85,024,149원
  ☞ △△주택건설사에 85,024,140원 고지
  ※ 도시지역에서 시행되는 사업이므로 50% 감(법 제11조의2 제2항)

V 부담금의 부과 · 징수 절차

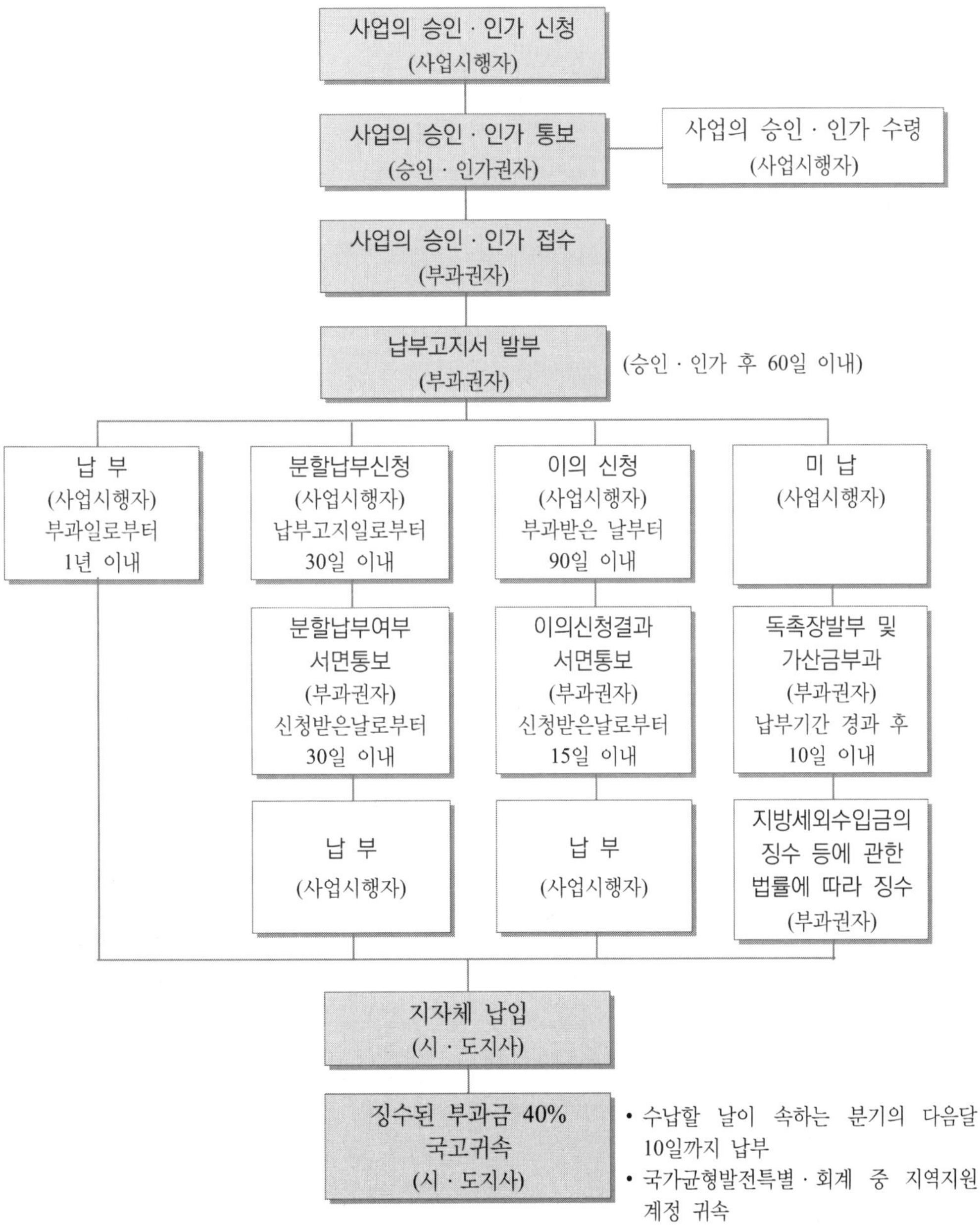

1. 부과 · 징수권자(법 제11조의 4)

법 제11조의4(부담금의 부과 · 징수 및 납부기한 등)

① 부담금은 제11조 제1항에 따른 사업이 시행되는 지역의 시 · 도지사가 부과 · 징수하되 사업시행자가 국가나 지방자치단체로부터 사업의 승인 또는 인가 등을 받은 날부터 60일 이내에 제11조의3에 따라 산정한 부담금을 부과한다. <개정 2013.8.6.>

영 제17조의4(부담금의 부과 · 징수사무의 위임)

① 시 · 도지사는 당해 시 · 도의 조례가 정하는 바에 따라 부담금의 부과 · 징수에 관한 사무를 시장 · 군수 또는 구청장에게 위임할 수 있다. 이 경우 제17조 및 제17조의2의 규정을 적용함에 있어 "시 · 도지사"는 "시장 · 군수 또는 구청장"으로 본다.

② 제1항의 경우 시 · 도지사는 부담금의 부과 · 징수에 관한 사무의 처리비용으로 시장 · 군수 또는 구청장이 징수한 부담금의 100분의 3의 범위에서 해당 시 · 도의 조례로 정하는 금액을 시장 · 군수 또는 구청장에게 교부할 수 있다. 다만, 해당 시 · 도의 조례로 정하는 징수율 이상으로 부담금을 징수한 경우에는 징수한 부담금의 100분의 10의 범위에서 해당 시 · 도의 조례로 정하는 금액을 시장 · 군수 또는 구청장에게 교부할 수 있다. <개정 2015.12.15.>

[본조신설 2001.4.30.]

- 광역교통시설부담금 부과 · 징수권자는 원칙적으로 시 · 도지사이며, 예외적으로 시장 · 군수 또는 구청장에게 위임할 수 있음
  - 이때 위임한 시장 · 군수 또는 구청장에게 사무 처리 비용으로 3% 범위 내에서 지급할 수 있으나 조례로 정하는 징수율에 따라 10% 범위 내에서 지급할 수 있음

부과대상	승인(인가)권자	부과권자	비 고
택지개발사업	국토교통부장관 도지사	도지사 도지사	택지개발촉진법 제3조 및 제9조
도시개발사업	국토교통부장관 도지사 시장(인구50만이상)	도지사 도지사 시 장	도시개발법 제3조 및 제17조
주택건설사업	도지사 시장 · 군수	도지사 시장 · 군수	주택법 제15조
재개발사업 재건축사업	시장 · 군수	시장 · 군수	도시 및 주거환경정비법 제28조
주상복합건축물	시장 · 군수	시장 · 군수	건축법 제11조

※「대도시권 광역교통 관리에 관한 특별법」시행령 제17조의4 및「광역교통시설부담금 부과 징수 및 광역교통시설특별회계 설치 조례」제7조에 의거 사업의 승인 및 인가권자에게 위임(사업별 변경 승인 · 인가 사무에 대해 시 · 군 위임 시 부과권도 위임)

2. 사업 내용의 통보(영 제15조)

영 제15조(사업계획수립 등의 통보)

관계 행정기관의 장(관계 행정기관의 장의 권한을 위탁받은 자를포함한다)은 법 제11조 제1항 각 호의 사업계획을 수립하거나 준공완료한 때 또는 그에 관한 승인 · 인가 · 허가 · 준공검사 · 사용검사를 한 때(변경의 경우를 포함한다)에는 관할 시 · 도지사에게 그 사실을 통보하여야 한다. [전문개정 2014.2.5.]

① 동일 행정기관 내에서 사업의 승인· 인가 등의 부서와 부담금의 부과 · 징수 부서가 다른 경우

☞ 사업의 승인 · 인가 등을 한 부서가 부과·징수 부서에 그 승인 · 인가 등의 내용을 지체 없이 통보

② 사업의 승인 · 인가 등의 기관과 부담금의 부과 · 징수 기관이 다른 경우

☞ 사업의 승인 · 인가 등을 한 행정기관이 부과 · 징수하여야 할 행정기관에 그 승인 · 인가 등의 내용을 지체 없이 통보

3. 부과 · 징수(법 제11조의4, 영 제17조)

법 제11조의4(부담금의 부과 · 징수 및 납부기한 등)

① 부담금은 제11조 제1항에 따른 사업이 시행되는 지역의 시 · 도지사가 부과 · 징수하되 사업시행자가 국가나 지방자치단체로부터 사업의 승인 또는 인가 등을 받은 날부터 60일 이내에 제11조의3에 따라 산정한 부담금을 부과한다. <개정 2013.8.6.>

② 제1항에 따라 부과된 부담금은 부과일부터 1년 이내에 내야 하되, 납부기한 내에 사업의 사용승인 등을 받을 경우에는 그 신청일(국가나 지방자치단체가 시행하는 사업의 경우 준공완료 공고일을 말한다) 이전까지 내야 한다. 다만, 시 · 도지사는 대통령령으로 정하는 바에 따라 납부의무자의 신청을 받아 사업의 사용승인 등을 받는 날(국가나 지방자치단체가 시행하는 사업의 경우 준공완료공고일을 말한다)까지의 범위에서 분할납부를 하게 할 수 있다.

⑧ 시 · 도지사는 제2항에도 불구하고 부담금의 부과대상 사업의 착공이 대통령령으로 정하는 정당한 사유에 따라 연기되는 경우에는 납부의무자의 신청을 받아 사업의 착공 시까지 납부기한을 연기할 수 있다.

⑨ 시 · 도지사는 부담금의 부과 및 징수에 관한 대장을 작성 · 관리하고 매분기 말일을 기준으로 부과 · 징수 실적에 관한 자료를 다음달 10일까지 국토교통부장관에게 제출하여야 한다. <개정 2008.2.29., 2013.3.23., 2014.2.5.>

⑩ 이 영에 규정된 사항외에 부담금의 부과 · 징수 및 환급의 방법과 절차 등에 관한 사항은 해당 시 · 도 의 조례로 정한다. <개정 2014.2.5.> [전문개정 2001.4.30.]

영 제17조(부담금의 부과 · 징수 및 방법 등)

① 시 · 도지사는 법 제11조의4 제1항의 규정에 의하여 부담금을 부과하고자 하는 때에는 납부대상 · 납부금액 · 납부기한 · 납부장소 등을 기재한 납부고지서를 발부하여야 한다.

② 시 · 도지사는 사업계획 등의 변경으로 부담금이 변경되는 사유가 발생한 때에는 납부고지서를 지체 없이 재발급하여야 한다.

③ 제1항의 규정에 의하여 납부고지서를 받은 사업시행자가 천재 · 지변 그 밖의 부득이한 사유로 인하여 납부기한 안에 납부하기가 곤란하다고 인정되는 때에는 그 사유가 없어진 날부터 30일 이내에 납부하여야 한다.

⑦ 법 제11조의4 제3항에서 "대통령령으로 정하는 정당한 사유"란 다음 각 호의 어느 하나에 해당하는 경우를 말한다. <신설 2014.2.5.>

1. 천재지변 또는 사업시행자에게 책임이 없는 불가항력적인 사유로 인하여 사업의 착공이 지연되는 경우
2. 해당 사업시행지에 대한 소유권 분쟁(소송절차가 진행 중인 경우만 해당한다)으로 인하여 사업의 착공이 지연되는 경우
3. 사업의 승인 또는 인가 등의 조건으로 부과된 사항을 이행함에 따라 사업의 착공이 지연되는 경우
4. 주택건설경기가 침체되는 등 사업을 착공하지 못할 부득이한 사유가 있다고 시 · 도지사가 인정하는 경우

① 부과 대상사업의 승인 또는 허가 등을 받은 날부터 60일 이내에 부과하되 **부과기간인 60일은 불변기일이 아니므로 60일 경과로 부과권이 자동소멸 되는 것은 아니며**, 부과권의 소멸시효는 지방재정법령 등의 규정을 감안 5년임

※ 서울중앙지방법원 판례에 따라 최종 독촉장 및 납부고지 일자를 기점으로 부과권 소멸시효가 산정됨

② 사업계획 등의 변경 외에 공제대상 도로 등의 설치비용이 변경되어 공제액이 변경될 경우에도 납부고지서를 지체 없이 재발급하여야 함

③ 사업시행자는 분할납부 승인 등 별도의 사유가 없는 한 원칙적으로 부담금 부과일로부터 **1년 이내에 납부**하여야 함('09.7.31 최초 부과 분부터 적용)
- 부담금 납부는 조례시행규칙 별지 1호 서식에 따른 납부고지서에 의해 납부의무자가 금고(광역교통시설특별회계)에 납입토록 함

④ 납부고지서를 받은 사업시행자가 천재 · 지변 그 밖의 부득이 한 사유로 인하여 납부기한 안에 납부하기가 곤란하다고 인정되는 때에는 그 사유가 없어진 날부터 30일 이내에 납부하여야 함
- 천재 · 지변 그 밖의 사유라 함은 대설, 홍수, 전란, 지진 등으로 인한 교통의 폐색 등 납부의무자의 피할 수 없는 외부적인 사변이 발생한 경우를 말하며, 주관적인 사유(미분양, 부채증가, 경영악화 등)는 포함되지 아니함

⑤ 부과대상 사업의 착공이 정당한 사유*에 따라 연기되는 경우에는 납부의무자의 신청을 받아 사업의 착공 시까지 납부기한을 연기할 수 있음

* 천재지변 또는 사업시행자에게 책임 없는 불가항력적인 경우, 해당 사업시행지에 소유권분쟁, 사업 승인 등의 조건으로 부과된 사항 이행, 기타 시 · 도지사가 인정하는 경우

[별표 3]

사업의 승인 또는 사용승인등을 받은 날(영 제17조 제6항 관련)

사업명	승인 등을 받은 날	사용승인 등을 받는 날
1. 택지개발사업	실시계획승인일	준공검사일
2. 도시개발사업	실시계획인가일	준공검사일
3. 대지조성사업	사업계획승인일	사용검사일
4. 주택건설사업	사업계획승인일	사용검사일
5. 재개발사업 및 재건축사업	사업시행인가일	준공인가일
6. 법 제11조 제1항 제6호에 따른 건축사업	건축허가일	사용승인일

※ 비고 : 관계 중앙행정기관의 장 또는 지방자치단체의 장이 승인 · 인가 또는 허가 없이 직접 시행하는 사업의 경우 인가 등을 받은 날은 사업계획 등의 고시일로 하고, 사용승인 등을 받는 날은 준공완료의 공고일로 한다.

4. 분할납부(법 제11조의4 제2항, 영 제17조 제4항)

법 제11조의4(부담금의 부과 · 징수 및 납부기한 등)

② 제1항에 따라 부과된 부담금은 부과일부터 1년 이내에 내야 하되, 납부기한 내에 사업의 사용승인등을 받을 경우에는 그 신청일(국가나 지방자치단체가 시행하는 사업의 경우 준공완료 공고일을 말한다) 이전까지 내야 한다. 다만, 시 · 도지사는 대통령령으로 정하는 바에 따라 납부의무자의 신청을 받아 사업의 사용승인 등을 받는 날(국가나 지방자치단체가 시행하는 사업의 경우 준공완료공고일을 말한다)까지의 범위에서 분할납부를 하게 할 수 있다.

영 제17조(부담금의 부과 · 징수 및 방법 등)

④ 법 제11조의4 제2항 단서에 따라 부담금의 분할납부를 신청하고자 하는 자는 부담금의 금액, 사업이 시행되는 위치, 분할납부의 사유 등을 기재한 신청서를 부담금 납부고지일부터 30일 이내에 시 · 도지사에게 제출하여야 한다. <개정 2014. 2. 5.>

- 사업시행자가 부담금의 분할납부를 신청(조례 시행규칙 별지 제6호 서식)한 경우에는 분할납부의 사유를 검토하여 다음 각 호의 기준에 따라 분할납부 여부를 승인할 수 있음
  ① 분할납부 신청 기한 : 납부고지일로부터 30일 이내
  ② 분할납부 허용 금액 : 1억원 이상
  ③ 납부회수 : 3회
  ④ 납부금액
    - 당초 부과일로부터 1년 이내 : 부담금의 50% 이상
    - 당초 부과일로부터 1년 초과 2년 이내 : 부담금의 30% 이상
    - 당초 부과일로부터 2년 초과 준공(사용)검사 이전 : 잔여부담금
  ※ 다만, 분할납부기간의 도래 전에 준공검사(또는 사용검사)를 받게 되는 경우에는 그 기간 내에 전액을 납부하여야 함
- 시장 · 군수가 사업시행자의 신청을 받아 분할납부를 허용할 필요가 있다고 인정하는 경우에는 그 사유를 명시하여 도지사의 사전승인을 받아야 함
- 납부의무자가 1회차 분납액을 체납한 경우, 분할납부승인을 취소할 수 있으며, 납부독촉장 발부(납부기한 경과 후 10일 이내)하고, 가산금은 납부기한 경과 즉시 부과하여야 함

5. 독촉 · 가산금 및 체납처분(법 제11조의4)

법 제11조의4(부담금의 부과 · 징수 및 납부기한 등)

④ 시 · 도지사는 납부의무자가 부담금을 납부기한까지 내지 아니하면 납부기한이 지난 후 10일 이내에 독촉장을 발급하여야 한다. 이 경우 납부기한은 독촉장 발급일부터 10일로 한다. <개정 2013.8.6.>

⑤ 시 · 도지사는 납부의무자가 부담금을 제2항에 따른 기한까지 내지 아니하면 부담금액의 100분의 3에 해당하는 가산금을 징수할 수 있다. <개정 2013.8.6.>

⑥ 시 · 도지사는 부담금을 부과 · 징수한 후 부담금이 과소 또는 과다 부과 · 징수된 사실을 발견한 경우에는 이를 조사하여 그 차액을 추징하거나 환급하여야 한다. <신설 2013.8.6.>

⑦ 시 · 도지사는 납부의무자가 독촉장을 받고 지정된 기한까지 부담금 또는 가산금을 내지 아니하면 「지방행정제재 · 부과금의 징수 등에 관한 법률」에 따라 징수할 수 있다. <개정 2013.8.6., 2020.3.24.>

- 납부의무자가 부담금을 납부 기간 한 내에 납부하지 아니한 때에는 부담 금액의 100분의3에 해당하는 가산금을 더하여 납부기한 경과 후 10일 이내에 독촉장을 발부(독촉장 납부기한은 독촉장 발부일로부터 10일)
  - 납부고지서와 독촉장은 배달증명 등을 통해 납부의무자가 고지 받은 시기를 확인할 수 있도록 유의
- 독촉장을 받고 지정한 기한까지 납부하지 아니한 때에는 지방세 체납처분의 예(압류, 관허사업제한 등)에 의한 절차 개시
  - 체납처분의 예에 따라 징수해야하는 사유 발생 시 즉시 세무부서의 협조를 받아 체납처분 절차를 이행하여 미납 부담금 확보 조치

6. 이의신청(법 제11조의5)

법 제11조의5(이의신청)

① 제11조의4에 따라 부담금을 부과받은 자가 부과받은 사항에 대하여 이의가 있으면 부과받은 날부터 90일 이내에 시 · 도지사에게 그 사유를 소명할 수 있는 자료를 첨부하여 이의를 신청할 수 있다. <개정 2013.8.6.>

② 시 · 도지사는 제1항에 따른 이의신청을 받으면 신청을 받은 날부터 15일 이내에 심의하여 그 결과를 신청인에게 서면으로 통보하여야 한다.

[전문개정 2012.1.17.]

- 납부의무자는 부과받은 날로부터 90일 이내에 시 · 도지사에게 이의신청을 할 수 있으며 이의신청을 받은 시 · 도지사는 15일 이내에 심의하여 신청인에게 통보

7. 과오납금 환급(법 제11조의4)

법 제11조의4(부담금의 부과 · 징수 및 납부기한 등)

⑥ 시 · 도지사는 부담금을 부과 · 징수한 후 부담금이 과소 또는 과다 부과 · 징수된 사실을 발견한 경우에는 이를 조사하여 그 차액을 추징하거나 환급하여야 한다. <신설 2013.8.6.>

⑧ 제1항에 따른 사업의 승인 또는 인가 등을 받은 날과 제2항에 따른 사업의 사용승인등을 받는 날 등 부담금의 부과 · 징수 및 추징 · 환급의 방법과 절차 등에 관하여 필요한 사항은 대통령령으로 정한다. <개정 2013.8.6.>

[전문개정 2012.1.17.]

영 제17조(부담금의 부과 · 징수 및 방법 등)

⑧ 시 · 도지사는 납부의무자가 부담금으로 낸 금액 중 과오납부한 금액이 있거나 환급하여야 할 금액이 있으면 지체 없이 그 과오납 금액 또는 환급하여야 할 금액을 부담금 납부자에게 알려야 한다. 이 경우 다음 각 호의 어느 하나에 해당하는 날의 다음 날부터 환급 결정을 하는 날까지의 이자(「은행법」에 따라 설립된 은행의 1년 만기 정기예금 평균이자율로서 부담금 납부일 당시의 금리를 기준으로 산정한 이자를 말한다)를 함께 알려야 한다. <신설 2014.2.5.>

1. 착오 납부, 이중 납부 또는 납부 후 그 부과를 취소하거나 정정한 경우: 착오 등 납부일
2. 부담금납부자에게 책임이 있는 사유로 부담금을 발생시킨 사업의 승인 또는 인가 등이 취소된 경우: 승인 또는 인가 등의 취소일
3. 부담금납부자가 사업계획을 변경하거나 그 밖에 이와 비슷한 사유로 인한 경우: 사업계획 변경허가 또는 그 밖에 이와 유사한 행정처분의 처분일

- 환급소요재원은 광역교통시설특별회계 수입금에서 직접 환급 조치
- 분할 납부기간 안에 발생한 경우에는 분할 납부 잔액을 조정하여 변경 납부고지서를 발부하고, 일시납부로 인해 미납 잔액이 없는 경우에는 납부한 부담금의 범위 안에서 환급함
- 과오납금 환급이자율은 「은행법」에 따라 설립된 은행의 1년 만기 정기예금 평균이자율로서 부담금 납부일 당시의 금리기준으로 산정한 이자를 적용
  - 이자계산식 : 환급이자 = (원금(환급금) × 이자율) / 365 × 이자일수

※ 시행령 제17조 8항 각호에 해당하는 날의 다음날부터 시 · 군에서 환급결정하는 날까

지의 이자계산

- 이자율 확인 방법 : http://ecos.bok.or.kr/ 접속하여 “4.2.1.1 신규취급액 기준”으로 월별 조회하여 해당 월의 이자 적용

• 과오납금 환부이자 기산일

- 소송 패소 및 착오부과 등은 부담금을 납부한 익일부터
- 사업계획 취소 및 변경 등의 적법하게 납부된 과오납금은 부담금 부과의 원인 취소 또는 변경 결정일의 익일부터

• 과오납금 환부처리 절차

① 과오납 사유 발생	• 소송 패소, 사업계획변경(건축허가취소, 면적감소) 등
↓	
② 과오납 환부 의뢰	• 소송 패소시: 소송판결문 또는 결정문 첨부 • 사업계획 변경시: 관련공문 첨부 - 건축허가취소: 건축과의 건축허가 취소공문 - 면적감소 등: 관련 공문
↓	
③ 환부금 감액결정 결의	• 징수관은 부과의 취소 등으로 인한 감액결정 결의 시 부과 취소금액만 감액조치(환부에 다른 감액결정결의 할 것) ※시군에서 종종 누락되는 사례가 있음
↓	
④ 과오납반환신청서 작성 및 접수	• 과오납 환부 지급 대상자로 하여금 과오납반환신청서 작성
↓	
⑤ 환부금 감액결정 결의	• 징수관은 부과의 취소 등으로 인한 감액결정 결의시 부과취소금액만 감액조치
↓	
⑥ 과오납 환부결의 (환부금 + 환부이자)	• 징수관의 감액결정 결의로 인해 발생한 과오납금을 환부이자를 포함하여 과오납금 반환결정 결의
↓	
⑦ 과오납금 정리부 등재	
↓	

단계	내용
⑧ 징수부 등재	• 전산입력 처리하는 경우 전산입력으로 갈음
↓	
⑨ 과오납 환부 통지	• 과오납 환부 지급통지서 결재 후 환급대상자에게 통지
↓	
⑩ 납부자 과오납금 환부청구	• 납부자 본인계좌로 입금
↓	
⑪ 과오납금 지급 및 과오납금 정리부 정리	

8. 관리 · 실적보고 및 징수수수료(조례 제7조, 시행규칙 제3조, 제9조)

조례 **제7조(권한의 위임)**

① 사업의 승인(변경승인을 포함한다)또는 인가권자가 시장 · 군수인 경우에는 부담금의 부과 · 징수에 관한 사무를 시장 · 군수에게 위임한다.

② 시장 · 군수에게 위임한 사무의 처리를 위하여 시장 · 군수가 부과 후 징수한 부담금의 100분의 3에 해당하는 금액을 그 처리비용으로 해당 시 · 군에 교부하여야 한다. 다만, 부담금의 연간 징수율이 70% 이상인 시 · 군에 대하여는 별표에서 정한 교부금을 해당 시장 · 군수에게 교부한다. [단서신설 2016.05.17.] <개정 2019.4.29.>

시행규칙 **제17조(부담금의 부과 · 징수 및 방법 등)**

① 시장 · 군수가 조례 제7조에 따라 위임사무를 수행할 때에는 별지 제4호 서식에 따른 광역교통시설부담금(이하 "부담금"이라 한다)의 징수결의를 하고 납부 고지를 하여야 한다.

② 시장 · 군수가 제1항에 따라 부담금을 징수결정한 때에는 별지 제4호의2 서식에 따라 징수부에 기재하고, 매월 부담금의 부과 · 징수실적 보고서를 별지 제5호 서식에 따라 다음 달 5일까지 도지사에게 제출하여야 한다. <개정 2020.10.7.> [전문개정 2010.3.19.]

제9조(부담금 징수 수수료의 교부)

① 도지사는 조례 제7조 제2항에 따라 해당 연도 중 징수한 부담금에 대하여 징수금액의 100분의 3을 분기별로 시장 · 군수에게 교부한다.

② 도지사는 전년도 부담금의 징수율이 80퍼센트 이상인 시 · 군에 대하여는 조례의 별표에 따른 교부금에서 제1항에 따라 이미 교부한 교부금을 공제하고 시장 · 군수에게 교부한다.
③ 제2항의 징수율은 별표의 부담금 징수율 산출방식에 따른다.
[본조신설 2016.10.05.]

- 시장 · 군수는 부담금의 부과 및 징수대장을 작성 · 관리하고 분기별 말일을 기준으로 부과 · 징수실적을 분기의 다음달 5일까지 도지사에게 보고하여야 함
  - 부담금을 징수 결정한 때에는 조례 시행규칙 별지 제4호의2 서식에 따른 징수부에 기재하고, 부담금의 부과 · 징수 실적보고는 조례 시행규칙 별지 제5호 서식에 의함
- 위임한 부과 · 징수사무의 처리를 위하여 시장 · 군수가 도에 납입한 부담금의 100분의 3에 해당하는 금액을 징수 수수료로 교부함. 다만 연간 징수율이 70%이상인 시군의 경우 100분의8에서 100분의10의 범위 내에서 시 · 군에 징수 수수료를 교부함
  - 부담금 징수율에 따른 교부금(도(道) 부담금 조례 제7조 제2항 단서 관련)

부담금 징수율	교부금
70퍼센트 이상 80퍼센트 미만	징수한 부담금의 100분의 8
80퍼센트 이상 90퍼센트 미만	징수한 부담금의 100분의 9
90퍼센트 이상	징수한 부담금의 100분의 10

9. 회계관직 지정(조례 시행규칙 제8조)

시행규칙 **제8조(회계관계공무원)**

조례 제14조에 따라 경기도 광역교통시설 특별회계(이하 "특별회계"라 한다)의 회계관계공무원을 다음 각호와 같이 지정한다. <개정 2010.3.19., 2020.10.7.>

1. 도
   가. 징수관 · 재무관 : 교통국장 <개정 2001.11.1., 2006.11.13., 2008.7.3., 2014.9.24., 2015.3.6.>
   나. 분임징수관 : 광역교통정책과장 [전문개정 2020.10.7.]
   다. 분임재무관 : 특별회계 사업담당 과장 [전문개정 2020.10.7.]
   라. 지출원 : 특별회계 사업담당 사무관 [신설 2020.10.7.]
2. 시 · 군 <개정 2008.2.18.>
   가. 징수관 : 부시장(국장직제가 있는 시는 부담금 담당국장) · 부군수 <개정 2008.2.18., 2020.10.7.>
   나. 분임징수관 : 부담금 담당과장 <개정 2008.2.18., 2020.10.7.>

- 경기도
  - 징수관 · 재무관 : 교통국장
  - 분임징수관 : 광역교통정책과장
  - 분임재무관 : 특별회계 사업 담당과장
  - 지출원 : 특별회계 사업 담당사무관

  ※ 주요 위임업무 : 과오납금의 반환 등(경기도 회계관리에 관한 규칙 제5조)
- 시 · 군
  - 징수관 : 부시장(국장직제가 있는 시는 광역교통시설부담금업무 담당국장) · 부군수
  - 분임징수관 : 광역교통시설부담금업무 담당과장

10. 부담금의 배분 및 활용 등(법 제11조6, 제11조의 7)

법 제11조의6(부담금의 배분 및 사용)

① 징수된 부담금의 100분의 40은 「국가균형발전 특별법」에 따른 국가균형발전특별회계 중 지역지원계정에 귀속한다. <개정 2014.1.7., 2018.3.20.>

② 징수된 부담금의 나머지 100분의 60은 제11조의7에 따라 부담금을 징수한 시 · 도에 설치된 지방광역교통시설 특별회계에 귀속한다.

③ 징수된 부담금은 다음 각 호의 어느 하나에 해당하는 용도로 사용되어야 한다. <개정 2018.12.18., 2020.6.9., 2020.12.22.>

1. 광역교통시설의 건설 또는 개량
2. 제7조의2에 따른 광역교통 개선대책의 이행을 위한 교통시설로서 광역교통위원회에서 구간 또는 위치를 지정한 교통시설의 건설 또는 개량
3. 「도로법」에 따른 특별시도(特別市道) · 광역시도(廣域市道), 지방도 및 시도(市道) · 군도(郡道) · 구도(區道) 중 시 · 도지사가 광역교통에 영향을 미친다고 인정한 도로로서 광역교통위원회에서 구간 또는 위치를 지정한 도로의 건설 또는 개량. 이 경우 시 · 도지사는 제2항에 따라 시 · 도에 설치된 지방광역교통시설 특별회계에 귀속되는 부담금의 100분의 10의 범위에서 사용할 수 있다.
4. 대도시권 교통의 중심이 되는 도시의 외곽에 위치한 일반철도(「철도의 건설 및 철도시설 유지관리에 관한 법률」 제2조 제4호에 따른 일반철도를 말한다) 역의 인근에 설치되는 주차장(제2조 제2호 다목에 따른 주차장은 제외한다) 중 시 · 도지사가 광역교통에 영향을 미친다고 인정한 주차장으로서 광역교통위원회가 지정한 주차장의 건설 또는 개량. 이 경우 시 · 도지사는 제2항에 따라 시 · 도에 설치된 지방광역교통시설 특별 회계에 귀속되는 부담금의 100분의 10의 범위에서 사용할 수 있다.

5. 대통령령으로 정하는 광역버스운송사업에 대한 지원 및 광역버스운송사업 관련 시설의 건설 또는 개량 [전문개정 2012.1.17.]

제11조의7(지방광역교통시설 특별회계의 설치 및 조성 등)

① 제11조제1항에 따른 부담금을 받는 대도시권에 해당되는 시 · 도는 광역교통시설의 확충 등 광역교통 문제의 해결에 필요한 재원을 확보하기 위하여 지방광역교통시설 특별회계를 설치한다. <개정 2013.8.6.>

② 지방광역교통시설 특별회계는 다음 각 호의 재원으로 조성한다. <개정 2013.8.6.>

1. 일반회계로부터의 전입금과 그 밖의 수입
2. 제10조 제1항에 따른 국고보조금 및 같은 조 제2항에 따른 지방자치단체의 분담 사업비
3. 제11조의6 제2항에 따라 귀속되는 부담금

③ 제1항 및 제2항에서 규정한 사항 외에 지방광역교통시설 특별회계의 운용 및 관리에 필요한 사항은 시 · 도의 조례로 정한다. [전문개정 2012.1.17.]

- 시 · 도지사는 징수된 부담금 중 40%를 국고에 귀속하고 나머지 60%는 각 시 · 도에 설치된 지방광역교통시설 특별회계에 귀속해야 함
- 징수된 부담금은 광역교통시설, 광역교통개선대책 이행을 위한 교통시설, 시 · 도지사가 광역교통에 영향을 미친다고 인정한 도로의 건설 또는 개량비용으로 사용할 수 있음

한 권으로 끝내는 광역교통시설부담금

제 3 부

주요 해석사례

I 국토부 등의 해석사례

1. 질의요지

주택법에 의한 사업승인 대상인 300세대 이상의 주상복합아파트에 해당되는 사업의 경우 판매시설 및 근린생활 시설에 대한 건축연면적이 광역교통시설 부담금 부과대상에 해당되는지 여부

회신내용 (2004.07.12.)

주택법에 의한 사업승인을 받아 주상복합아파트건설사업을 할 경우 건축연면적에 대한 계산은 대도시권 광역교통관리에 관한 특별법 제16조의2 제5항 제3호의 규정에 따라야 할 것임

2. 질의요지

사업주체가 해군으로 주택건설사업 승인시 부담금 부과대상이 되는지, 부과대상이 맞다면 부담금 경감에 있어 "국가 또는 지방자치단체가 시행하는 사업"에 해당하는지 여부

회신내용 (2005.01.12.)

해군기지내 주택건설사업이 주택법에 의한 인허가 사항이라면 광역교통시설부담금 부과대상이 될 것이며, 동 시설이 국가에서 시행하는 사업인지에 대하여는 동사업 시행이 법령에 의거 국가로부터 위임 또는 위탁되어 시행되는 사업인지를 확인 후 처리하여야 함

3. 질의요지

종전 도시재개발법에 의한 주택재개발사업중 5년이상 국민주택규모이하의 임대주택을 건설하는 사업이 포함된 경우 당해 임대주택부분도 광역교통시설부담금 부과대상인지 여부

회신내용 (교운91100-5, 2002.02.27)

가. 대도시권 광역교통관리에 관한 특별법 제11조의1 제1항 제2호의 규정에 의하면 제11조 제4호 주택건설사업 중 5년 이상 임대하기 위하여 임대주택법에 의하여 임대주택을 건설하는 사업으로서 국민주택규모이하의 임대주택을 건설하는 사업에 대해 광역교통시설부담금을 감면하고 있는 바, 취지는 소규모무주택영세민의 주택난 및 경제적 부담을 완화하기 위한 것임

나. 따라서 귀 질의의 종전 도시재개발법에 의한 주택재개발사업 중 5년 이상 국민주택규모이하의 임대주택을 건설하는 사업이 포함된 경우 당해 임대주택부분에 대하여도 위 감면취지를 감안하여 광역교통시설부담금 부과대ㅔ하는 것이 타당하다고 사료됨

4. 질의요지

광역교토시설부담금 부과와 관련하여 행정심판 결과로 부과취소시 원금 환급의무외에 이자지급 여부

회신내용 (2005.01.12.)

가. 대법원에서는 행정청이 부과처분에 의하여 어떠한 급부를 받은 사후에 그 부과처분이 행정심판위원회의 재결에 의하여 취소되었다면, 이 때 부과처분이 취소된 이상 그 후의 부당이득으로서의 과오납금 반환에 대한 법률관계는 단순한 민사관계에 불과하다고 판시(대법 '95.12.22.94다51253판결)
한편 민법에 의하여, 부당이득의 수익자가 이익을 받은후 "그 이익이 법률상 원인 없음을 안 때"에는 그때부터 "악의의 수익자"로서 받은 이익에 민법소정의 연 5%의 이자를 붙여 반환하여야 한다. (민법 제748조 제2항, 제749조, 제379조)고 되어 있음

나. 한편 대법원에서는 "그 이익이 법률상 원인 없음을 안 때" 즉, "수익자의 악의"에 대하여 "수익자의 악의는 구체적인 사건에서 증거에 의하여 개별적으로 인정할 성질의 것이라고 할 것이나, 행정청이 부과처분에 의하여 어떠한 급부를 받은 후 사후에 그 부과처분의 전부 또는 일부를 직권으로 취소하였다면 그 행정청이 속한 행정주체는 특별한 사정이 없는 한 적어도 그 부과처분의 취소 당시에는 그 처분에 의하여 받은 이익이 법률상 원인이 없음을 알았다고 보아야 할 것이다."(대법원 2004.4.11. 선고 99다4238)고 판시한 바 있음

5. 질의요지

광역교통시설부담금의 부과 · 징수시기는 동법 부칙 제1조의 규정에 의한 동법 공포후 3월이 경과한 날('01.4.30)인지 아니면 개정중인 동법시행령 제17조 제8항의 규정에 의한 시 · 도의 조례 제정이후인지의 여부

회신내용 (교운91100-26, 2001.04.03.)

광역교통시설부담금의 부과 · 징수는 동법 부칙 제1조 및 제2조의 규정에 의거 이 법 시행일인 '01.4.30 이후 동법 제11조의4 제1항의 개정규정에 의한 사업의 승인 또는 인가 등을 받는 사업부터 적용하도록 규정하고 있으며, 개정중인 동법시행령 제17조 제4항은 동령에 규정된 사항 외에 부담금의 부과 · 징수 · 정산절차 등에 관하여 필요한 사항에 대하여 별도로 당해 시 · 도의 조례로 정하도록 규정하고 있으므로 광역교통시설부담금은 조례제정 또는 개정여부와 관계없이 동법 시행일 이후인 '01.4.30부터 부과 · 징수할 수 있을 것으로 봄

6. 질의요지

광역교통시설부담금 감면대상사업인 임대아파트(618세대)를 건설하는 사부담금제도 시행일인 2001.4.30. 이전에 사업계획 승인을 받고 그 이후 부담금 대상사업인 일반분양아파트를 건설하는 사업으로 사업계획 변경승인을 받은 경우 부담금 부과대상인지 여부

회신내용 (교운91100-26, 2001.04.03.)

가. 대도시권 광역교통관리에 관한 특별법 부칙 제1조 및 제2조의 규정에 의하면 이 법에 의한 부담금(광역교통시설부담금)은 2001.4.30. 이후 동법 제11조의4 제1항의 개정규정에 의한 사업의 승인 또는 인가 등을 받는 사업부터 적용하도록 되어 있습니다. 따라서 부담금 부과대상사업으로서 동 개정법률 시행일인 2001.4.30. 이전에 사업의 승인 또는 인가 등을 받고 2001.4.30. 이후 사업계획 등을 변경하여 승인 또는 인가 등을 받는 경우에는 원칙적으로 부담금 부과대상에서 제외하되, 부과대상사업 규모이상으로 개발면적, 호수 또는 세대수가 증가하는 경우(주택건설사업의 경우에는 20세대 또는 20호 이상 증가를 의미함) 증가되는 개발면적 또는 건축연면적에 대하여 부담금 부과대상으로 하고 있으며, 또한 부담금 부과대상사업이 안 사업으로서 2001.4.30. 이전에 사업의 승인 또는 인가 등을 받았으나, 2001.74.30 이후 사업계획 등을 변경하여 새로이 부담금 부과대상사업이 될 경우에는 부담금 부과대상이 되는 것으로 판단하고 있음

나. 동법 11조의2 제1항 제2호의 규정에 의하면 동법 제11조 제4호의 주택건설사업 중 5년 이상 임대하기 위하여 임대주택법에 의하여 임대주택을 건설하는 사업으로서 대통령령(동법시행령 제16조)으로 정하는 사업에 대하여는 부담금을 부과하지 아니하도록 규정하고 있는 바, 위 규정은 영세 무주택서민을 위한 임대 주택의 건설을 촉진하면서 사업시행자의 부담을 완화하기 위한 취지임

다. 따라서 귀 도 질의와 같이 부담금 시행일인 2001.4.30. 이후 사업 시행자가 사업계획의 변경승인을 받음으로써 부담금을 부과하지 아니하도록 하고 있는 위 규정의 취지에 맞지 않게 되었을 뿐만 아니라 사업계획의 승인당시와 변경승인당시를 비교하여 물리적으로 주택의 세대수 또는 호수가 증가하지 않는다 하더라도 사실상 부담금의 부과대상이 되는 주택의 세대수 또는 호수가 부담금 부과대상 규모 이상으로 증가하는 등 사업계획 변경으로 부담금 부과대상이 아닌 사업에서 부담금 부과대상사업으로 변경되는 것과 같으므로 귀도 질의의 경우에는 부담금 부과대상으로 보는 것이 타당함

7. 질의요지

2001.4.30. 이전에 건축허가를 받은 주상복합건축물에 대해 2001.4.30. 이후 사업계획 변경으로 분양(공급)면적의 변경(147.54 → 66.88㎡, 45.39㎡, 35.94㎡), 층수의 증가(14 → 15층) 및 세대수가 증가(40 → 178세대)로 주택부분의 건축연면적이 증가(13,454.22 → 15,537.73㎡)된 경우 광역교통시설부담금 산정방법

회신내용 (교운91100-75, 2001.11.1.)

가. 주택건설사업 등 주택건설 관련 사업의 경우 부과대상사업 규모이상(주상복합 건축물의 경우 20세대 이상)으로 호수 또는 세대수가 증가되는 경우 광역교통시설부담금은 증가된 건축연면적(변경후 건축연면적 − 변경전 건축연면적)을 기준으로 산정함

나. 귀 도 질의와 같이 사업계획 변경으로 주택부분의 건축연면적이 증가한 것은 사업계획 변경전과 동일한 표준건축비의 적용을 받는 세대수의 증가 때문이 아니라 분양(공급)면적의 축소 및 층수의 증가로 인한 세대수 및 주택부분의 건축연면적이 증가한 것이므로 광역교통시설부담금을 산정함에 있어 동일한 표준건축비의 적용이 사실상 불가능한 경우에 해당합니다. 따라서 귀 도 질의에서의 사업계획 변경으로 인한 부담금은 사업계획 변경전 · 후의 부담금을 산정하여 그 차액만큼의 부담금을 부과하는 것이 타당할 것으로 사료됨

8. 질의요지

사업시행자가 주택건설사업과 관련하여 교통영향평가 심의시 본 사업시행으로 인하여 발생되는 교통량의 비율에 따라 사업지 주변교차로 입체화의 경비를 부담토록 의결되어 경비를 부담한 경우 그 경비는 대도시권 광역교통관리에 관한 특별법 시행령 제16조의2 제3항 제2호의 규정에 의한 광역교통시설 부담금 산정시 공제액 대상인지 여부

회신내용

대광법 시행령 제16조의2 제3항 제2호의 규정에 의하여 동법 제11조 각호의 규정에 의한 사업이 시행되는 지구 · 구역 또는 사업지역 밖에서 동호 각목의 어느 하나에 해당하는 도로를 설치하거나 그 비용의 전부 또는 일부를 부담하는 경우에는 그 금액을 광역교통시설 부담금 산정시 공제하도록 되어 있는 바, 귀 질의와 같이 사업시행자가 부담함 경비를 광역교통시설 부담금 산정시 공제액 대상인지 여부에 대하여는 개량하는 도로가 가목 내지 다목에 해당되는지 살펴보아야 할 것임

9. 질의요지

수원시에서 추진중인 국가기간도로인 1번 국도상의 고가도로건립 비용의 일부를 주택건설사업 승인당시 납입한 경우 광역교통시설부담금 공제대상에 해당되는지 여부

회신내용 (교운91100-72, 2001.10.11.)

대광법 제16조의2 제3항 제2호의 규정에 의하면 동법 제11조 각호의 규정에 의한 사업이 시행되는 지구 · 구역 또는 사업지역 밖에서 동호 각목의 어느 하나에 해당하는 도로를 설치하거나 그 비용의 전부 또는 일부를 부담하는 경우에는 그 금액을 광역교통시설부담금 산정시 공제할 수 있도록 되어 있으나, 귀 질의 도로가 부담금 공제대상에 해당되는지 여부 등 구체적인 판단은 사업계획승인권자가 도로법 등 관계법령과 사업승인시 당해 사업시행자에게 고가도로건립비용을 부담토록 한 배경 등을 고려하여 가목 내지 다목에 해당하는지 살펴보아야 할 것임

10. 질의요지

가. 공공건설임대주택 표준건축비상의 층별로 구분한 각각의 면적이 전용면적인지 아니면 공급면적인지 여부

나. 동일한 건축물이 15층과 17층으로 혼재되어 있는 경우 표준 건축비 적용시 11~15층 이하의 기준을 적용하여야 하는지 아니면 16층 이상의 기준을 적용하여야 하는지

다. 주상복합건축물의 경우 총공급면적(전용면적+주거공용면적)과 각 평형별 공급면적의 합계가 차이나는 경우 부담금의 산정방법

회신내용 (교운9110-44, 2001.07.13.)

가. 대도시권 광역교통관리에 관한 특별법 제11조의3 제4항의 규정에 의한 표준건축비상의 층별로 구분한 각각의 면적은 전용면적을 말함

나. 동일한 건축물이 15층과 17층으로 혼재되어 있는 경우 표준 건축비의 적용은 각각 층고별로 건축비 상한가격을 적용하여 건축비를 산정하여야 할 것입니다. 다만, 사업계획승인시 16층 이상 건립에 추가되는 구조 및 시설 등을 설치하도록 의무화하였고 이를 설치하는 경우라면 15층 이하에 대하여도 16층 이상의 표준건축비를 적용할 수 있을 것이므로 구체적인 내용은 사업계획승인권자가 판단할 사항임

다. 대광법 시행령 제16조의2 제6항의 규정에 의하면 주상복합건축물에 대한 부담금 산정은 주택인 시설의 건축연면적의 합계로 하도록 되어 있음을 알려드리니, 총공급면적과 각 평형별 공급면적의 합계가 차이나는 경우의 부담금 산정에 대한 구체적인 사항은 귀 시가 판단 조치하시기 바람

11. **질의요지**

도시개발법에 의한 도시개발사업에 대하여 광역교통시설부담(이하 "부담금"이라 함)을 면제하고 당해 사업의 지구 · 구역 또는 사업지역안에서 시행되는 주택건설사업에 대해 부담금을 부과할 수 있도록 조례로 정할 수 있는지 여부와 정할 수 없는 경우 도시개발사업의 원활한 진행과 부담금의 효과적인 징수를 위해 향후 관계법령 개정시 부듬 부과대상사업중 도시개발사업의 제외 검토 여부

회신내용 (교운91100-41, 2001.7.4.)

가. 광역교통시설부담금제를 규정하고 있는 대도시권 광역교통관리에 관한 특별버병에서 동부담금의 부과대상사업중에서 일부를 제외하거나 추가할 수 있는 권한을 시 · 도지사에게 위임하고 있지 아니하므로 시 · 도지사가 부과 대상사업 중 일부 사업을 조례로 제외하는 등 달리 규정할 수는 없음

나. 동법 제11조의 취지는 택지개발사업 · 대지조성사업 등과 같이 주택건설 사업에 앞서 택지를 조성하는 개발사업의 경우에는 광역교통시설 확충 등을 위해 택지조성시에 부담금을 부과한다는 취지이므로 여타 사업과의 형평성 등을 감안할 때 도시개발사업에 대해서만 부과대상에서 제외하기는 곤란하다고 봄

12. 질의요지

2002.1.25 실시계획 승인된 부산정관택지개발사업(사업지분비율 : 부산광역시 21.7%, 대한주택공사 78.3%) 과 같이 사업의 시행자가 둘 이상인 사업에 대하여 「대도시권 광역교통관리에 관한 특별법」 제 11조가 정하는 바에 따라 광역교통시설부담금을 사업시행자에게 부과하고자 할 때 광역교통시설부담금의 납부의무자를 누구로 하여야 하는지

회신내용 (교운91000-13, 2002.3.12.)

가. 대광법 제 11조의2 제2항의 규정에 의하면 국가 또는 지방자치단체가 시행하는 사업은 부담금의 50%를 경감하도록 되어 있으며, 동항 후단의 규정에 의하면 도시계획법에 의한 도시계획구역안에서 택지개발촉진법에 의한 택지개발사업은 추가로 50%를 경감하도록 되어 있음

나. 따라서 귀 시의 질의와 같이 부산광역시와 대한주택공사가 공동사업자로 지정되어 택지개발사업을 시행하는 경우로써 "사업시행구역분할협약"이 체결되어 각각 전담시행하는 구역이 분할되어 있는 경우에는 택지개발사업실시계획상 부산광역시가 시행하는 면적과 대한주택공사가 시행하는 면적에 대한 부담금을 각각 계산한 후 부산광역시가 시행하는 면적에 대하여는 부담금의 50%를 경감한 부담금 납부고지서를 부산광역시와 대한주택공사 모두에게 각각 발급하여야 할 것으로 사료됨. 다만, 두 사업시행자가 "공동개발협약서" 등을 체결하여 광역교통시설부담금을 포함한 동 사업에 소요되는 경비를 대한주택공사에서 우선 부담토록 하고 그 비용의 상환에 대하여는 두 사업시행자가 상호 지급계약을 체결하여 이행하도록 하는 경우라면 부산광역시가 부담해야 할 광역교통시설부담금까지 포함된 납부고지서를 공동사업시행자인 대한주택공사에 발급할 수 있을 것임

13. 질의요지

광역교통시설부담금의 부과권의 소멸시효에 대하여 대도시권 광역교통관리에 관한 특별법에 별도의 규정이 없는 경우 소멸시효는 언제인지의 여부

회신내용 (교운91100-26, 2001.04.03.)

시 · 도지사의 광역교통시설부담의 부과권에 대한 소멸시효에 대하여 광역교통관리에 관한 특별법 및 개정중인 동법시행령에 별도로 규정하고 있지 아니하는 경우에는 지방재정법 제82조의 규정에 따라 판단하는 것이 타당하다고 봄

14. 질의요지

시 조례에서 광역교통시설부담금 분할납부시 부담금의 부과 · 징수절차 등에 대하여는 규정하였으나, 분할납부를 허용할 수 있는 별도의 기준은 대도시권광역교통관리에 관한 특별법령상 시장의 재량사항이라고 판단되고, 각각의 분할납부 사유에 대한 적정성 여부를 구체적으로 조례에 규정하기가 어려워서 분할납부의 허용여부를 판단하는 기준을 재량행위에 대한 통제기준으로 보아 시장방침으로 마련하고 이에 따라 분할허용 여부를 결정하고자 하는 경우 동 법령에 저촉되는지 여부

회신내용 (교운91100-79, 2001.12.5.)

가. 대광법 시행령 제17조 제8항에서 “이 영에 규정된 사항 외에 부담금의 부과 · 징수절차 등에 관하여 필요한 사항은 당해 시 · 도의 조례로 정한다”라고 규정하고 있으므로 부담금의 분할허용에 관한 방법과 절차에 대하여 정하고자 한다면 귀 시의 조례로 정하여야 하며, 시장방침으로 마련하는 것은 동 법령에 저촉되는 것으로 판단됨

나. 다만, 귀 시의 조례로 분할납부시 부담금의 부과 · 징수절차는 규정하면서 분할납부 허용사유는 시장의 재량사항이라고 판단하여 조례로 규정하지 않았다면 그 취지에 따라 처리하여야 할 사항이지 대광법으로 해석할 사항이 아닌 것으로 판단되니, 귀 시에서 판단 · 처리하시기 바람

15. 질의요지

대도시권 광역교통관리에 관한 특별법 제11조의7 제1항의 규정에 의한 지방광역교통시설특별회계의 설치는 임의규정이므로 광역교통시설부담금의 운용 및 관리를 위해 동 회계를 설치하지 아니하고 다른 특별회계내의 별도의 계정(광역교통시설계정)을 두어 운용 및 관리가 가능한지 아니면 지방광역교통시설회계를 설치하여야 하는지의 여부

회신내용 (교운91100-26, 2001.04.03.)

대광법 제11조의7 제1항에서 지방광역교통시설특별회계를 설치할 수 있는 근거를 규정하고 동법 제11조의6 제2항에서 부담금의 지자체 귀속분은 징수한 시 · 도에 설치된 지방광역교통시설특별회계에 귀속되도록 규정하고 있으며, 기타 동 회계의 운용 및 관리에 관하여 필요한 사항은 동법 제11조의7 제3항의 규정에 의거 시 · 도의 조례로 정하도록 규정하고 있으므로 광역교통시설 부담금 등 지방광역교통시설특별회계 재원의 운용 및 관리를 위해서는 동 회계를 설치하는 것이 타당하다고 봄

16. 질의요지

가. 건축법에 의한 주상복합건축사업을 기존 주택소유자들이 공동 사업시행자로 시행할 경우, 대도시권 광역교통관리에 관한 특별법 시행령 제16조의2 제5항 제4호의 규정에 의거 공동사업시행자의 기존 건축연면적을 광역교통시설부담금 산정 건축연면적에서 제외할 수 있는지

나. 사업시행인가조건부가결처분취소 소송 항소심에서 상고심 판결선고시까지 그 효력을 정지한다고 판결한 경우 동법시행령 제17조 제3항의 규정에 의거 광역교통시설부담금 납부기한을 연장할 수 있는지

회신내용 (경기도 광역교통정책과-40, 2004.1.14.)

가. 건축법에 의한 주상복합건축사업의 경우는 동법시행령 제16조의2 제6항의 규정에 의거 도조 제5항 제4호의 규정이 적용되지 아니하며

나. 광역교통시설부담금 납부고지서를 발부한 경우라도 그 원인이 된 사업시행인가처분에 대하여 항소심에서 상고심 판결 선고 시까지 그 효력을 정지한다고 판결한 경우라면 동법시행령 제17조 제3항의 규정에 의거 광역교통시설부담금 납부기한을 연장할 수 있을 것으로 사료됨

17. 질의요지 (전자민원, 2005.9.6.)

건축법 제8조에 의거 용도를 공동주택(기숙사) 28실로 허가를 받았을 경우 광역교통시설부담금 부과대상인지

회신내용 [전자회신(건설교통부 광역교통정책팀, 2005.9.15.)]

대광법 시행령 제15조 제2항에 의거 건축법 제8조의 규정에 의한 건축허가를 받아 주택외의 시설과 20세대 이상의 주택을 동일한 건축물로 건축하는 사업의 경우 과교통시설부담금의 부과대상이 됩니다. 공동주택(기숙사)의 경우 주택법 제2조의 규정에 의한 주택의 정의에 부합하면, 건축법 시행령 제3조의4에 의거 건축물의 종류인 공동주택에 해당되므로 광역교통시설부담금 부과대상에 포함되는 것으로 판단되며, 세대가 아닌 실로 구분된다는 사유는 주택법 제2조의 규정에 의거 주택의 정의에 세대개념이 포함된 것임

18. 질의요지

2002.09.25자 주택조합설립 승인된 지역조합 아파트가 주택건설사업계획승인을 2002.12.18.일 득하고 입주자 모집공고를 하지 않을 경우, 동 부담금 산정시 표준건축비의 적용 시점에 대한 질의

회신내용 (교통91000-1077(2003.02.26.))

가. 대광법에 의한 광역교통시설부담금제도는 대도시권내에서 주택건설사업 등 개발사업으로 교통문제가 심화됨에 따라 교통시설을 확충하기 위한 재원 확보를 위하여 동 사업 시행자가 투자비의 일부를 부담하기 위한 제도임

나. 또한, 동 부담금의 부과대상 및 적용기준은 동법 제11조 및 제11조의4 규정에 의한 일정규모의 주택건설 등 교통문제를 유발시키는 사업으로서 부과시점은 사업계획승인 등 인 · 허가에 따라 효력이 발생되도록 되어있음

다. 따라서 귀시의 지역조합아파트에 대한 표준건축비의 적용시점은 해당 관청으로부터 사업계획승인 등 인 · 허가를 받은 일자를 기준으로 적용하는 것이 타당하다고 사료됨

19. 질의요지

우리 공사에서 추진 중인 수원시 팔달구 망포동 447번지 일원의 주택건설 사업은 대도시권역교통시설관리에관한특별법 제11조 규정에 의한 광역교통시설부담금 납부대상 지구로서 귀 도로부터 분할납부 허가를 얻어 현재 2회분까지 납부함

또한 우리공사에서는 동 사업과 관련하여 용인시 서천리 일원에 추가 도시계획도로를 개설코자 용인시 및 수원시와 협의중에 있으며, 동법 시행령 제16조3장2-다에 의한 광역교통시설부담금 공제에 필요한 서류는 현 사업진척사항을 고려할 때 2004년 이후에나 제출가능 할 것으로 사료됨

사업계획승인일('01.09.06)로부터 2년이 경과한 이후에 부담금공제 신청시 광역교통시설부담금 공제를 받을 수 있는지 여부

회신내용 (교통91000-1456(2003.03.15.))

귀 공사에서 질의하신 광역교통시설부담금 과오납금(공제액)의 환급 기간의 소멸시효에 대하여 검토한바, 경기도 광역교통시설 부담금 부과징수 및 광역교통시설특별회계설치조례 제8조 및 지방세법 제30조의5 규정에 의거 광역교통시설부담금의 과오납금은 납부일로부터 5년간 환급을 청구하지 아니한 때에는 소멸됨

20. 질의요지

「대도시권 광역교통 관리에 관한 특별법」 제11조의5 규정에 의한 이의 신청을 함에 있어 서면에 의하지 않고 구두로 신청한 이의신청도 유효한 것으로 볼 수 있는지 여부

회신내용 (경기도 광역교통기획단-600(2005.01.21.))

가. 행정절차법 제17조 제1항 규정에 의하면 행정청에 대하여 처분을 구하는 신청은 다른 법령에 특별한 규정이 있는 경우와 행정청이 미리 다른 방법을 정하여 공시한 경우를 제외하고는 문서로 하도록 하고 있고, 또한 대광법 제11조의5 규정에 의하면 이의신청은 광역교통시설부담금을 부과받은 날로부터 30일 이내에 이를 증명할 수 있는 자료를 첨부하여 신청하도록 되어 있음

나. 따라서, 관련 증빙자료를 첨부함이 없이 단지 구두로 한 이의신청사항은 유효하지 않음. 질의한 건과 유사한 대법원 판례(93누12190,1993.10.12. 선고)를 참고

대법원 판례 (93누12190, 1993.10.12. 선고)

국세기본법시행령 제50조 제1항에 의하면 심사청구는 일정한 사항을 기재한 심사청구에 의하도록 규정되어 있고 이 규정은 같은 영 제 54조 제1항에 의하여 이의신청에 관하여 준용되고 있으므로 국세기본법상 이의신청은 서면행위로서 구두에 의한 이의신청은 인정되지 않음

21. **질의요지**

광역교통시설부담금 공제대상인 철도 또는 도로의 설치비용이 세부설계가 확정되지 아니하여 공제대상 금액을 확정할 수 없을 경우 추후 정산을 조건으로 부과처분이 가능한지의 여부

회신내용 (경기도 광역교통기획단-896(2005.02.04.))

도로 등의 설치비용에 대한 가액은 실시설계도, 설계내역서 등의 증빙서류를 첨부하여 국가를 당사자로 하는 계약에 관한 법령의 규정에 따라 원가계산용역기관이 검증하여 적정하다고 확인된 가액으로 공제금액을 계산하여야 하나, 도로 등의 설치빙룡이 확정되지 아니하였다면 추후 정산을 조건으로 부과처분할 수 있을 것임

22. **질의요지**

2003.08.29. 광역교통시설부담금 937,570천원을 사업시행자에게 부과하였으나 수차례의 독촉에도 납부하지 않아 의정부시(주택과)에서 관허사업제한을 하였으나, 사업시행자를 변경(태흥주택<주> → 보승건설<주>)한 후 관허사업 제한을 1년 기한의 지급보증보험증권으로 대체하고 이를 해제함이 가능한지 여부

회신내용 (경기도 광역교통기획단-3230(2005.05.13.))

대광법 제11조의4 제5항에 의하면 납부의무자가 독촉장을 받고 지정된 기한까지 부담금 또는 가산금을 납부하지 아니한 때에는 지방세체납처분의 예에 의하여 이를 징수할 수 있고, 지방세법 제41조 제1항에 의하면 지방자치단체의 장은 납세자가 지방자치단체의 징수금을 납부할 수 없다고 인정될 때에는 대통령령이 정하는 바에 의하여 고지유예 · 분할고지 · 징수유예 및 체납처분 등 유예를 결정할 수 있다고 규정되어 있으며, 같은법 제42조에 의하면 징수유예 등을 결정할 때에는 그 유예에 관계되는 금액에 상당한 담보의 제공을 요구할 수 있고, 같은법 시행령 제32조 담보의 종

류에는 납세보증보험증권이 포함되는 바, 징수유예 등 요건에 해당하는 사유여부 등을 검토하여 적의 처리하시기 바람

23. 질의요지

대광법 제11조 제3호에 의하면 주택법에 의한 대지조성사업은 광역교통시설부담금 부과대상이고, 같은 법 시행령 제16조의2 제2항에 의하면 용적률은 주택법 제16조 제1항의 규정에 의한 사업계획의 승인을 얻어 공동주택이 건립되는 용지의 평균용적률로 한다고 규정되어 있음. 이 경우 공동주택이 아닌 단독주택부지조성을 위해 대지조성사업 승인을 얻었다 해도 광역교통시설부담금 부과대상이 되는지, 부과대상이 된다면 단독주택보지도 공동주택이 건립되는 용지의 평균용적률을 적용할 수 있는지 여부

회신내용 (건설교통부 광역교통정책팀-416(2005.10.31.))

대광법 제11조 제3호에 의하면 주택법에 의한 대지조성사업은 광역교통시설부담금 부과대상이고, 동법 제11조의3(부담금의 산정기준)에 의하면 주택법에 의한 대지조성사업은(1㎡당 표준개발비 × 부과율 × 개발면적(용적률 ÷ 200)) − 공제액 산식으로 부담금이 산정되며, 동법 시행령 제16조의2 제2항에 의하면 용적률은 주택법 제16조1항의 규정에 의한 사업계획의 승인을 얻어 공동주택이 건립되는 용지의 평균용적률로 한다고 규정되어 있는바, 귀 도가 질의하신 단독주택 부지조성을 위한 대지조성사업의 경우, 공동주택이 건립되는 용지의 풍균용적률을 적용할 수 없는 것으로 판단되니, 이에 따라 적이 조치하기 바람

24. 질의요지

'01.05.25 분양목적으로 건설사업계획이 승인되어 부담금을 부과하고 '01.11.05 임대목적으로 주택건설사업계획이 변경승인 되어 동 부담금을 전액 면제하였으나, '03.02.12 세대수 및 건축연면적 증감 없이 분양 목적으로 다시 주택건설사업계획이 변경승인된 경우에, 부담금 산정 시 적용해야 할 표준건축비는 종전 고시된 표준건축비인지 또는 개정 고시된 표준건축비인지 여부

회신내용 (교운91000-20(2003.04.23.))

변경승인이라는 행정처분도 새로운 권리의무를 발생케 하는 행정행위로 볼 수 있을 것이므로 사업시행자에게 부담금을 다시 부과해야 할 원인이 된 주택건설사업계획 변

경승인일인 '03.02.12를 기준으로 할 때 부담금 산정 시 적용해야 할 표준건축비는 '02.12.02에 개정 고시된 표준건축비를 적용함이 타당할 것임

25. 질의요지

구 국토이용관리법 및 도시계획법에 의한 취락기구 또는 국토의 계획 및 이용에 관한 특별법에 의한 지구단위계획구역에서 2개업체 이상이 주택건설사업을 시행하면서 업체공동으로 지구(지역)내 도로 기반시설을 설치(비용부담 등)하는 경우 광역교통시설부담금 부과에 따른 공제 산정시 영 제16조의2 제3항 제2호 교정에 의한 지구 · 구역 · 사업지역의 적용방법

회신내용 (교통91000-3947(2003.07.22.))

대광법 시행령 제16조의2 제3항 제2호의 "지구 · 구역 또는 사업지역 밖은" 동법 제11조 각 호의 지구 · 구역 또는 사업지역밖을 말하며, 주택건설사업시 도로기반시설 설치(비용부담 등)에 따른 동법 시행령 제16조의 제3항 제2호 규정에 의한 공제대상 도로 여부는 당해 도로설치의 법적 근거, 도로의 종류와 위치, 당해 도로의 광역적 교통소통기능 등 동법 취지상 공제가 합당한지 부담금 부과권자가 사실관계를 종합적으로 검토하여 판단할 사항이라 사료됨

26. 질의요지

당초 재건축조합으로 주택건설사업승인을 득하였으나, 차후 사업부지를 단독주택지 인근으로 확대함녀서 재건축조합을 해산하고 지역조합 및 주택건설 사업계획승인을 득한 경우에는 당초 조합원에게 분양되는 건축연면적은 「대도시권광역교통관리에관한특별법」 시행령 제1조의2 제5항 제4호 규정에 의거 전체 건축연면적 합계에서 제외되는지의 여부

회신내용 (교통91000-33(2003.07.25.))

지역주택조합에 대한 광역교통시설부담금 산정시 제외되는 건축연면적에 대하여 귀도의 의견과 같이 재건축조합을 해산하고 지역주택조합을 설립하여 주택건설사업을 시행하는 것으로 변경승인 되었다면 광역교통시설부담금 산정시 당초 재건축조합원에게 분양되는 건축연면적은 전체 건축연면적에서 제외될 수 없을 것임

27. 질의요지

주택건설 사업시행자가 국지도 23호선 도로상에 보도블럭 설치 및 콘크리트포장공사 등을 시행한 경우「대도시권 광역교통 관리에 관한 특별법」시행령 제16조 제3항 제2호의 규정에 의거 공제가 가능한지 여부

회신내용 (광정91100-181(2003.10.15.))

동 법시행령 제16조의2 제3항 제2호의 규정에 의하면 사업 지구 · 구역 또는 사업지역밖에서 국도, 지방도 등 도로관계 법령에 의한 도로를 설치하거나 그 비용을 부담하는 경우 그 금액을 공제하도록 규정하고 있음

따라서 사업시행자가 부담한 비용이 부담금 공제대상에 해당되는지에 대한 구체적인 판단은 부담금 부과권자가 도로법 등 관계법령, 사업승인시 사업시행자에게 당해 도로를 설치토록 한 배경, 당해 도로가 실제적으로 광역교통 소통에 미치는 효과와 기능 등 사실적 상황 그리고 국지적 교통이 아닌 광역교통시설의 건설 · 개량을 위하여 부담금을 부과하는 취지 등을 종합적으로 검토하여 공제여부를 판단하여야 할 것임

28. 질의요지

대광법 세행령 부칙(부담금 공제액에 대한 적용례)에 의하면 제16조의2 제3항 제2호 개정규정은 "이 영 시행 후 최초로 법 제11조 각호의 사업에 승인 또는 인가 등을 받아 건설 또는 개량되는 도로부터 적용한다."고 되어 있는 바, 주택건설사업계획승인이 나기 전에 도로공사 위수탁협약을 체결하고, 그 공사비의 일부를 납부한 경우 광역교통시설부담금 공제대상인지 여부

회신내용 (건설교통부 광역교통정책팀-557(2006.03.22.))

가. 광역교통 시설부담금 공제대상 도로의 범위 명확화를 주요 내용으로 하는 대도시권 광역교통관리에 관한 특별법 시행령('05.6.30 공포) 제16조의2에 의하면, 사업이 시행되는 지구 · 구역 또는 사업지역 밖에서 다음 각목의 어느 하나에 해당하는 도로를 설치하거나 그 비용의 전부 일부를 부담하는 경우에 그 금액을 사업자가 납부해야 하는 광역교통시설부담금 공제대상으로 하고 있는바,

나. 각목의 공제대상 도로로는 도로관계법령에 의한 고속국도, 자동차전용도로, 일반국도, 특별시도, 광역시도 또는 지방도, 법 제2조 제2호 가목의 규정에 의한 광역

도로에 해당하는 시 · 군구도, 법 제7조 제2항의 규정에 의하여 확정된 광역교통 개선대책에 따라 건설 또는 개량되는 도로를 규정하고 있습니다.

다. 또한 개정된 시행령 부칙에 따르면, 제16조의2 제3항 제2호의 개정규정은 이 영 시행후 최초로 법 제1조 각호의 사업에 대한 승인 또는 인가 등을 받아 건설 또는 개량되는 도로부터 적용한다고 규정하고 있으므로, 이에 따라 공제대상 도로인지 여부를 판단하여 적의 조치하기 바람

29. 질의요지

가. '05.3.18일 개정된「도시 및 주거환경정비법」에 과밀억제권역에서 주택재건축 사업을 시행하는 경우 사업시행자는 세입자의 주거안정과 개발이익의 조정 등을 위하여 당해 주택재건축사업으로 증가되는 용적률 중 100분의 25 이하의 범위 안에서 대통령령이 정하는 비율이상에 해당하는 면적을 임대주택(이하 "재건축임대주택"이라 한다)으로 공급하도록 규정한바 여기에서 정의한 임대주택에 대하여는 대광법에서 감면이 되도록 규정한 사항이 없음

나.「도시 및 주거환경정비법」에서 건설하는 임대주택도 같은 용도의 임대주택건설사업임에도 대광법 제11조의2에서 감면규정으로 정의하지 않아 광역교통시설부담금 부과에 대해 형평성 문제가 제기될 수 있어「도시 및 주거환경정비법」에 의하여 건설되는 임대주택도 감면대상으로 포함되는 지 여부

회신내용 (건설교통부 광역교통정책팀-587(2006.03.27.))

가. 대도시권 광역교통관리에 관한 특별법 제11조의2 제1호에 의하면, 부담금을 부과하지 아니하는 사업 중 제11조 제4호의 주택건설사업 중 5년 이상 임대하기 위하여 임대주택법에 의하여 임대주택을 건설하는 사업으로서 대통령령으로 정하는 사업을 규정하고 있음

나. 이에 따라 대도시권 광역교통관리에 관한 특별법 시행령 제16조에 의하면, 법 제11조의2 제1항 제2호에서 "대통령령으로 정하는 사업"이라 함은 주택법시행령 제3조 제1항의 규정에 의한 국민주택규모 이하의 임대주택을 건설하는 사업을 말한다고 규정하고 있는 바, 도시 및 주거환경 정비법에 의한 임대주택과 관련하여 감면대상 여부에 대하여는 규정하지 않고 있음

30. 질의요지

부담금의 분할납부는 최초 부과된 부담금에 대하여만 가능한 사항으로, 최초 사업계획 승인 후 사업계획의 변경이 있어 고지서를 재발부한 경우(부담금의 금액 변경, 사업시행자의 변경 등)는 납부고지서를 재발부한 경우 분할납부대상인지 여부

회신내용 (건설교통부 광역교통정책팀-912(2006.05.09.))

가. 대도시권 광역교통관리에 관한 특별법 제11조의4 제2항에 의하면, 부담금을 부과일부터 60일 이내에 납부하여야 하되, 시 · 도지사는 대통령령이 정하는 바에 의하여 납부의무자의 신청을 받아 사업의 준공검사 또는 사용검사 등을 받는 날까지 분할 납부를 허용할 수 있다고 규정하고 있으며,

나. 동법 시행령 제17조에 의하면, 부담금의 분할납부를 신청하고자 하는 자는 부담금의 금액, 사업이 시행되는 위치, 분할납부의 사유 등을 기재한 신청서를 부담금 납부 고지일부터 30일 이내에 시 · 도지사에게 제출하고, 시 · 도지사는 신청인에게 분할납부 허용여부를 서면으로 통지하여야 하며,

다. 동조 제8항에 의하면, 부담금의 부과 · 징수절차 등에 관하여 필요한 사항은 당해 시 · 도의 조례로 정한다고 규정되어 있으며, 기타 분할 납부에 관한 사항도 시 · 도의 조례로 정하고 있는 바, 이에 따라 귀 도에서 각 사업승인 및 사업변경 승인의 양태 및 귀 도의 조례를 감안하여 적의 조치할 것

31. 질의요지

구 도시계획법에 의한 주택지 조성사업 및 시가지조성사업, 구 토지구획정리사업법에 의한 토지구획정리사업(이하 "구법에 의한 사업"이라 함)지구 내에서 주택법에 의한 주택건설사업을 시행하면서 나대지가 아닌 기존 아파트를 철거하고 그 대지위에 아파트 신축할 경우 동 주택건설사업이 광역교통시설부담금 부과대상인지 여부

회신내용 (건설교통부 광역교통정책팀-769(2006.04.18.))

가. 우리부는 광역교통정책과-224 행정지시에서 구 도시계획법에 의한 주택지 조성사업이 부담금 부과대상인지 여부에 대하여 부담금 부과대상이 아니며, '구법에 의한 사업' 지구 안에서 주택법에 의한 주택건설사업에 대한 광역교통시설부담금 부과와 관련하여 부담금을 부과할 수 없는 것으로 판단된다고 기행정지시한 바 있음

나. 따라서 구 도시계획법에 의한 주택지 조성사업 지구내에서 주택법에 의한 주택건설 사업을 시행하면서 지목이 전인 기존 아파트를 철거하고 그 대지위에 아파트를 신축할 경우에는 부담금을 부과할 수 없을 것으로 판단되나, 기존 아파트의 준공시점 및 구 도시계획법에 의한 주택지 조성사업 지구 지정시점 등에 대한 종합적 검토가 필요하며,

다. 또한 구 도시계획법에 의한 일단의 주택지 조성사업지구내의 주택건설사업에 대하여 광역교통시설부담금을 부과하였더라도 인천지법 판결(2003구합2667, '04.5.21 확정) 취지에 따라, 광역교통시설부담금을 취소하는 것이 타당할 것으로 판단되나, 이미 부담금을 납부한 자에 대한 반환여부에 대해서는 그 부과처분의 하자가 중대하고 명백하여 당연무효에 해당하는지 여부에 대하여 검토가 필요할 것으로 판단되니, 이에 따라 적의 조치하기 바람

32. 질의요지

가. 최초 '04.03.22일 광역교통시설부담금을 부과하면서 부과당시 표준건축비를 잘못 계한하여 부과된 부담금에 대하여 정정산정통보시 표준건축비 적용을 2004.3월 당시의 기준으로 부과해야 하는지 현행 표준건축비를 부과해야 하는지 여부와 '04.06.07일 부과된 가산금에 대하여 정정산정된 본세에 대하여 부과해야 하는지 또는 고지된 가산금인 8,010,000원으로 부과해야하는지 여부

회신내용 (경기도 광역교통기획단-3062(2006.05.12.))

가. 대광법 시행령 제17조 및「경기도 광역교통 시설 부담금 부과징수 및 광역교통시설 특별회계 설치조례」제4조에 의거 광역교통시설부담금의 부과징수에 관한 사무를 시장 군수에게 위임하였으며, 또한 지방세법 제25조의2에 의하면 부과징수가 위법 또는 부당한 것임을 확인한 때에는 즉시 그 처분을 취소하거나 변경하도록 되어 있는 바, 업무착오 등으로 착오고지를 한 경우 과오를 발견한 즉시 부담금을 재산정하여 납부의무자에게 통보하여야 함

나. 귀 시에서 착오부과한 부담금은 착오고지된 년도의 표준건축비를 적용하여 재산정해야 할 것이며, 당초 금액과 정정부과금액과의 차액만큼 본세를 추가부과하기 바람. 또한 가산금은 당초부과금을 체납함에 따라 일정한 행정법상의 의무위반에 대하여 부과하는 금전적인 제재이므로 변경 없이 고지해야 함

33. 질의요지

대광법 개정 이전인 2003.6.20.일부터 주택건설사업을 위한 지구단위계획 수립추진하여, 도시계획도로 대로3-102호선(공제신청 도로) 등 기반시설을 개설할 것을 조건으로 2005.9.20. 도시관리계획 변경결정 하였으며 같은 해 12.30일 동일 조건으로 주택건설사업승인을 받아, 현재 남양주시와 구체적인 기반시설 개설 및 비용 부담협약 체결 추진 중에 있는 바, 동 공제신청 대상도로를 개설하는 비용만큼 공제받을 수 있는지 여부

회신내용 (건설교통부 광역교통정책팀-1756(2006.09.01))

가. 광역교통시설부담금 공제대상 도로의 범위 명확화를 주요 내용으로 하는 대광법('05.6.30공포) 제16조의2에 의하면, 부담금의 공제대상 도로로는 도로관계별령에 의한 고속국도, 자동차전용도로, 일반도로, 특별시도, 광역시도 또는 지방도, 법 제2조 제2호 가목의 규정에 의한 광역도로에 해당하는 시 · 군 · 구도, 법 제7조 제2항의 규정에 의하여 확정된 광역교통개선대책에 따라 건설 또는 개량되는 도로를 규정하고 있으며, 시행령 부칙에서는, 제16조의2 제3항 제2호의 개정규정은 이 영 시행후 최초로 법 제1조 각호의 사업에 대한 승인 또는 인가 등을 받아 건설 또는 개량되는 도로부터 적용한다고 규정하고 있으므로, 이에 따라 공제대상 도로인지를 적의 조치하기 바람

나. 또한 법 제11조의4 제1항에 의하면, 광역교통시설부담금은 사업시행자가 사업의 승인을 받은 날로부터 60일 이내에 시 · 도지사가 부과하도록 되어있으며, 이에 따라 동법시행령 제17조 제6항에 의하면, 주택건설사업의 경우 주택건설사업계획 승인일을 기준으로 당해 도로가 광역교통시설부담금 공제대상 도로인지 여부를 판단하게 됨

34. 질의요지

대광법 시행령 제15조에 의하면 건축법 제8조의 규정에 의한 건축허가를 받아 주택외의 시설과 20세대 이상의 주택을 동일건축물로 건축하는 사업에 대하여 광역교통시설부담금을 부과하도록 되어 있는바, 건축물 용도를 공동주택(기숙사)로 허가를 받은 경우 광역교통시설부담금 부과대상인지 여부

회신내용 (건설교통부 광역교통정책팀-607(2007.03.07))

대광법 제11조에 의하면 대도시권에서 각호의 1에 해당하는 사업을 시행하는 자는 광역교통시설부담금을 납부하여야 한다고 규정하고 있으며, 동로 제4호에는 주택법에 의한 주택건설사업을 규정하고 있으며, "공동주택"은 언급하지 아니하고 있음을 알려드리며, 기타 주택건설사업과 관련된 내용은 주택법 및 동법 시행령 관련 규정을 참조하기 바람

35. **질의요지**

주택건설사업승인 당시 도시계획도로에 대한 사업비를 분담조건으로 사업을 승인하였으나, 향후 상기 도로가 국도로 지정될 예정이므로 광역교통시설부담금 부과시 공제도로로 인정할 수 있는지 여부

회신내용 (건설교통부 광역교통정책팀-1615(2007.06.08.))

가. 대광법 시행령 제16조의2에 의하면 사업자가 사업지구 밖에서 진입도로를 제외한 국도, 지방도, 시군구도 및 도시계획도로를 건설 및 개량하는 경우 그 금액을 공제하도록 하고 있었으나, '05.6월 시행령 개정으로 사업자가 도로를 건설 및 개량하는 경우에도 광역적인 교통소통 기능을 수행하는 도로만 공제토록 개정된 바 이에 따라 지방도급 이상 도로 및 광역교통개선대책에 의한 도로의 건설 및 개량을 위한 도록비용을 공제토록 하였으며, 자세한 내용은 법령을 참조하시기 바람

나. 또한 광역교통시설부담금의 부과 기준시점은 일반적으로 사업의 승인시점을 기준으로 부과함이 원칙이며, 참조하시기 바람

36. **질의요지**

유료노인복지시설에 대한 광역교통시설부담금 부과대상여부

회신내용 (건설교통정책팀-2360(2007.08.30.))

대광법 제11조 제4호에 따르면 주택법에 의한 주택건설사업을 광역교통시설부담금 부과대상으로 규정하고 있으므로, 광역교통시설부담금 부과대상 여부 검토시상기업 규정에 '공동주택'은 언급되지 아니하고 있음을 건교부 공문(광역교통정책팀-607, 2007.3.7.)으로 기통보한 것과 같이, 유료노인복지주택이 주택법상 주택건설사업 승인을 받았다며, 광역교통시설부담금 부과대상이 된다고 봄

37. 질의요지

택지개발촉진법에 따라 이주대책 대상자에게 이주대책의 일환으로 택지를 공급하는 경우 대광법 제11조의2 제1항 제3호에 따른 광역교통시설부담금의 감면대상인지 여부

회신내용 (법제처 법령해석지원팀-1744(2007.08.24.))

택지개발촉진법에 따라 이주대책대상자에게 이주대책 일환으로 택지를 공급하는 경우도 공익사업을 위한 토지등의 취득 및 보상에 관한 법률 제78조에 따른 이주대책을 수립 · 실시한 것에 해당하므로 이주대책 대상자에게 공급하는 택지는 대광법 제11조의2 제1항 제3호에 따른 광역교통시설부담금 감면대상에 해당한다고 할 것임

38. 질의요지

대광법 시행령 제16조의2 제1항 제4호는 공용의 청사용지 및 학교용지 면적을 광역교통시설부담금 부과면적에서 제외하도록 규정하고 있는데, 개발사업자가 공용의 청사용지 및 학교용지를 조성원가 이하 또는 무상으로 공급하지 않고 시가 또는 감정평가액으로 공급하는 경우에도 광역교통시설부담금 부과면적에서 제외하여야 하는지 여부

회신내용 (법제처 법령해석지원팀-1498(2007.07.20.))

가. 대광법 시행령 제16조의2 제1항 제4호가 공용의 청사용지와 각급학교용지를 개발면적에서 제외되도록 한 것은, 이 시설들이 필수 기반시설로서 공공성이 있으므로 합리적인 부담금 산정을 위하여 개발면적에서 제외하는 취지이므로 해당 법령에 명시적인 적용 예외를 규정하고 있지 않는 한 개발사업자가 공용의 청사용지나 학교용지를 조성원가 이하 또는 무상으로 공급하지 않고 시가나 감정평가액으로 공급한다 하더라도 부담금 산정을 위한 개발면적의 제외대상이 되지 않는다고 보기 힘듬

나. 따라서 개사업시행자가 공용의 청사용지와 각급학교용지를 시가 또는 감정평가액으로 공급하는 경우에는 광역교통시설부담금 부과되는 개발면적에서 제외되어야 함

39. 질의요지

광역교통시설부담금 공제도로에 대한 공제액 산출시 토지비는 토지매입 당시 실거래가인지 기부채납 결정 후의 감정평가에 의한 금액인지 여부

회신내용 (건설교통부 광역교통정책팀-374(2008.02.26.))

공제대상도로 설치비용은 부담금 부과당시를 기준으로 산정해야 하므로 비록 납부의무자가 과거에 용지를 취득하였다 하더라도 부담금 부과당시 시점을 기준으로 감정평가된 용지비를 공제해야 할 것임

40. **질의요지**

광역교통시설부담금 최초 부과시 '02.12.02일 고지된 표준건축비를 적용하여 부과한 후 '04.09.20 표준건축비가 변경되었고 표준건축비 변경이후 사업계획변경이 승인되었을 경우 사업변경승인에 따른 부담금 변경부과시 표준건축비 적용기준

회신내용 (건설교통부 광역교통정책팀-1457(2007.05.23.))

가. 대광법 시행령 제17조 제2항에 의하면 시도자사는 사업계획 등의 변경으로 부담금이 변경되는 사유가 발생한 때에는 납부고지서를 지체없이 재발급하여야 한다고 규정하고, 별표 3에 의하면 부담금 부과의 기준이 되는 사업의 승인 또는 인가 등을 받은 날을 규정하고 있으며

나. 한편 주택건설사업등의 사업계획이 변경되는 경우에는 원칙적으로 변경 전후의 부과대상면적을 유형별로 차감한 다음 증가한 면적은 변경시를 기준으로 부담금을 산정하고, 감소한 면적은 종전시를 기준으로 하는 것이 타당할 것으로 판단 됨

41. **질의요지**

(구)국토이용관리법에 의한 준도시지역 취락지구로 개발계획이 수립된 지역에 주택건설사업 승인을 득하였을 시 대광법 제11조의2 제2항 제4호 규정에 의거 부담금 경감을 받을 수 있는지 여부

회신내용 (국토해양부 도시광역교통과-820(2009.07.21.))

가. 도시계획법은 국토의 계획 및 이용에 관한 법률로 전면 개정되었으며 국토계획법 부칙 제24조 제2항에서는 이법 시행 당시 다른 법률에서 종전의 도시계획법에 의한 도시계획구역을 인용하고 있는 경우에는 종전의 도시계획법에 의한 도시계획구역에 해당하는 구역을 인정하는 것으로 보며 도시관리계획이 정비된 이후에는 도시지역을 인용한 것으로 본다고 규정하고 있어,

나. 대광법 제11조 제2항의 도시계획법에 의한 도시계획구역은 국토계획법에 의한 도시지역으로 보아야 할 것이므로 국토계획법에 의한 계획관리지역 내에서 주택건설사업 승인을 받은 경우 도시지역내 사업에 해당되지 않으므로 부담금 경감대상에 해당되지 않음

42. 질의요지

도시형생활주택 16세대와 근린생활시설물을 동일건축물로 건축하는 경우 광역교통시설부담금 부과대상인지 여부

회신내용 (건설교통부 광역교통정책팀-374(2008.02.26.))

가. 주택 외 시설과 20세대 이상의 주택을 동일 건축물로 건축하는 사업(이하 "주상복합건축사업")은 부담금 부과대상이므로 주택 세대수가 20세대 미만인 경우 대광법 제11조 제1항 제6호에 따라 부담금 부과대상이 아님

나. 참고로, 주상복합건축사업은 주택 20세대와 주택 외 시설이 동일건축물로 건축하는 경우만 부담금 부과대상이며, 주택과 주택외 시설을 각각 건축하는 경우에는 부담금 부과대상이 아님

※ 주택 및 주택 외 시설의 용도구분은 건축법 시행령 [별표1]에서 규정

43. 질의요지

경제자유구역지구 및 보금자리지구 내에서 주택건설사업을 시행하는 경우 광역교통시설부담금 면제가 가능한지 여부

회신내용 (건설교통부 광역교통정책팀-374(2008.02.26.))

가. 해당 주택건설사업이 광역교통시설부담금을 면제받기 위해서는 부담금 부과대상으로 결정된 택지조성사업 지구 내에서 시행할 경우에 가능하나 질의한 택지조성사업(경제자유구역 · 보금자리)은 부담금 부과대상사업이 아니므로 그 안에서 시행하는 주택건설사업은 대광법 제11조의2 제1항 제1호에 따라 부담금 면제대상이 아님

나. 참고로 택지조성사업 중 광역교통시설부담금 부과대상사업은 「택지개발촉진법」에 따른 택지개발사업, 「도시개발법」에 따른 도시개발사업, 「주택법」에 따른 대지조성사업임

44. 질의요지

1994년(법 시행일 '01.4.30. 이전)에 택지개발사업이 승인된 지구안에서 대광법 제11조의2 제1항 제1호 개정(2012.2.22)이전 또는 이후 주택건설사업 승인이 있는 경우 부담금 부과해야 하는지 여부

> **※ 대광법 제11조의2(부담금의 감면)**
>
> ① 다음 각 호의 사업에 대하여는 부담금을 부과하지 아니한다.
>
> 1. 제11조의2 제1항 제1호부터 제3호까지에 해당하여 부담금 부과 대상으로 결정된 사업의 지구, 구역 또는 사업지역에서 시행되는 같은 항 제1호부터 제4호까지, 제6호 및 제7호의 사업

회신내용 (법제처 법령해석례 15-0597, 2015.11.2.))

[대광법 제11조의2 제1항 제1호 개정이전]

광역교통시설부담제도("이하 부담금") 제도가 시행되기 전에 택지개발사업이 승인된 지구 안에서 제도 시행 후 주택건설사업을 시행하는 경우에는 부담금을 부과하지 않음

[대광법 제11조의2 제1항 제1호 개정이후]

부담금 제도가 시행되기 전에 택지개발사업이 승인된 경우 대광법 제11조의2 제1항 제1호(2012.2.22, 개정)에 따라 부담금 부과대상으로 결정된 사업이 아니므로 그 지구 안에서 시행하는 주택건설사업은 부담금 부과대상임

[관련법규]

대도시권 광역교통관리에 관한 특별법 제11조(부과대상사업)

1.~3. 택지개발, 도시개발, 아파트지구개발사업

4. 주택법에 의한 주택건설사업(다만, 1호 내지 3호의 사업이 시행되는 지구 안에서 시행하는 경우는 제외)

부칙 제2조(광역교통시설부담금 부과에 대한 적용례)

제11조의 개정규정에 의한 부담금은 이법 시행일 이후 개정규정에 의한 사업의 승인 또는 인가 등을 받는 사업부터 적용

정부측 주장

부칙 제2조는 동법 제11조의 괄호 규정에도 적용되어야 하므로, 주택건설사업자가 부담하여야 한다고 판단

대법원 판결

부칙 제2조에서 시행일 이후 사업승인 또는 인가된 사업의 경우에는 부담금을 부과할 수 있다고 명시하였지만, 대광법 제11조 제4호에서 법 시행일 이후에 승인된 택지개발지구내의 주택건설사업에는 부담금 부과가 제외된다는 명시적 규정이 없으므로 이들 사업에 대한 부담금 부과는 위법함

※ 국토해양부 2010 광역교통시설부담금 업무편람 발췌

45. 광역교통시설부담금 부과 대상 관련 질의회신

질의요지

안양시 토지구획정리사업 제8지구('90.12.28.완료) 내 주택건설사업('18.03.09.승인)이 광역교통시설부담금 부과 대상인지 여부

회신내용 (경기도 교통정책과-5727 2018.3.22.)

대광법 제11조 및 제11조의2의 개정규정 시행(2012.08.22.)에 따라, 토지구획정리사업 지구 내 주택건설사업은 대광법 제11조의2 제1항 제1호에 의거 부담금 부과대상으로 결정되지 않은 사업 지구 내의 주택건설사업이므로 광역교통시설부담금 부과 대상인 것으로 판단됨

그러나 대도시권광역교통관리에 관한 특별법(이하 대공법"이라함) 제11조 제1항에 의거 구 토지구획정리사업법에의한 토지구획정리사업은 광역교통시설부담금 부과대상이 아니었으며 동법 개정규정 시행일(2012.8.22.)이전까지 토지구획정리사업 지구 안의 주택건설사업은 건설교통부 행정지시(건설교통부 광역교통정책과-2024, 2004.12.28)에 따라 부담금 부과대상이 아니었음

46. 감사원 지적사항

- 주택건설사업은 대광법 제11조의3 제1항 제2호에 따라 표준건축비, 부과율, 건축연면적을 곱한 금액으로 광역교통시설부담금(이하 "부담금")을 부과하고 있으며, 그 중 건축연면적을 산정할 때는 대광법 시행령 제16조의2 제6항 제3호 및 「건축법 시행령」 제119조에 따라 승강기 면적을 제외하여 산정하도록 규정하고 있으나,
- 부담금 부과현황을 조사한 결과 거의 모든 지자체에서 승강기 면적을 제외하지 아니한 채 부담금을 과다 부과

조치사항

건축연면적 산정할 때는 대광법 제16조의2 제6항 제3호에 따라 승강기 면적을 제외하여 산정할 수 있도록 하고, 부담금 부과 · 징수업무를 위임한 기관은 향후 승강기 면적을 제외하지 아니하고 부과하는 일이 없도록 관리 · 감독 철저

47. 질의요지

사업지구내 교차로개선사업(국도1호선 상)에 따라 일부구간이 지구 밖까지 연장될 때 지구 밖 연장구간에 대한 광역교통시설 부담금 공제여부

검토내용

- [변호사 자문] 조세나 부담금에 관한 법률의 해석은 법령의 문언대로 해석함이 타당함으로 지구 밖 구간은 공제대상에 해당
- [국토부 회신] 사업구역 밖에 설치되는지와 공제대상 도로에 해당되는지를 파악하여 부과권자(경기도)가 공제여부 판단
- [道 감사실] 변호사 자문 및 국토부질의 결과를 토대로 자체적 판단이 가능한 사항으로 사전 컨설팅감사 의뢰 반려

조치사항

변호사 자문결과 및 국토부 회신내용을 토대로 사업지구를 경계를 기준으로 사업지구 밖에 건설되는 사업의 경우 향후 광역교통시설 부담금에서 공제대상으로 인정 (단, '대도시권 광역교통 관리에 관한 특별법' 제16조의2 제4항 2호 각목에 해당도로상에서 추진될 때만 해당됨)

48. 질의요지

부담금 부과시기를 사업 착공 또는 사용 승인(준공) 시점으로 조정

검토내용

- 광역교통시설부담금은 광역교통수요가 급증하여 주택건설 관련 사업을 시행하는 사업자에게 경제적 부담을 부과하고 그 재원으로 광역교통시설 건설비의 일부를 충당함으로써 교통시설을 적기에 확충하여 광역교통난을 완화하기 위한 제도임
- 따라서, 개발사업의 착수와 함께 적기에 광역교통시설을 설치하여 개발사업의 효과성 및 주민 만족도를 높이기 위해서는 부담금 납부 시점을 사업의 인 · 허가 시점으로 하는 것이 타당함
- 다만, 미착공으로 인한 장기체납을 줄이기 위해 시 · 도지사가 인정하는 등 정당한 사유가 있는 경우 착공시점까지 연기할 수 있도록 대광법 제11조의4 제3항 및 같은 법 시행령 제17조 제1항을 개정('14.2.7)하였음

49. 질의요지

광역교통시설부담금 부과권의 시효와 관련 독촉장 및 납부고지서가부과권의 시효(5년)산정시 최소일자로 실정이 가능한지 여부

판결내용

부담금 부과권의 시효는 최종적으로 고지된(독촉장 및 납부고지서)납부기한으로부터 새로 진행된다고 봄이 마땅함(판결문 참조)

조치사항

본 판결내용은 원고가 항소를 하지 않아 1심에서 종결된 사항으로 업무 참고자료로만 활용하고, 이와 같은 상황이 발생되지 않도록 광역교통시설 부담금 부과 후 체납발생시 1차 독촉장 발부 후 납부기한을 넘겼을 경우 체납처분절차를 이행하여 광역교통시설 부담금 부과권 시효유지가 될 수 있도록 조치

아울러 주기적으로 독촉장 및 납부고지서를 발부하고, 체납자로 하여금 납부계획서 제출요구 등 적극적인 행정절차 이행

50. 법령질의요청(광역교통시설부담금 건축면적 산정)회신

질의요지

주상복합건축사업의 광역교통시설부담금 산정을 위한 건축연면적(주택인 시설의 건축 연면적의 합계)은 지하층(주거용인 경우 제외)과건축물안의 주차장, 주택법에서 규정한 부대시설(주차장 포함) 및 복리시설 등의 연면적으로 포함한 면적인지 여부

회신내용 (대도시광역교통위원회 광역교통정책과-916. 2021.7.20.)

대도시권광역교통관리에 관한 특별법 시행령 제16조의2 제6항에 따르면 주택건설사업 및 재개발 재건축사업의 경우 지하층(주거용인 경우 제외)과 건축물안의 주차장, 부대시설 및 복리시설의 연면적은 제외하도록 규정되어 있지만 건축법에 따른 주상복합 건축사업의 경우는 규정하고 있지 않음

따라서 건축법에 따른 주상복합건축사업에 대한 부담금 산정기준의 건축연면적에서 지하층(주거용인 경우 제외)과 건축물안의 주차장을 제외하는 것은 어려울 것으로 판단되나, 광역교통시설부담금의 부과징수기관인 귀 시도에서 해당 사업의 허가 사항등을 종합적으로 검토하여 판단하여야 할 것임

51. 광역교통시설부담금 공제대상관련 질의회신

질의요지

주택건설사업의 사업시행자가 설치한 철도시설이 대도권 광역교통관리에관한 특별법 시행령(이하 광역교통법이라 함) 제16조의2 제4항 제1호에 규정된 광역교통시설부담금 공제대상에 해당되는 지 여부

회신내용 (대도시광역교통위원회 광역교통정책과-296. 2021.3.19.)

- 광역교통법 시행령 제16조의2 제4항 제1호의 규정에 따르면 당해 사업과 관련하여 도시철도 또는 철도의 건설 및 개량에 소요되는 비용을 부담하는 경우에 그 금액을 광역교통시설부담금에서 공제하도록 규정하고 있음
- 「철도산업발전기본법」 제3조에서는 “철도”란 여객 또는 화물을 운송하는 데 필요한 철도시설과 철도차량 및 이와 관련된 운영 · 지원체계가 유기적으로 구성된 운송체계를 의미하는 것으로 정의하고 있으며, “철도시설의 건설”이라 함은 철도시설의 신설과 기존 철도시설의 직선화 · 전철화 · 복선화 및 현대화 등 철도시설의 성

능 및 기능향상을 위한 철도시설의 개량을 포함한 활동으로 정의하고 있음

- 위의 정의에 비추어 볼 때, 귀 도에서 질의한 철도구조물은 철도시설 신설 시 주거시설을 피하여 우회하지 않고 철도의 직선화를 보다 효율적으로 추구할 수 있으며, 철로의 설치로 인해 발생하는 지역 발전 불균형을 해소할 수 있다는 점에서 철도시설의 성능 및 기능향상을 위한 철도시설의 개량에 해당한다고 보여짐
- 따라서 광역교통시설 부담금 공제가 가능할 것으로 판단되나, 설치한 철도시설이 공제대상에 포함되는지 여부는 부과 · 징수기관에서 관련법령 및 인 · 허가 사항 등을 종합적으로 고려하여 결정하여야 할 것임

52. 법령 질의요청(광역교통시설부담금 경감율 적용)회신

질의요지

2017.02.08.「도시 및 주거환경정비법」개정으로 '도시환경정비사업'이 '재개발사업'으로 통합된 바, 기존 '도시환경정비사업'을「대도시권 광역교통 관리에 관한 특별법」(이하 '광역교통법'이라 함) 제11조 제1항 제5호에 따른 '재개발사업'으로 보아 동법 제11조의2(부담금의 감면) 제1항 제2호를 소급 적용한 100분의 75 경감이 가능한지 여부

회신내용 (대도시광역교통위원회광역교통정책과-176. 2021.2.20.)

질의하신 사업의 사업시행인가는 개정 전에 이루어졌고, 부담금의 부과요건도 이미 성립되어 그에 기초한 부과 처분이 이미 있었던 바, 행위시점인 개정 전 법률로 부과하여야 할 것으로 판단됨

다만 변경인가의 내용이 주요한 내용을 실질적으로 변경하게 되어 당초 사업시행계획의 효력이 상실되고 새롭게 대체되는 수준에 이르는 경우라면, 광역교통시설부담금도 새로운 사업을 기준으로 부과된다고 볼 여지가 있어 변경인가행위가 있는 시점의 법령을 적용 할 수도 있을 것임

변경인가가 주요 부분을 실질적으로 변경하는지 여부는 사업시행계획 중 변경된 내용, 변경의 원인 및 그 정도, 당초사업시행계획과 변경사업시행계획 사이의 기간, 당초 사업시행계획의 유효를 전제로 이루어진 후속행위의 내용 및 그 진행정도 등을 부과 · 징수기관에서 종합적으로 검토하여 판단하시기 바람

53. 광역교통시설부담금 가산금 관련 질의에 대한 회신

질의요지

사업계획 변경 등으로 인해 광역교통시설부담금이 변경될 경우, 기 납부된 지체가산금도 변경 · 환급하여야 하는지 여부

회신내용 (대도시광역교통위원회광역교통정책과-272. 2020.3.30.)

「대도시권 광역교통 관리에 관한 특별법」 제11조의4에 제5항에 따르면 시 · 도지사는 납부의무자가 부담금을 납부 기한까지 내지 아니하면 부담금액의 100분의 3에 해당하는 가산금을 징수할 수 있으며,

「대도시권 광역교통 관리에 관한 특별법 시행령」 제17조에서는 사업계획 등으로 부담금이 변경되는 사유가 발생한 때에는 납부고지서를 지체 없이 재발급 하도록 하며, 납부의무자가 부담금으로 낸 금액 중 과오납부한 금액이 있거나 환급할 금액이 있으면 지체 없이 부담금 납부자에게 알려야 함을 규정하고 있음

2018년 선고된 대법원 판례(2016두50990, 가산금 반환)에서는 "기반시설부담금의부과처분이 처분 당시부터 위법 사유가 있어 당연 무효이거나 부과처분을 소급적으로 취소하는 경우에는 지체가산금*도 그 기초를 상실한다고 보아야 하나, 처분당시 부과처분이 적법하였고 납부의무자의 납부의무 이행지체에도 정당한 사유가 없었던 경우에는 부담금의 환급사유가 발생하였더라도 행정청이 당초 정당하게징수한 지체가산금까지 납부의무자에게 환급할 의무가 발생한다고 볼 수는 없다고 판시"하고 있음

* 판례에서는 부담금의 환급사유의 어느 하나에 해당하는 날의 다음날부터 환급결정을 하는 날까지의 기간에 대하여 정기예금이자율에 따라 계산한 금액을 '환급가산금'으로, 납부의무가 부담금을 납부기한까지 완납하지 아니하여 징수되는 가산금을 환금가산금과 구별하여 '지체가산금'으로 표기(붙임 판례 참고)

따라서 사업계획 변경 등에 따라 부담금이 변경되면 대도시권 광역교통관리에 관한 특별법 시행령 제17조 제8항의 규정에 따라 부담금을 변경 환급하여야 하나 당초 행정청의 처분이 적법하였고 부과처분이 소급적으로 취소되는 경우가 아닌 때에는 정당하게 부과 및 납부된 지체가산금을 변경환급할 필요가 없다고 판단됨

54. 광역교통시설부담금 공제 관련 질의에 대한 회신

질의요지

가. 군포시 금정역의 입체보행 연결로 및 출구시설 설치비용의 공제 대상 여부
나. 금정역세권지구 지구단위계획에 따른 주차장 시설 공제 가능 여부

회신내용 (대도시광역교통위원회광역교통정책과-193. 2019.5.27.)

가. 군포시에서 대도시권 광역교통 관리에 관한 특별법(이하 광역교통법이라 함)제11조에 따라 엘아이케이리얼티(주)의 주상복합시설에 부과한 광역교통시설부담금 중 금정역의 입체보행 연결로 및 출구시설 설치는 광역교통법 시행령 제16조의2 제4항 제1호 "당해 사업과 관련한 도시철도 또는 철도의 건설 및 개량에 소요되는 비용을 부담하는 경우"에 해당한다면 공제 대상에 해당 된다고 보며, 귀 도에서 사업의 승인 · 허가 관련 법령 등을 종합적으로 검토하여 판단하시기 바람

나. 금정역세권지구 지구단위계획에 따른 주차장 시설이 광역교통법 제11조에 따른 부담금 부과 대상 사업이고, 동 법 시행령 제16조의2 제4항 제3호 가목에 따라 해당할 경우에는 공제 대상에 해당 된다고 보며, 귀 도에서 사업의 승인 · 허가 관련 법령 등을 종합적으로 검토하여 판단하시기 바람

55. 광역교통시설부담금(소송 중) 관련 질의 회신

질의요지

광역교통시설부담금 납부 관련 소송이 진행 중이라는 사유로 부담금의 납부유예가 가능한지 여부

회신내용 (국토교통부 도시광역교통과-1930, 2018.4.2.)

광역교통시설부담금은「대도시권 광역교통 관리에 관한 특별법」제11조의4 제3항에 따라 부담의 부과대상 사업의 착공이 대통령령으로 정하는 정당한 사유에 따라 연기되는 경우에는 납무의무자의 신청을 받아 사업의 착공 시까지 납부기한을 연기할 수 있으며,「대도시권 광역교통 관리에 관한 특별법 시행령」제17조 제3항에 따라 사업시행자가 천재지변 그 밖의 부득이한 사유로 인하여 납부기한 안에 납부가 곤란하다고 인정되는 때에는 그 사유가 없어진 날부터 30일 이내에 납부하여야 함

그러나 귀 시에서 문의하신 사업은 기 착공되어 진행 중이며, 소송이 진행 중이라는 사유는 천재지변에 준하는 정도로 납부가 곤란한 사정으로 보기가 어려우므로 부담금 납부 유예는 어려울 것으로 판단됨

56. 가로주택정비사업의 광역교통시설부담금 부과대상여부 질의 회신

질의요지

가로주택정비사업의 광역교통시설부담금 부과대상 여부

회신내용 (국토교통부 도시광역교통과-1931, 2018.4.2.)

가. 주택법에 따른 주택건설사업(다른 법령에 따라 사업 승인의 의제되는 협의를 거친 경우 포함)은 대도시권 광역교통관리에 관한 특별법 제11조 제1항 제4호에 따라 광역교통시설부담금 부과대상임

나. 따라서, 가로주택정비사업이 주택건설사업 사업계획의 승인이 의제되는 협의를 거친 경우에는 부담금 부과대상임

57. 광역교통시설부담금 산정기준 관련 질의 회신

질의요지

가. 「대도시권 광역교통 관리에 관한 특별법」(이하 「광역교통법」) 제11조의3 제1항 제3호의 건축연면적 산정 시, 같은 법 시행령 제16조의2 제6항을 적용할 수 있는 지

나. 「광역교통법」 제11조의3 제1항 제3호 산식의 '주택인 시설의 건축연면적의 합계를 말한다'의 의미

회신내용 (국토교통부 도시광역교통과-5633, 2017.12.21.)

가. 「광역교통법 시행령」 제16조의2 제6항은 같은 법 제11조의3 제1항 제2호에 따른 건축연면적산정 시 전체 연면적의 합계에서 제외되는 시설에 대한 규정이므로 제3호에 따른 건축연면적 산정 시에는 적용이 어렵다고 판단됨

나. 「광역교통법」 제11조의3 제1항 제3호는 「광역교통법」 제11조 제1항 제6호 「건축법」 제11조에 따른 건축허가를 받아 주택 외의 시설과 20세대 이상의 주택을 동일 건축물로 건축하는 사업에 대한 산정식이며, 산정식 내의 '주택인 시설의 건축연면적의 합계를 말한다'는 건물 전체의 연면적이 아닌 건축허가 시의 주택인 시설의 건축연면적을 의미함

58. 광역교통시설부담금 부과 관련 질의 회신

질의요지

「도시 및 주거환경정비법」에 따른 주택재개발사업이 뉴스테이 연계형 사업인 경우 일부 임대주택 부분에 대한 감면 여부

회신내용 (국토교통부 도시광역교통과-4828, 2017.11.10.)

「도시 및 주거환경정비법」에 따른 주택재개발사업은 「대도시권 광역교통관리에 관한 특별법」(이하 대광법) 제11조 제1항 제5호에 따라 광역교통시설부담금(이하 부담금) 부과대상이나 부담금부과기준 중 건축연면적 산정 시 「주택법」 제2조 제6호의 국민주택 규모 이하인 임대주택의연면적은 대광법 시행령 제16조의2 제6항 제5호에 따라 연면적의 합계에서 제외할 수 있음

다만 구체적인 적용 여부는 부과 · 징수기관에서 사업인가 사항 등을 검토하여 판단하시기 바람

59. 광역교통시설부담금 부과 관련 질의 회신

질의요지

「대도시권 광역교통관리에 관한 특별법」(이하 광역교통법) 시행 전 순공된 택지개발사업 내추진되는 공동주택 리모델링사업 및 주택건설사업의 경우 광역교통시설부담금 부과 대상인지 여부

회신내용 (국토교통부 도시광역교통과-4053, 2017.9.20.)

「광역교통법」 시행 전 준공된 택지개발사업의 지구에서 시행되는 주택건설사업의 경우 「광역교통법」 제11조의2 제1항 제1호 개정(2012.2.22) 전에 주택건설사업을 시행하는 경우에는 부담금을 부과하지 않으나, 개정 후에 주택건설사업을 시행하는 경우에는 부담금 부과대상임

참고 : 법제처 법령해석례 15-0597, 2015.11.2.

질의하신 공동주택 리모델링사업 및 주택건설사업이 「광역교통법」 제11조에 따른 광역교통시설부담금의 부과대상인지 여부는 귀 시에서 판단하시기 바람

60. 광역교통시설부담금 부과관련 질의 회신

질의요지

건축허가를 받아 주택외의 시설과 단지형 주택으로 20세대 이상의 주택을 건설하거나 20세대 이상의 주택만을 건설하는 사업이 광역교통시설부담금의 부과대상이 되는지 여부

회신내용 (국토교통부 도시광역교통과-2910, 2017.7.13.)

「건축법」 제11조에 따른 건축허가를 받아 주택 외의 시설과 20세대 이상의 주택을 동일건축물로 건축하는 사업은「대도시권 광역교통관리에 관한 특별법」 제11조 제1항 제6호에 따라 광역교통시설부담금(이하 "부담금")부과대상임

따라서, 주택 외의 시설과 20세대 이상의 주택을 동일 건축물로 건축하지 않거나 주택 외의 시설 없이 20세대 이상의 주택만 건설할 경우에는 부담금 부과대상이 아님

61. 광역교통시설부담금 공제대상(도로설치)관련 질의 회신

질의요지

평택 지제 · 세교지구 도시개발사업구역에서 시행하는 국도1호선 교차로 개선사업이 구역 밖까지 계획되었을 경우 구역 밖 구간에 해당하는 사업비가 광역교통시설부담금 공제가 가능한지 여부

회신내용 (국토교통부 도시광역교통과-307, 2017.1.18.)

「대도시권 광역교통관리에 관한 특별법 시행령」(이하 "대광법령") 제16조의2 제4항 제2호에 따라 광역교통시설부담금(이하 "부담금")의 부과대상 사업이 시행되는 사업구역 밖에서 도로관계 법령에 따른 일반국도 등의 도로, 광역도로에 해당하는 시 · 군 · 구도, 광역교통개선대책에 따라 건설 · 개량되는 도로 및 시 · 도시자가 광역교통에 영향을 미친다고 인정하는 도로를 설치하거나 그 비용의 전부 또는 일부를 부담하는 경우 그 비용은 부담금 산정금액에서 공제함

따라서, 귀 기관에서 해당 도로가 사업구역 밖에서 설치되는지와 대광법령에서 규정한 공제대상 도로에 해당되는지 등을 면밀히 검토하여 부담금 공제여부를 판단하시기 바람

62. 광역교통시설부담금 공제대상(도로설치)관련 질의 회신

질의요지

평택 영신지구 도시개발사업을 시행하면서 국도1호선 지하차로를 설치할 경우 광역교통시설부담금 공제가 가능한지 여부

회신내용 (국토교통부 도시광역교통과-4688, 2016.10.10.)

광역교통시설부담금(이하 "부담금")의 부과대상 사업이 시행되는 사업구역 밖에서 도로 관계 법령에 따른 일반국도 등의 도로, 광역교통개선대책에 따라 건설 · 개량되는도로 및 그 밖에 시 · 도시자가 광역교통에 영향을 미친다고 인정하는 도로를 설치하거나 그 비용의 전부 또는 일부를 부담하는 경우에는「대도시권 광역교통관리에 관한 특별법 시행령」(이하 "대광법령") 제16조의2 제4항 제2호에 따라 그 금액은 부담금산정금액에서 공제함

따라서, 귀 기관에서 해당 도로가 사업구역 밖에서 설치되는지와 대광법령에서 규정한 공제대상 도로에 해당되는지 등을 면밀히 검토하여 부담금 공제여부를 판단하시기 바람

63. 광역교통시설부담금 공공주택건설사업 부과관련 질의 회신

질의요지

「공공주택 특별법」 제35조 제1항에 따라 승인된 공공주택건설사업이「주택법」 제16조에 따른 사업계획 승인이 의제처리된 경우 광역교통시설부담금 부과대상으로 볼 수 있는지 여부

회신내용 (국토교통부 도시광역교통과-3662, 2016.8.17.)

「주택법」에 따른 주택건설사업(다른 법령에 따라 사업 승인이 의제되는 협의를 거친 경우 포함)은「대도시권 광역교통관리에 관한 특별법」 제11조 제1항 제4호에 따라 광역교통시설부담금(이하 "부담금") 부과대상임

따라서, 해당 공공주택건설사업이「주택법」에 따라 사업계획 승인이 의제처리된 경우 부담금을 부과하는 것이 타당할 것으로 보이나, 의제 처리 여부는 귀 기관에서사업계획 승인서 등을 검토하고 사업 승인 부서에 문의하여 판단하시기 바람

64. 광역교통시설부담금 대지조성사업 부과관련 질의 회신

질의요지

택지개발사업이 완료된 지구에서 「주택법」에 따른 대지조성사업을 시행하는 경우광역교통시설부담금을 부과해야 하는지 여부

회신내용 (국토교통부 도시광역교통과-2855, 2016.6.22.)

「주택법」에 따른 대지조성사업은 「대도시권 광역교통관리에 관한 특별법」(이하 "대광법") 제11조 제1항 제3호에 따라 광역교통시설부담금(이하 "부담금") 부과대상입니다.

다만, 부담금 부과 대상으로 결정된 택지개발사업 지구 안에서 대지조성사업을 시행하는 경우 이중부과 방지를 위하여 대광법 제11조의2 제1항 제1호에 따라 부담금을 부과하지 않음

따라서, 귀 기관에서 해당 택지개발사업이 부담금 부과대상으로 결정된 사업인지를 검토하여 부과여부를 판단하시기 바람

65. 광역교통시설부담금 노인복지주택 부과관련 질의 회신

질의요지

노유자시설인 노인복지주택을 주택으로 보아 「대도시권 광역교통관리에 관한 특별법」 제11조 제1항 제6호에 따라 광역교통시설부담금을 부과해야 하는지 여부

회신내용 (국토교통부 도시광역교통과-2856, 2016.6.22.)

「건축법」 제11조에 따라 건축허가를 받아 주택 외의 시설과 20세대 이상의 주택을 동일건축물로 건축하는 사업은 「대도시권 광역교통관리에 관한 특별법」 제11조 제1항 제6호에 따라 광역교통시설부담금(이하 "부담금") 부과대상임

다만, 현행 법령상 「노인복지법」에 따른 노인복지주택은 「건축법 시행령」 제3조의5 [별표1]에서 노유자시설의 노인복지시설로 규정하고 있고, 「주택법 시행령」 제2조의2 에서 기숙사, 다중생활시설, 오피스텔과 함께 준주택으로 분류되어 주택에 포함되지 않는 점을 고려하고, 실제 지자체의 허가사항 등을 확인하여 귀 기관에서 부담금 부과 여부를 적의 판단하기 바람

66. 광역교통시설부담금 부과관련 질의 회신

질의요지

광역교통시설부담금을 완납하고, 준공된 도시개발사업 지구 내 학교부지에 대하여 당초 용도를 변경하여 주택건설사업을 시행할 경우 부담금 부과가 가능한지 여부

회신내용 (국토교통부 도시광역교통과-217, 2016.1.15.)

광역교통시설부담금(이하 "부담금"이라 함) 부과 대상은「대도시권 광역교통관리에 관한 특별법」제11조 제1항에 따라 택지개발사업, 도시개발사업, 대지조성사업, 주택건설사업, 주택재개발 · 재건축사업, 도시환경정비사업 및 주상복합건축사업임

다만, 부담금 부과 대상으로 결정된 도시개발사업 지구 안에서 주택건설 사업을 시행하는 경우 이중부과 방지를 위하여 같은 법 제11조의2 제1항 제1호에 따라 부담금을 부과하지 않음

따라서, 질의한 주택건설사업이 부담금 부과 대상으로 결정된 도시개발사업 지구 내에서 시행하는 경우에는 부담금 부과가 어려울 것으로 판단됨

67. 광역교통시설부담금 산정관련 질의 회신

질의요지

도시개발사업이 시행되는 지구 내 주차장 용지에 대하여 광역교통시설부담금 산정시 개발면적에서 제외할 수 있는지 여부

회신내용 (국토교통부 도시광역교통과-150, 2016.1.12.)

도시개발사업의 광역교통시설부담금은「대도시권 광역교통관리에 관한 특별법」제11조의3 제1항 제1호에 따라 1㎡당 표준개발비, 부과율, 개발면적, 용적률을 곱한 금액으로 산정함

또한, 개발면적에서 제외되는 면적은 같은 법 시행령 제16조의2 제1항에 따라 국가 또는 지방자치단체에 무상귀속 · 기부채납하는 용지, 임대주택의 건설을 위한 용지, 이주대책 실시로 인한 주택지 조성 · 주택건설 용지 및 공용 청사용지 · 각 급 학교 용지임

따라서, 질의한 주차장 용지가 위에서 규정한 제외되는 면적에 해당될 경우 개발면적에서 제외할 수 있으나, 제외되는 면적에 포함되는지는 귀 기관에서 해당 사업의 인가사항 등을 조사 · 검토하여 판단할 사항임

68. 광역교통시설부담금 부과관련 질의회신

질의요지

광역교통시설부담금 최초 부과이후 사업계획 변경(개발면적 변경)으로 재부과해야 하나 표준개발비가 최초 부과시점과 다를 경우 부담금 산정을 어떻게 해야 하는지

회신내용 (국토교통부 도시광역교통과-777, 2015.3.12.)

사업계획 등의 변경이 있는 경우에는 대도시권 광역교통관리에 관한 특별법 시행령 제17조 제2항에 따라 재산정하여 부과하되 변경 전후 개발면적을 비교하여 면적이 증가했을 경우에는 증가한 면적에 대하여만 변경후의 표준개발비를 적용하고 면적이 감소했을 경우에는 종전의 표준개발비를 적용하여 재산정하는 것이 타당할 것으로 판단됨

69. 광역교통시설부담금 부과 관련 질의 회신

질의요지

「주택건설사업」에 따라 추진하는 사업지구 밖에 설치한 도로(방음시설포함)의 광역교통시설부담금 공제대상 여부

회신내용 (경기도 광역교통정책과-12157,2020.6.26.)

1) 광역교통시설부담금 산정시 공제액에 해당되는 도로는「대도시권 광역교통 관리에 관한특별법」시행령 제16조의2 제4항 제2호에서 정하고 있는 도로를 설치하거나 그 비용의 전부 또는 일부를 부담할 경우임
2) 질의하신 도로는 귀 시에서 검토한 대로 사업지구로 진입을 개선하기 위한 목적의 도시계획도로로 위 규정에서 정하고 있는 공제대상 도로의 조건에 부합되지 않고, 방음벽설치도 광역교통개선에 영향을 미친다고 볼 수 없으므로, 광역교통시설부담금 공제대상으로 판단하기 어려움

70. 광역교통시설부담금 부과 관련 질의 회신(지역현안2지구 도시개발사업)

질의요지

광역교통시설부담금 부과 면적인 개발면적에서 기존 존치시설(문화시설)이 제외될 수 있는지 여부

회신내용 (경기도 광역교통정책과-4470,2020.3.3.)

광역교통시설부담금 산정시 개발면적에서 제외되는 면적은 「대도시권 광역교통 관리에 관한 특별법 시행령」 제16조의 2 제1항 제1호~제4호에 해당하는 용지의 면적으로 단순 문화시설은 대상이 아님

71. 광역교통시설부담금 납부유예관련 질의회신

질의요지

사업계획 변경에 따른 행정절차 이행 등으로 인한 사업 미착공이 주택건설경기가 침체되는 등 사업을 착공하지 못할 부득이한 사유가 있다고 시 · 도지사가 인정하는 경우에 해당하는지 여부

회신내용 (경기도 광역교통정책과-3592,2020.2.20.)

납부유예는 대도시권 광역교통에 관한 법 제11조의 4에 따라 대통령령으로 정하는 정당한 사유에 따라 연기되는 경우에는 연기가 가능하나, 사업계획변경에 따른 행정절차 이행 등으로 인한 사유는 주관적인 사유에 해당한다 볼 수 있어 납부유예 대상이 아님

72. 광역교통시설부담금 증액부분에 대한 납부기한 등 질의회신

질의요지

체납중인 광역교통시설부담금 사업변경으로 증액부과 고지 시 증액부분에 대하여가산금 부과 여부

회신내용 (경기도 광역교통정책과-18402,2018.9.18.)

체납 중인 광역교통시설부담금이 사업계획 등의 변경으로 부담금액이 증가할 경우, 30일 기한으로 납부고지서 발급하여야 하며, 기한 내 미납할 경우 증가분에대하여 가산금 부과하는 것이 타당하다고 판단됨

73. 광역교통시설부담금 부과 관련 질의 회신

질의요지

가. 민간분양아파트 사업승인 이후 민간임대주택으로 변경승인이 될 경우 부담금감면 해당여부

나. 민간임대주택으로 부담금 감면될 경우, 부담금 부과 이후 부과취소가 가능한지 여부

회신내용 (경기도 광역교통정책과-12624,2018.7.4.)

가. 주택법에 의한 주택건설사업 중 4년 이상 임대하기 위하여 주택법 제2조 제6호의 국민주택규모 이하의 임대주택*을 건설하는 경우 광역교통시설부담금을 감면하므로 부과권자가 구체적인 인허가 사항을 고려하여 부담금 감면을 결정하여야 함

* 「민간임대주택에 관한 특별법」에 따른 민간임대주택 또는 「공공주택 특별법」에 따른 공공임대주택

나. 부과권자는 사업계획 등의 변경으로 부담금이 변경되는 사유가 발생한 때에는 납부고지서를 지체 없이 재발급하여야 하는 규정을 두고 있어, 부담금 부과 이후에도 변경사유가 있으면 감액 또는 증액 등 변경부과 해야함

74. 광역교통시설부담금 관련 질의회신

질의요지

가. 도시개발사업 준공 이후 공제액(도로공사 비용) 확정 시 까지 납부연기 가능 여부

나. 도시개발사업 준공 전 공제액인 도로개설 추가비용에 대해 추정금액으로 선공제 받아 납부하고 추후 추가비용 확정 시 재정산 받을 수 있는지 여부

다. 부담금 산정 시 도시개발사업의 경우 용적률이 도시개발사업 실시계획 승인상의 용적률인지 도시개발사업 지구 내에서 시행하는 주택건설사업의 용적률인지 판단

회신내용 (경기도 광역교통정책과-7986,2018.4.23.)

가. 「대도시권 광역교통 관리에 관한 특별법」(이하 대광법이라 함) 제11조의4 및 같은 법 시행령 제17조에서 정하는 정당한 사유에 따라 착공이 연기되는 경우 사업의 착공 시까지 납부기한을 연기 할 수 있으나, 본 사업은 정당한 연기사유에 해당되지 않음

나. 대광법 시행령 제16조의2 제5항 및 경기도 광역교통시설부담금 부과·징수 및 광역교통시설 특별회계 설치 조례 제8조에 따라 부담금 공제관련 비용이 확정된 자료에 의해 공제가 가능하므로 추정비용으로는 공제 불가하며, 대광법 제11조의4에 따라 과소 또는 과다 부과·징수될 경우는 부담금 선납부 후 비용 확정시 추후 부담금 정산이 가능함

다. 대광법 제11조의4 및 시행령 제17조 제6항에 따라 도시개발사업 실시계획인가일로부터 60일 이내에 대광법 제11조의3(산정기준)에 따라 산정한 부담금을 부과하므로 도시개발사업 부담금 산정할 경우 도시개발사업 실시계획 승인 시의 용적률을 적용해야 함

75. 광역교통시설부담금 부과 관련 질의회신(성남도촌지구)

질의요지

가. 경기도에서 성남도촌 택지개발지구에 대해 광역교통시설부담금을 부과했는지 여부
나. 성남도촌지구 내 주택건설사업에 대해 광역교통시설부담금을 부과해야 하는지 여부

회신내용 (경기도 광역교통정책과-3659,2018.2.19.)

가. 우리 도는 성남도촌 택지개발지구에 대해서 2004년 3월중 광역교통시설부담금을 부과한 사실이 있음

나. 성남도촌 택지개발지구 내 주택건설사업은 부담금을 부과하지 않는 것이 타당함 「대도시권 광역교통 관리에 관한 특별법」 제11조의2 제1항 제1호 규정에 의거, 동법 제11조 제1항 제1호부터 제3호까지에 해당하여 부담금 부과대상으로 결정된 사업의 지구, 구역 또는 사업지역에서 시행되는 같은 항 제1호부터 제4호까지, 제6호 및 제7호의 사업은 부담금을 부과하지 아니함

76. 광역교통시설부담금 부과 관련 질의회신

질의요지

주거시설이 포함되지 않고 업무시설인 오피스텔이 포함된 성남 성호시장지구 도시개발사업에 대해 광역교통시설부담금을 부과해야 하는지 여부

회신내용 (경기도 광역교통정책과-2185,2018.1.26.)

가. 「대도시권 광역교통관리에 관한 특별법」 제11조의 규정에 의해 광역교통시설부담금은 택지개발 및 주택건설과 관련된 사업을 부과대상으로 하고 있으며,

나. 동법 제11조의3 및 동법 시행령 제16조의2 제2항에서 부담금 산정식의 용적률은 해당사업이 시행되는 지구 · 구역 또는 사업지역 안에서 각 주택이 건립되는 대지의 면적에 따라 가중평균하여 산정하도록 규정하고 있음

다. 따라서 광역교통시설부담금의 취지 및 근거규정 등을 고려할 때, 주거시설이 없는 도시개발사업에 부담금을 부과할 수 없을 것으로 판단됨

※ 관련 질의회신 사례 참고(국토해양부 도시광역교통과-1673)

77. 광역교통시설부담금 부과관련 질의에 대한 회신

질의요지

도시개발사업인허가시 사업계획에 용적율 산출을 위한 단독주택 및 공동주택의 건립이 포함되지 않은 경우 광역교통시설부담금 산정을 위한 용적률 적용방법

회신내용 (국토부장관 도시광역교통과-1673.2185,2011.6.9.)

대도시권 광역교통관리네 관한 특별법 제11조의 규정에 의하면 광역교통시설부담금은 택지개발 및 주택건설과 관련된 사업을 부과대상으로 하고 있으며, 동법 제11조의3에서 부담금 산정기준을 정하고 동법 시행령 제16조의2 제2항에서 용적율은 해당사업이 시행되는 지구구역 또는 사업지역 안에서 각 주택이 건립되는 대지의 면적에 따라 가중평균하여 산정하도록 규정하고 있음

따라서 광역교통시설부담금의 취지 및 근거규정 등을 고려할 때 주거시설이 없는 도시개발사업에 부담금을 부과 할 수 없을 것으로 판단됨

78. 광역교통시설부담금 납부연기 관련 질의회신

질의요지

사업대상지 불법점유로 인한 납부연기 요청 건이 「대도시권 광역교통 관리에관한 특별법」 제11조의4 제3항 및 같은 법 시행령 제17조 제7항 제4호에 해당되는지 여부

회신내용 (경기도 교통정책과-26745 2017.12.21.)

사업시행자는 토지 매매계약 시, 전 소유자가 임대차계약한 주차장 사용과 관련하여 잔금일까지 토지매수자에게 명도 할 것을 계약사항에 명시하여 계약사항을 성실하게 이행할 것으로 생각하고 사업을 진행하였음

그러나, 잔금일이 지나도 불법점유를 하고 있어 수원지방법원으로부터 부동산점유이전금지 가처분 결정을 받은 후 토지 명도 소송을 진행하는 등 자구노력을 하였음에도 불구하고 불법점유로 인하여 해당사업을 착공할 수 없는 상황임

따라서, 본 부과 건은 사업시행자의 고의 또는 과실과 관계없이 착공하지 못하는 사유이므로 위 법 시행령 제17조 제7항 제4호 주택건설경기가 침체되는 등 착공하지 못할 부득이한 사유에 해당됨

79. 광역교통시설부담금 환급 요청에 따른 질의 회신

질의요지

가. 부금자리주택지구 사업시행자가 광역교통개선대책에 따른 도로 등의 개설비용을 부담한 후 사업지 일부를 민간주택시행자에게 매도한 후 민간주택시행자가 위 시설비용에 따른 금액을 부담금 산정금액에서 공제 받을 수 있는 지 여부

나. 광역시설부담금 부과 후 90일이 지난 후에도 이의신청이 가능한지 여부

회신내용 (경기도 교통정책과-23404.2017.11.8.)

대도시권 광역교통관리에 관한 시행령 제16조의2 제4항에 따라 당해 사업과 관련하여 도시철도 건설 및 고속국도, 자동차전용도로 등의 시설을 관계법령에 의하여 설치하거나 비용의 전부 또는 일부를 부담하는 경우 그 금액을 합산하여 공제함

동법 제11조의4 제6항에 의하면 부담금을 부과징수한 후 부담금이 과소 또는 과다 부과징수한 사실을 발견한 경우에는 이를 조사하여 그 차액을 추징하거나 환급하여야 한다고 규정되어 있으므로 부과 후 90일이 지난 후에도 이의신청이 가능한 것으로 판된됨

80. 광역교통시설부담금 관련 질의 회신

질의요지

분당택지개발사업지구내 “공동주택 리모델링사업”과 “공공기관 이전부지에 추진되는 주택건설사업”에 대해 광역교통시설부담금 부과 대상 여부

회신내용 (경기도 교통정책과-20762.2017.10.11.)

분당택지개발사업지구는 광역교통시설부담금을 부과한 사실이 없으므로, 광역교통법 제11조 및 제11조의2 규정에 따라 해당 지구 내에서 2012.2.22. 이후 최초 승인신청하는 주택건설사업 등은 부담금 부과대상에 해당함

※ 관련 공문 참고(경기도 교통정책과-9449(2015.5.28.)

“공동주택 리모델링사업”은 주택건설사업 승인 대상일 경우 부담금 부과대상이며 “공공기관 이전부지에 시행하는 사업”에 대한 광역교통법 및 같은 법 시행령에 감면 조항이 없음

81. 광역교통시설부담금 업무처리(부담금의 산정기준)관련 질의 회신

질의요지

「성남판교대장 도시개발사업」에 따라 추진하는 사업지구 밖 진입도로 3개 노선에 대한 광역교통시설부담금 공제대상 여부

회신내용 (경기도 교통정책과-11675.2017.6.12.)

광역교통시설부담금 산정시 공제액에 해당되는 도로는 「대도시권 광역교통 관리에 관한 특별법」 시행령 제16조의2 제4항 제2호에서 정하고 있는 도로를 설치하거나 그 비용의 전부 또는 일부를 부담할 경우임

질의하신 도로는(3개 노선) 사업지구로 진입을 개선하기 위한 목적의 도시계획도로로써 위규정에서 정하고 있는 공제대상 도로의 조건과 부합되지 않아 광역교통시설 부담금 공제대상으로 볼 수 없음

82. 평택 지제 세교지구 지하차도 분담금의 광역교통시설 부담금 공제관련 요청 회신

질의요지

지제세교지구가 지하차도 분담금을 납부할 경우 광역교통시설부 담금이 공제될 수 있는지 여부

회신내용 (경기도 교통정책과-2625.2017.2.6.)

지제세교지구 광역교통시설 부담금 공제와 관련 변호사 자문 및 국토부 질의결과「대도시권 광역교통 관리에 관한 특별법 시행령」 제16조의2 제4항 제2호에 따라 사업이 시행되는 구역 밖 구간에 투입된 사업비의 경우 광역교통시설부담금에서 공제가 가능한 사항으로,「대도시권 광역교통 관리에 관한 특별법」 제11조의4 및 동법 시행령 제17조에 따라 지제세교지구 실시계획변경* 후 사업시행자가 광역교통시설부담금 재부과를 요청 시 60일 이내 지하차도 구간 중 지구 밖 구간 사업비를 광역교통시설부담금 산정 시 공제금액으로 계상하여 변경부과 할 예정이니 참고바람

* 변경된 실시계획 고시문에 사업시행자가 지하차도 분담금액(지구 밖 구간사업비 구분하여 명시)을 분담하는 내용이 명시되어 있어야 함

83. 광역교통시설부담금 관련 질의 회신

질의요지

「주택재개발사업 조합설립인가 취소 처분」이 취소되어 광역교통시설부담금을재부과하는 경우, 부담금의 납부시기 결정에 관한 질의

회신내용 (경기도 교통도로과-433. 2013.1.10.)

대도시권 광역교통관리에 관한 특별법 제11조의4 제2항에서 광역교통시설부담금은 부과일로부터 1년 이내 납부하도록 규정하고 있음

본 규정에 따라 부담금을 재부과하는 경우에도, 부과일로부터 1년 이내납부토록 납부시기를 결정하는 것이 타당할 것으로 판단됨

II 법제처 해석사례

1. 안건번호11-0637

광주광역시 - 「대도시권 광역교통관리에 관한 특별법」 제11조의4 제5항에 따르면 시 · 도지사는 납부의무자인 지방자치단체에 대하여 「지방세기본법」 제59조 단서를 적용하여 광역교통시설부담금에 대한 가산금을 징수할 수 없는지(「대도시권 광역교통관리에 관한 특별법」 제11조의4 제5항 등 관련)

회신일자 : 2011-12-15

질의요지

지방자치단체가 「대도시권 광역교통관리에 관한 특별법」 제11조에 따른 부담금 납부의무를 부담하면서 그 납부기한까지 부담금을 납부하지 아니하는 경우, 시 · 도지사는 지방자치단체에 대하여 같은 법 제11조의4 제4항에 따라 부담금에 대한 가산금을 징수할 수 있는지, 아니면 같은 법 제11조의4 제5항 및 「지방세기본법」 제59조 단서에 따라 부담금에 대한 가산금을 징수할 수 없는지?

회신내용

지방자치단체가 「대도시권 광역교통관리에 관한 특별법」 제11조에 따른 부담금 납부의무를 부담하면서 납부기한까지 그 부담금을 납부하지 아니하는 경우, 시 · 도지사는 지방자치단체에 대하여 같은 법 제11조의4 제4항에 따라 부담금에 대한 가산금을 징수할 수 있다고 할 것입니다.

이 유

「대도시권 광역교통관리에 관한 특별법」(이하 "광역교통관리법"이라 함) 제11조에서는 대도시권 중 대통령령으로 정하는 대도시권에서 「택지개발촉진법」에 의한 택지개발사업, 「도시개발법」에 의한 도시개발사업 등의 사업을 시행하는 자는 광역교통시설 등의 건설 및 개량을 위한 광역교통시설부담금(이하 "부담금"이라 함)을 납부하여야 한다고 규정하고 있고, 같은 법 제11조의4 제4항에 따르면 시 · 도지사는 납부의무자가 제2항의 규정에 의한 기한까지 납부하지 아니한 때에는 부담금액의 100분의 5에 해당하는 가산금을 부가할 수 있다고 하면서, 같은 조 제5항에서 시 · 도지사는 납부의무자가 독촉장을 받고 지정된 기한까지 부담금 또는 가산금을 납부하지 아니한 때에는 지방세체납처분의 예에 의하여 이를 징수할 수 있다고 규정하고 있습니다.

그런데, 「지방세기본법」은 지방세에 관한 기본적 사항과 부과 · 징수에 필요한 사항 및 위법 또는 부당한 처분에 대한 불복절차와 지방세 범칙행위에 대한 처벌에 관한 사항 등을 규정함으로써 지방세에 관한 법률관계를 확실하게 하고, 공정한 과세를 추구하며, 지방자치단체 주민의 납세의무의 원활한 이행에 기여함을 목적(제1조)으로 하는 법으로서, 같은 법 제59조에서 지방세를 납부기한까지 완납하지 아니할 때에는 그 납부기한이

지난 날부터 체납된 지방세의 100분의 3에 상당하는 가산금을 징수하되, 다만, 국가와 지방자치단체(지방자치단체조합을 포함함)에 대하여는 가산금을 징수하지 아니한다고 규정하고 있으므로, 이 사안에서와 같이 지방자치단체가 광역교통관리법 제11조에 따른 부담금 납부의무를 부담하면서 납부기한까지 그 부담금을 납부하지 아니하는 경우, 시 · 도지사가 해당 지방자치단체로부터 같은 법 제11조의4 제4항에 따라 부담금에 대한 가산금을 징수할 수 있는지, 아니면 같은 법 제11조의4 제5항 및 「지방세기본법」 제59조 단서에 따라 부담금에 대한 가산금을 징수할 수 없는지가 문제될 수 있습니다.

먼저, 광역교통관리법 제11조의4 제5항에 따르면 시 · 도지사는 납부의무자가 독촉장을 받고 지정된 기한까지 부담금 또는 가산금을 납부하지 아니한 때에는 지방세체납처분의 예에 의하여 이를 징수할 수 있다고 규정하고 있는데, 이는 문언상 체납된 부담금 또는 가산금에 대한 "징수 절차"를 「지방세기본법」 및 「지방세법」에 규정된 체납처분 절차에 따르겠다는 의미라고 할 것이며, 이러한 "체납처분"은 국민이 국가 또는 지방자치단체에 대하여 부담하고 있는 공법상의 금전급부의무를 이행하지 아니하는 경우에 행정청이 강제적으로 그 의무가 이행된 것과 같은 상태를 실현하는 처분 및 그 집행으로서 그 절차는 독촉, 재산압류 · 매각 및 청산으로 이루어지는데, 「지방세기본법」 제5장(체납처분)에서는 압류의 요건(제91조), 압류해제의 요건(제92조), 압류의 해제(제93조), 체납처분의 중지(제94조), 체납처분 유예(제95조), 결손처분(제96조), 사해행위의 취소(제97조), 체납처분에 관한 「국세징수법」의 준용(제98조)에 대하여 규정하고 있는바, 광역교통관리법 제11조의4 제5항의 문언상의 의미, "체납처분"의 개념 및 「지방세기본법」의 체납처분에 관한 규정 등을 종합하여 볼 때, 지방자치단체가 광역교통관리법 제11조에 따른 부담금 납부의무를 부담하면서 납부기한까

지 그 부담금을 납부하지 아니하는 경우, 사업시행자로서의 지방자치단체는 같은 법 제11조의4 제4항에 따라 부담금에 대한 가산금의 부담주체가 되는 것이고, 그 부담금 또는 부담금에 대한 가산금을 체납한 경우 그 징수절차는 「지방세기본법」 및 「지방세법」에서 규정된 체납처분 절차에 따른다고 할 것이지, 광역교통관리법에 따른 부담금에 대한 가산금의 납부주체가 「지방세기본법」 및 「지방세법」에 따라서 이와 다르게 정하여지는 것은 아니라고 할 것입니다.

또한, 「지방세기본법」 제2조 제1항 제3호에서는 "지방세"란 특별시세, 광역시세, 도세 또는 시 · 군세, 구세를 말한다고 규정하고 있고, 같은 항 제11호에서는 납세의무자란 「지방세법」에 따라 지방세를 납부할 의무(지방세를 특별징수하여 납부할 의무는 제외함)를 말한다고 규정하고 있으며, 같은 항 제24호에서는 "가산금"이란 지방세를 납부기한까지 납부하지 아니할 때에 이 법 또는 지방세관계법에 따라 고지세액에 가산하여 징수하는 금액과 납부기한이 지난 후 일정기한까지 납부하지 아니할 때에 그 금액에 다시 가산하여 징수하는 금액을 말한다고 규정하고 있는 한편, 광역교통관리법은 대도시권의 교통문제를 광역적인 차원에서 효율적으로 해결하기 위하여 필요한 사항을 정함을 목적으로 하는 법(제1조)으로서, 같은 법 제11조에서는 "부담금"이란 대통령령으로 정하는 대도시권에서 특정사업을 시행하는 자에 대하여 부과하는 광역교통시설 등의 건설 및 개량을 위한 광역교통시설부담금이라고 규정하면서, 같은 법 제11조의4 제4항에서는 부담금 납부의무자가 같은 조 제2항의 규정에 의한 납부기한까지 납부하지 아니한 때에 부담금액의 100분의 5에 해당하는 가산금을 부과한다고 규정하고 있음에 비추어 볼 때, 「지방세기본법」 및 「지방세법」상의 지방세 또는 가산금과 광역교통관리법상의 부담금 또는 가산금은 전혀 별개의 금전 납부의무로서, 「지방세기본법」에 따른 지방세 또는 가산금의 "납세의무자"와 광역교통관리법에 따른 부담금 또는 가산금의 "납부의무자"는 각각의 법률에 따라 확정되는 것이므로, 「지방세기본법」 및 「지방세법」에 따라 광역교통관리법에 따른 가산금 납부의무가 정하여질 법적 근거는 없다고 할 것입니다.

더욱이, 광역교통관리법에서 사업시행자에게 교통시설부담금을 부과하는 취지는 대도시 권역 내의 주택건설사업 등으로 인해 급증하는 교통수요에 대비하여 원인 제공자 내지 수익자에게 교통시설 설치비의 일부를 부담시켜 대도시권의 교통난을 완화하기 위한 광역교통시설의 건설 및 개량에 소요되는 재원을 확보하고자 하는 것이어서(대법원 2004.9.3. 선고 2004두4673 판결 참조), 교통시설부담금은 교통수요를 유발하는 "사업"과 관련하여 부과되는 것이라고 할 것이지 "사업주체"와 같은 인적 요건의 변경에 따라 달라지는 것이라고 보기 어렵고(법제처 2011.4.14. 회신 10-0487 해석례 참조),

이는 같은 법 제11조 및 제11조의2에서 각각 교통시설부담금의 부과대상과 감면대상에 관하여 택지개발사업, 주택건설사업, 주거환경개선사업 등 “사업”을 기준으로 하여 교통시설부담금 제도를 운영하고 있는 것을 보아도 알 수 있으며, 「택지개발촉진법」 제7조, 「도시개발법」 제11조 및 「주택법」 제9조에서 지방자치단체가 택지개발사업, 도시개발사업, 주택건설사업 등의 “사업주체”가 될 수 있다고 규정하고 있는 점에 비추어 볼 때,

광역교통관리법 제11조 및 같은 법 제11조의2에서는 지방자치단체가 부담금 납부의무의 주체가 되는 것을 전제하고 있다고 할 것이므로, 당연히 사업주체로서의 지방자치단체 역시 부담금을 납부하지 아니하는 경우 같은 법 제11조의4 제4항에 따라 부담금에 대한 가산금 납부의무를 부담한다고 할 것입니다.

따라서, 지방자치단체가 광역교통관리법 제11조에 따른 부담금 납부의무를 부담하면서 납부기한까지 그 부담금을 납부하지 아니하는 경우, 시 · 도지사는 지방자치단체에 대하여 같은 법 제11조의4 제4항에 따라 부담금에 대한 가산금을 징수할 수 있다고 할 것입니다.

2. 안건번호10-0487

대구광역시 - 사업주체 및 건축면적이 변경된 주택건설사업의 광역교통시설부담금의 환급 대상 등(「대도시권 광역교통관리에 관한 특별법」 제11조 및 「주택법」 제16조 등 관련)

회신일자 : 2011-04-14

질의요지

가. 「주택법」에 따라 주택건설사업계획 승인을 받은 자가 「대도시권 광역교통관리에 관한 특별법」 제11조에 따라 광역교통시설부담금을 납부한 후 동 사업계획과 관련된 주택건설사업 일체를 양도하고, 이를 양수한 자가 사업주체를 변경하고 건축면적을 축소하는 내용의 주택건설사업계획 변경승인을 받은 경우, 건축면적의 축소로 인하여 당초 주택건설사업계획 승인을 받았던 자가 납부한 광역교통시설부담금에 대한 환급액이 발생한 때, 변경된 사업주체가 이를 환급받을 수 있는지?

나. 주택건설사업의 양도에 따라 변경된 사업주체에 대한 주택건설사업계획 변경승인을 받은 경우, 행정관청은 양도인이 체납한 광역교통시설부담금과 관련하여 동 사업을 양수한 자의 재산을 압류하는 등 체납처분 절차를 진행할 수 있는지?

회신내용

가. 질의 가에 대하여

「주택법」에 따라 주택건설사업계획 승인을 받은 자가 「대도시권 광역교통관리에 관한 특별법」 제11조에 따라 광역교통시설부담금을 납부한 후 동 사업계획과 관련된 주택건설사업 일체를 양도하고, 이를 양수한 자가 사업주체를 변경하고 건축면적을 축소하는 내용의 주택건설사업계획 변경승인을 받은 경우, 건축면적의 축소로 인하여 동 사업과 관련하여 당초 주택건설사업계획 승인을 받았던 자가 납부한 광역교통시설부담금에 대한 환급액이 발생한 때에, 사업의 이전에 관한 계약에서 광역교통시설부담금을 분배하거나 광역교통시설부담금의 환급에 따라 이를 내부적으로 정산하도록 하는 내용을 정하여 처리하는 것은 별론으로 하고, 행정청과의 관계에서 행정청이 과오납된 광역교통시설부담금을 환급하는 대상은 사업주체 변경승인을 받은 새로운 사업주체라고 보아야 합니다.

나. 질의 나에 대하여

주택건설사업의 양도에 따라 변경된 사업주체에 대한 주택건설사업계획 변경승인을 받은 경우, 행정관청은 양도인이 체납한 광역교통시설부담금과 관련하여 동 사업을 양수한 자의 재산을 압류하는 등 체납처분 절차를 진행할 수 있습니다.

이 유

가. 질의 가에 대하여

「대도시권 광역교통관리에 관한 특별법」(이하 "광역교통관리법"이라 함) 제11조제4호에서는 「주택법」에 따른 주택건설사업을 시행하는 자는 광역교통시설부담금(이하 "교통시설부담금"이라 함)을 납부하여야 한다고 규정하고 있고, 같은 법 제11조의3 제1항 제2호에서는 이러한 사업의 교통시설부담금 산정기준으로 1㎡당 표준 건축비와 부과율 및 '건축연면적' 등을 곱하여 산정하도록 규정하고 있습니다.

먼저, 교통시설부담금의 부과와 관련하여 규정한 광역교통관리법의 규정을 살펴보면, 같은 법에서는 사업 완료 전에 사업시행자 등이 변경된 경우 교통시설부담금의 승계에 관한 규정을 두고 있지는 아니하나, 사업시행자에게 교통시설부담금을 부과하는 취지가 대도시 권역 내의 주택건설사업 등으로 인해 급증하는 교통수요에 대비하여 원인 제공자 내지 수익자에게 교통시설 설치비의 일부를 부담시켜 대도시권의 교통난을 완화하기 위한 광역 교통시설의 건설 및 개량에 소요되는 재원을 확보하고자 하는 것이어서(대법원 2004.9.3. 선고 2004두4673 판결례 참조) 교통시설부담금은 교통수요를 유발하는 '사업'과 관련하여 부과되는 것이라고 할 것이지 '사업주체'의 변경과 같은 인적 요건의 변경에 따라 달라지는 것이라고 보기는 어렵고,

같은 법 제11조 및 제11조의2에서는 각각 교통시설부담금의 부과대상과 감면대상에 관하여 택지개발사업, 주택건설사업, 주거환경개선사업 등 '사업'의 종류를 기준으로 하여 이를 규정하고 있으며, 같은 법 제11조의4 제1항 및 같은 법 시행규칙 별표 3에 의한 교통시설부담금 산정의 기준일도 사업시행자가 '사업'의 승인을 받거나 인가 등을 받은 날 등으로 규정하고 있는 등 광역교통관리법은 '사업'을 기준으로 하여 교통시설부담금 제도를 운영하고 있는 것으로 볼 수 있다고 할 것이므로, 주택건설사업의 사업주체 및 건축면적의 변경에 따른 교통시설부담금의 환급도 '사업'을 기준으로 판단하여 해당 사업이 동일성을 유지하며 양도되었다면 교통시설부담금에 관한 권리 및 의무도 사업에 부수하여 이전되는 것으로 보아야 할 것입니다.

한편, 「주택법」에 따라 주택건설사업계획 승인을 받은 주택건설사업이 사실상 또는 사법(私法)상으로 양도 · 양수되었다고 할지라도 사업계획승인권자의 변경승인을 받은 후에야 사업주체의 변경이라는 공법상의 효과가 발생한다고 할 것이고(대법원 2000.9.26. 선고 99두646 판결례 참조),

사업주체의 변경에 대한 주택건설사업계획 변경승인은 사업의 동일성을 전제로 사업주체의 변경과 관련한 계획을 승인한 것으로 볼 수 있으므로 새로운 사업주체는 종전 사업주체의 공법(公法)상의 권리 · 의무를 승계 받는다고 보는 것이 합리적인바, 계약에 따라 당사자 간에 내부적 부담에 관한 내용을 조정할 수 있음은 별론으로 하고, 동일성이 유지되는 주택건설사업과 관련된 공법상 의무인 교통시설부담금 납부의무는 새로운 사업주체에게 이전된다고 보아야 할 것입니다.

설령, 공법상 의무의 종류나 승계의 요건 등을 고려하여 공법상 권리 · 의무의 승계를 일률적으로 판단하지 않는다고 하더라도 이 건 교통시설부담금은 교통을 유발하는 사업이 동일성을 유지하며 계속적으로 행해지는지 여부에 따라 판단하여야 할 것이므로 위에서 살펴본 바와 같이 사업주체의 변경승인을 받은 새로운 사업주체는 교통시설부담금 납부의무를 부담하게 된다고 할 것이고, 그렇다면 이와 같이 동일한 사업에 대하여 이미 납부된 교통시설부담금을 환급해야 하는 경우 현재 해당 사업을 시행하고 있는 새로운 사업주체에게 환급을 하는 것이 타당하다고 할 것이며, 더욱이 이러한 환급사유가 새로운 사업주체의 건축면적의 축소로 인하여 발생한 경우라면 종전의 사업주체가 이미 납부한 교통시설부담금이라는 이유만으로 종전의 사업주체에게 이를 환급하는 것이 당연하다고 보기도 어렵습니다.

따라서, 「주택법」에 따라 주택건설사업계획 승인을 받은 자가 광역교통관리법 제11조에 따라 교통시설부담금을 납부한 후 동 사업계획과 관련된 주택건설사업 일체를 양도하고, 이를 양수한 자가 사업주체를 변경하고 건축면적을 축소하는 내용의 주택건설사업계획 변경승인을 받은 경우, 건축면적의 축소로 인하여 동 사업과 관련하여 당초 주택건설사업계획 승인을 받았던 자가 납부한 교통시설부담금에 대한 환급액이 발생한 때에, 사업의 이전에 관한 계약에서 교통시설부담금을 분배하거나 교통시설부담금의 환급에 따라 이를 내부적으로 정산하도록 하는 내용을 정하여 처리하는 것은 별론으로 하고, 행정청과의 관계에서 행정청이 과오납된 교통시설부담금을 환급하는 대상은 사업주체 변경승인을 받은 새로운 사업주체라고 보아야 할 것입니다.

나. 질의 나에 대하여

위에서 살펴본 바와 같이, 「주택법」에 따라 주택건설사업계획 승인을 받은 주택건설사업을 양수한 자가 사업주체 변경에 관하여 사업계획 승인권자의 승인을 받은 경우 기존의 사업은 변경된 사업주체에게 동일성을 유지하며 이전되는 것이라고 볼 수 있고, 교통시설부담금은 교통수요를 유발하는 '사업'에 부대하는 성격의 것이라고 할 것이므로, 교통시설부담금의 최종적인 납부의무도 사업을 이전받은 변경된 사업주체에게 이전되었다고 할 것입니다.

그렇다면, 비록 교통시설부담금을 체납한 자가 당초 사업을 시작하였던 변경 전 사업주체라고 하더라도 공법상 부과된 교통시설부담금의 납부의무는 주체의 변경 여부와는 상관없이 이행될 필요가 있고, 이러한 이행의 확보수단으로서 광역교통관리법 제11조의4 제3항부터 제5항까지의 규정에서는 납부기한까지 교통시설부담금을 납부하지 아니한 때에는 가산금을 붙인 독촉장을 발부하고 이러한 경우에도 납부하지 아니한 때에는 지방세 체납처분의 예에 따라 징수할 수 있도록 규정하고 있으므로, 해당 사업 및 교통시설부담금에 관한 권리 · 의무를 양수한 새로운 사업주체의 재산에 대하여 압류 등 체납처분 절차를 진행하는 것이 불가능하다고 볼 수는 없습니다.

따라서, 주택건설사업의 양도에 따라 주택건설사업계획 변경승인을 받아 사업주체가 변경된 경우 교통시설부담금의 납부의무 및 납부효과는 변경된 사업주체에게 귀속된다고 할 것이므로, 변경 전의 사업주체가 납부하지 아니한 교통시설부담금에 대해서는 변경된 사업주체가 납부할 의무를 진다고 할 것이고, 변경 전의 사업주체에게 강제징수와 관련하여 행정관청이 행한 절차상 행위의 효과 또한 변경된 사업주체에게 귀속된다고 할 것이어서, 행정관청은 양도인이 체납한 교통시설부담금과 관련하여 동 사업을 양수한 자의 재산에 대하여 압류 등 체납처분 절차를 진행할 수 있습니다.

3. 안건번호10-0180

국토해양부－「전통시장 및 상점가 육성을 위한 특별법」 제39조에 따른 시장정비사업인가시 광역교통시설부담금 부과가능 여부(「대도시권 광역교통관리에 관한 특별법」 제11조 등 관련)

회신일자 : 2010-08-03

질의요지

「전통시장 및 상점가 육성을 위한 특별법」 제39조에 따라 시장정비사업인가를 받은 경우 「주택법」 제16조에 의한 주택건설사업계획승인 또는 「건축법」 제11조에 의한 건축허가가 의제되면 이를 근거로 해당 시장정비사업시행자에게 「대도시권 광역교통관리에 관한 특별법」 제11조에 따른 광역교통시설부담금을 부과할 수 있는지?

회신내용

「전통시장 및 상점가 육성을 위한 특별법」 제39조에 따라 시장정비사업인가를 받은 경우 「주택법」 제16조에 의한 주택건설사업계획승인 또는 「건축법」 제11조에 의한 건축허가가 의제되면 이를 근거로 해당 시장정비사업시행자에게 「대도시권 광역교통관리에 관한 특별법」 제11조에 따른 광역교통시설부담금을 부과할 수 있습니다.

이 유

「전통시장 및 상점가 육성을 위한 특별법」(이하 "전통시장육성법"이라 함) 제39조에서는 사업시행자(공동시행의 경우를 포함하되, 사업시행자가 시장 · 군수 · 구청장인 경우는 제외)가 시장정비사업을 시행하고자 하는 경우에는 「도시 및 주거환경정비법」(이하 "도정법"이라 함) 제30조의 규정(같은 조 제3호 내지 제5호의 규정을 제외)에 의한 사업시행계획에 전통시장육성법 제49조의 규정에 의한 입점상인 보호대책을 포함하여 시장 · 군수 · 구청장으로부터 사업시행인가를 받아야 한다고 규정하고 있고, 같은 법 제40조 제1항 제1호 및 제2호에 의하면 사업시행자가 사업시행인가를 받은 경우에는 「주택법」 제9조의 규정에 의한 주택건설사업 등의 등록 및 같은 법 제16조의 규정에 의한 사업계획승인을, 「건축법」 제11조의 규정에 의한 건축허가 및 같은 법 제20조의 규정에 의한 가설 건축물의 건축허가 또는 축조신고를 각각 받은 것으로 본다고 규정하고 있습니다.

한편 「대도시권 광역교통관리에 관한 특별법」(이하 "광역교통관리법"이라 함) 제11조에서 광역교통시설부담금(이하 "부담금"이라 함)의 부과대상을 「택지개발촉진법」에 의한 택지개발사업(제1호), 「도시개발법」에 의한 도시개발사업(제2호), 「주택법」에 의한 대지조성사업 및 「주택법」 부칙 제9조에 따라 종전의 규정에 의하도록 한 아파트지구개발사업(제3호), 「주택법」에 따른 주택건설사업(제4호), 「도시 및 주거환경정비법」에 따른 주택재개발사업, 주택재건축사업 및 20세대 이상의 공동주택을 건설하는 도시환경정비사업(제5호), 제1호 내지 제5호의 사업과 유사한 사업으로서 대통령령으로 정하는 사업(제6호)으로 규정하고 있고, 광역교통관리법 시행령 제15조 제2항에서는 같은 법 제11조 제6호에서 "대통령령으로 정하는 사업"을 「건축법」 제8조에 따른 건축허가를 받아 주택 외의 시설과 20세대 이상의 주택을 동일건축물로 건축하는 사업(법 제11조 제1호 내지 제3호의 사업이 시행되는 지구 · 구역 또는 사업 지역안에서 시행되는 경우를 제외)으로 규정하고 있습니다.

여기서 전통시장육성법 제39조에 따라 시장정비사업시행인가를 받은 경우 「주택법」 제16조에 의한 주택건설사업계획승인 또는 「건축법」 제11조에 의한 건축허가가 의제되면 이를 근거로 해당 시장정비사업시행자에게 광역교통관리법 제11조에 따른 부담금을 부과할 수 있는지가 문제됩니다.

우선 인 · 허가 의제제도는 주된 인 · 허가와 의제되는 인 · 허가의 업무관할과 처리절차를 단순화 · 일원화하여 복합적인 인 · 허가 업무를 신속하게 처리하기 위한 제도인데, 인 · 허가가 의제되는 경우 이를 전제로 한 법률효과는 주된 인 · 허가를 규율하는 법률의 규정, 의제되는 인 · 허가와 관련된 다른 법률의 규정 및 그 취지, 인 · 허가가 의제되는 사업의 성격 등을 고려하여 개별적 · 구체적으로 판단하여야 한다고 할 것입니다.

여기서 전통시장육성법에 의한 시장정비사업시행자는 「주택법」 제16조에 의한 주택건설사업승인 또는 「건축법」 제11조에 의한 건축허가의 의제를 받고자 하는 경우 사업시행인가를 신청하면서 「주택법」에서 정하는 사업계획의 승인 또는 「건축법」에서 정하는 건축허가에 필요한 서류를 함께 제출하여야 하고(전통시장육성법 제40조제2항), 이를 접수한 관할 행정관청은 미리 관계행정기관의 장과 협의하여야 하며(전통시장육성법 제40조제3항 전단), 이 경우 관계 행정기관의 장은 「주택법」 제16조에 의한 승인 또는 「건축법」에서 규정한 허가의 기준에 위반하여 협의에 응하여서는 아니된다고 규정(전통시장법 제40조제3항 후단)하고 있고, 한편 도정법에 따른 도시환경정비사업은 구 광역교통관리법(2007.1.19. 법률 제8251호로 개정되기 전의 것)에서 부담금 부과대상사업으로 명시되어 있지 않았으나 사업의 시행자가 그 사업시행인가를 받은 경우 같은 법에 따른 부담금 부과대상인 「건축법」 제8조의 규정에 의한 건축허가가 의제되므로 도정법에 따른 도시환경정비사업도 부담금 부과대상이라 할 것인데(대법원 2007두9884 판결 참조)

그 전제가 된 도정법 및 광역교통관리법의 각 규정형식이나 그 취지, 인 · 허가가 의제되는 사업의 성질 등을 비교해 보면, 이 사안의 부담금 부과여부를 도정법에 따른 도시환경정비 사업과 달리 볼 여지가 없다고 할 것이므로 전통시장육성법 소정의 시장정비사업 사업시행 인가를 받아 「주택법」 제16조에 의한 주택건설사업승인 또는 「건축법」 제11조에 따른 건축허가가 의제되는 경우 역시 광역교통관리법 제11조의 규율대상에 포함된다고 보아야 할 것입니다.

특히 광역교통관리법에 따른 부담금제도는 대도시권에서 교통수요 증가를 수반하는 각종 개발사업을 하려는 자에게 대도시권 교통시설 확충 등에 소요되는 재원을 분담하도록 하려는 취지라 할 것인데, 전통시장육성법에 따른 시장정비사업의 인가에 따라 「주택법」 제16조에 의한 주택건설사업승인 또는 「건축법」 제11조에 따른 건축허가가 의제된다면 그 시장정비사업은 실질적으로 주택건설사업 또는 일정규모의 건축물을 건축하는 사업으로서의 성격도 갖는다고 할 것이므로 이를 부담금 부과대상인 「주택법」에 따른 주택건설사업 또는 「건축법」에 따른 일정 규모의 건축물을 건축하는 사업과 달리 볼 수 없고, 그럼에도 불구하고 이와 같은 시장정비사업을 부담금 부과대상에서 제외한다면 이는 부담금제도의 취지에 반하며 실질적으로 동일한 성격의 사업에 대하여 부담금을 부과하지 아니하는 것이 되어 다른 사업시행자와의 형평성에도 반한다고 할 것입니다.

따라서 전통시장육성법 제39조에 따라 시장정비사업인가를 받은 경우 「주택법」 제16조에 의한 주택건설사업계획승인 또는 「건축법」 제11조에 의한 건축허가가 의제되면 이를 근거로 해당 시장정비사업시행자에게 광역교통관리법 제11조에 따른 광역교통시설부담금을 부과할 수 있습니다.

4. 안건번호09-0338

충청남도 – 광역교통시설부담금의 부과대상 사업인지의 여부(「대도시권 광역교통관리에 관한 특별법」 제11조의2 제1항 제5호 등 관련)

회신일자 : 2009-11-09

질의요지

주택건설 사업계획이 승인되어 종전의 「대도시권 광역교통관리에 관한 특별법」에 따른 광역교통시설부담금의 부과대상이 되었으나, 부담금을 부과하지 않고 있던 중 같은 법이 개정되어 해당 사업이 부담금의 부과대상 사업에서 제외된 경우에, 해당 사업에 대하여 종전의 규정에 따라 광역교통시설부담금을 부과해야 하는지, 아니면 개정법에 따라 부과하지 않아야 하는지?

회신내용

주택건설 사업계획이 승인되어 종전의 「대도시권 광역교통관리에 관한 특별법」에 따른 광역교통시설부담금의 부과대상이 되었으나, 부담금을 부과하지 않고 있던 중 같은 법이 개정되어 해당 사업이 부담금의 부과대상 사업에서 제외된 경우에, 해당 사업에 대하여는 개정된 법률에 따라 광역교통시설부담금을 부과하지 않아야 합니다.

이 유

「대도시권 광역교통관리에 관한 특별법」(이하 "광역교통관리법"이라 함) 제11조 제4호에서는 대도시권에서 「주택법」에 의한 주택건설사업을 시행하는 자는 광역교통시설부담금(이하 "부담금"이라 함)을 납부하도록 하고 있고, 광역교통관리법 제11조의2 제1항에서는 부담금을 부과하지 않는 대상을 규정하고 있는데, 2009.6.9. 개정된 광역교통관리법에서는 제11조의2 제1항에 제5호를 신설하여 "「신행정수도 후속대책을 위한 연기·공주지역 행정중심복합도시 건설을 위한 특별법」 제11조에 따라 지정된 예정지역 안에서 시행되는 주택건설사업"의 경우를 부담금 부과제외 대상으로 추가하였습니다.

또한, 시·도지사는 광역교통관리법 제11조에 따른 부담금 부과대상 사업에 대하여 사업시행자가 해당 사업의 승인 또는 인가 등을 받은 날부터 60일 이내에 부담금을 부과하도록 하고 있고(법 제11조의4), 주택건설사업의 경우 부담금의 부과기준일인 사업의 인가 등을 받은 날은 "사업계획승인일"로 보도록 하고 있습니다(시행령 별표 3).

한편, 2009.6.9. 개정된 광역교통관리법 부칙에서는 이 법은 공포 후 6개월이 경과한 날부터 시행하되, 다만, 제11조의2 제1항 제5호의 개정규정은 공포한 날부터 시행하도록 규정하고 있으며, 시행일 전에 이미 사업계획승인이 행해진 주택건설사업에 대한 경과규정이나 그 적용례 등은 규정하고 있지 않습니다.

국가에 대한 부담금의 경우 조세와 마찬가지로 납부의무자로 하여금 국가 등에 대하여 금전 급부의무를 부담하게 함으로써 납부의무자의 재산권을 제약하는 것이어서 소급부과가 금지된다 할 것이므로, 부담금 부과 관련 법령의 개정이 있는 경우 그 효력 발생 전에 종결한 부과요건사실에 대하여 변경된 법령 등을 소급하여 적용할 수는 없다 할 것이고, 이와 같은 법리는 조세공평부담의 원칙, 엄격해석의 원칙 등에 비추어 새로운 법에 따라 그 부담금이 증가하여 사업시행자에게 불이익하게 변경되는 경우는 물론, 사업시행자에게 유리하게 변경되는 경우에도 마찬가지로 적용된다 할 것입니다.

이 사안의 경우 광역교통관리법 제11조의4 제1항 및 같은 법 시행령 별표 3에서는 주택건설사업의 경우 "사업계획승인일"부터 60일 이내에 시 · 도지사로 하여금 부담금을 부과하도록 하고 있으므로, 해당 사업계획승인일에 부담금을 부과할 수 있는 부과요건사실이 완성된 것으로 보아야 할 것이고, 부담금의 경우 소급입법 금지의 원칙상 사업계획승인이라는 부과요건사실이 완성될 당시의 법률이 적용되어야 할 것이므로, 2009.6.9. 개정된 광역교통관리법이 시행될 당시에 이미 사업계획의 승인이 난 주택건설사업에 대하여는 종전의 법률에 따라 부담금을 부과하여야 하는 것이 원칙적으로 타당하다 할 것입니다.

그러나, 법령이 개정됨에 따라 신구 법령사이의 적용관계를 명확히 하기 위해서는 경과규정이나 적용례를 두는 것이 일반적이고, 특히 부담금과 같은 침익적 행정행위의 경우 그 필요성이 더 크다 할 것이나, 2009.6.9. 개정된 광역교통관리법의 경우 이러한 경과규정 등을 규정하지 않아 해석의 여지를 두고 있는바, 해당 개정 법률의 경우 행정중심복합도시에서의 주택건설사업에 대하여 부담금을 부과하지 않도록 하는 수익적 효과를 목적으로 하고 있고, 입법목적상 해당 수익적 효과의 범위를 법률 개정 전에 부과요건사실이 완성된 사업에 대하여도 적용하고자 하는 것이 명백하다면, 해당 입법목적에 따라 예외적으로 달리 해석할 수 있다 할 것입니다.

이에 따라 광역교통관리법 제11조의2제1항제5호를 신설한 입법취지에 대하여 실펴보면, 행정중심복합도시는 광역교통개선대책을 행정중심복합도시건설청장이 직접 수립하였고, 광역교통시설 설치 및 그 비용을 전액 국가에서 부담하도록 함에 따라 이러한 지원이 실효성을 거두기 위하여 행정중심복합도시 안에서 시행되는 주택건설사업에 대하여 부담금을 부과하지 않도록 한 것인바, 따라서 행정중심복합도시 안에서 시행되는 주택건설사업으로서, 종전의 법률에 따라 부담금을 부과하지 않았다면, 개정 법률 이후에 부과하고자 하는 경우에는 개정 법률에 따라 부과하지 않는 것이 그 입법취지에 부합한다 할 것입니다.

그렇다면, 주택건설 사업계획이 승인되어 종전의 광역교통관리법에 따른 부담금의 부과대상이 되었으나, 부담금을 부과하지 않고 있던 중 같은 법이 개정되어 해당 사업이 부담금의 부과대상 사업에서 제외된 경우에, 해당 사업에 대하여는 개정된 법률에 따라 부담금을 부과하지 않아야 할 것입니다.

5. 안건번호08-0030

울산광역시 –「대도시권 광역교통관리에 관한 특별법」 제11조의4(광역교통시설부담금 부과 기준일) 관련

회신일자 : 2008-05-22

질의요지

울산광역시장의 광역교통시설부담금 부과처분을 취소하는 행정심판 재결이 있은 후 광역교통시설부담금을 재산정해 부과하려는 경우, 새로운 부과처분의 기준일을 "당초 부과처분일(2007.4.9.)"로 하여 가산금을 부가해야 하는지, 아니면 "행정심판 재결일(2008.1.11.)"로 하여 재결일부터의 가산금을 부가해야 하는지?

회신내용

울산광역시장의 광역교통시설부담금 부과처분을 취소하는 행정심판 재결이 있은 후 광역교통시설부담금을 재산정해 부과할 경우, 행정심판의 재결로 당초의 처분이 취소되어 처음부터 처분이 없었던 것과 같으므로, 새로운 부과처분의 기준일은「대도시권 광역교통관리에 관한 특별법」 제11조의4 제1항에 따라 "사업시행자가 국가 또는 지방자치단체로부터 사업의 승인 또는 인가 등을 받은 날"인 "도시개발사업 실시계획 인가일(2007.1.4.)"이 되며, 새로운 부과처분 시 가산금은 부가할 수 없습니다

이 유

「행정심판법」 제4조 및 제32조 제3항에 따르면, 행정심판의 유형에는 행정청의 위법 또는 부당한 처분의 취소 또는 변경을 하는 심판으로서 취소심판 등이 있고, 행정심판위원회는 취소심판의 청구가 이유 있다고 인정할 때에는 처분을 취소 또는 변경하거나 처분청에게 취소 또는 변경할 것을 명하도록 하고 있으며, 같은 법 제37조제1항에 따르면, 행정심판위원회의 재결은 피청구인인 행정청과 그 밖의 관계 행정청을 기속하도록 하고 있는바, 이 사안에서의 행정심판 청구는 광역교통시설부담금(이하 "부담금"이라 함) 부과처분에 대한 취소심판을 청구한 것이고, 행정심판위원회는 부담금을 산정함에 있어 취소심판의 청구가 이유 있다고 인정하여 "피청구인이 2007.4.9. 청구인에게 한 광역교통시설부담금 210억 7,395만 1,000원의 부과처분을 취소한다"라는 의결을 하였고 이를 기초로 울산광역시장이 재결을 함으로써 처분이 취소된 것이므로, 피청구인의 2007.4.9.자 광역교통시설부담금 부과처분은 소급하여 그 효력을 상실하게 되어 처음부터 처분이 없었던 효과를 발생합니다.

따라서, 울산광역시장은 위 행정심판 재결에 따라 2007.4.9.자 당초 처분의 위법 · 부당한 사유를 해소하고 부담금을 재산정하여 새로이 부과처분을 해야 하는바, 「대도시권 광역교통관리에 관한 특별법」 제11조 제2호 및 제11조의4제1항에 따르면, 대도시권 중 대통령령으로 정하는 대도시권에서 「도시개발법」에 의한 도시개발사업을 시행하는 자는 부담금을 납부해야 하고, 부담금은 해당 사업이 시행되는 지역의 시 · 도지사가 부과 · 징수하되, 사업시행자가 국가 또는 지방자치단체로부터 사업의 승인 또는 인가 등을 받은 날부터 60일 이내에 부과하도록 하고 있으며, 「대도시권 광역교통관리에 관한 특별법 시행령」 제17조 제6항 및 별표 3에 따르면, 도시개발사업의 경우 「대도시권 광역교통관리에 관한 특별법」 제11조의4제1항에 따른 "인가 등을 받은 날"은 "실시계획인가일"로 보도록 하고 있으므로, 이 사안에서와 같이 도시개발사업에 대한 부담금 부과처분은 사업시행자가 울산광역시장으로부터 사업의 실시계획을 인가받은 "실시계획 인가일(2007.1.4.)"을 기준으로 행해져야 합니다.

한편, 「대도시권 광역교통관리에 관한 특별법」 제11조의4제3항 및 제4항에 따르면, 시 · 도지사는 납부의무자가 부담금을 납부기한 내에 납부하지 아니한 때에는 납부기한의 경과 후 10일 이내에 독촉장을 발부하고, 이 기한까지 납부하지 아니한 때에는 부담금액의 100분의 5에 해당하는 가산금을 부가할 수 있도록 하고 있는바, 가산금이란 부담금 등의 부과처분에 대하여 납부의무자의 납부지연에 따라 부과 · 징수하는 것으로서, 이 사안에서는 행정심판의 재결로 2007.4.9.자 처분이 취소되어 처음부터 부과처분이 없었던 효과를 발생하므로, 행정심판 재결에 따라 새로이 부과처분을 하는 경우에는 같은 법 제11조의4 제4항에 따른 가산금은 부가할 수 없습니다.

따라서, 울산광역시장의 부담금 부과처분을 취소하는 행정심판 재결이 있은 후 부담금을 재산정해 부과하려는 경우, 행정심판의 재결로 당초의 처분이 취소되어 처음부터 처분이 없었던 것과 같으므로, 부과처분 기준일은 「대도시권 광역교통관리에 관한 특별법」 제11조의4제1항에 따라 "사업시행자가 국가 또는 지방자치단체로부터 사업의 승인 또는 인가 등을 받은 날"인 "도시개발사업 실시계획 인가일(2007.1.4.)"이 되며, 새로운 부과처분 시 가산금은 부가할 수 없습니다.

6. 안건번호07-0195

울산광역시 - 「대도시권 광역교통관리에 관한 특별법 시행령」 제16조의2 제1항 제4호(광역교통시설부담금이 부과되는 개발면적에서 공용의 청사용지 및 각급학교용지 면적을 제외해야 하는지)

회신일자 : 2007-08-24

질의요지

「대도시권 광역교통관리에 관한 특별법 시행령」 제16조의2 제1항 제4호는 공용의 청사용지 및 학교용지 면적을 광역교통시설부담금 부과면적에서 제외하도록 규정하고 있는데, 개발사업자가 공용의 청사용지 및 학교용지를 조성원가 이하 또는 무상으로 공급하지 않고, 시가 또는 감정평가액으로 공급하는 경우에도 「대도시권 광역교통관리에 관한 특별법 시행령」 제16조의2 제1항 제4호에 따라 광역교통시설부담금 부과면적에서 제외하여야 하는지?

회신내용

개발사업자가 공용의 청사용지와 각급학교용지를 시가 또는 감정평가액으로 공급하는 경우에도 「대도시권 광역교통관리에 관한 특별법 시행령」 제16조의2 제1항 제4호에 따라 광역교통시설부담금 부과면적에서 제외하여야 합니다.

이 유

「대도시권 광역교통관리에 관한 특별법」 제11조 제2호는 「도시개발법」에 의한 도시개발사업의 시행자는 광역교통시설 등의 건설 및 개량을 위한 광역교통시설부담금을 납부하여야 한다고 규정하고 있고,

같은 법 제11조의3 제1항 제1호는 부담금을 산정하는 산식으로 '부담금 = {1㎡당 표준개발비 × 부과율 × 개발면적 × (용적률 ÷ 200)} - 공제액'을 규정하고 있으며,

같은 조 제5항은 '제1항에 따른 면적 · 용적률 · 건축연면적 · 공제액 등에 대한 기준은 대통령령으로 정한다'고 규정하고 있으며,

이에 따라 「대도시권 광역교통관리에 관한 특별법 시행령」 제16조의2 제1항 제4호는 공용의 청사용지와 「학교용지 확보에 관한 특례법」 제1조에 따른 학교용지를 광역교통시설부담금 부과면적에서 제외하고 있습니다.

「대도시권 광역교통관리에 관한 특별법 시행령」 제16조의2 제1항 제4호가 공용의 청사용

지와 각급학교용지를 개발면적에서 제외되도록 한 것은, 이 시설들이 필수 기반시설로서 공공성이 있으므로, 합리적인 부담금 산정을 위하여 개발면적에서 제외하는 취지이므로,

해당 법령이 명시적인 적용 예외를 규정하고 있지 않는 한, 개발사업자가 공용의 청사용지나 학교용지를 조성원가 이하 또는 무상으로 공급하지 않고, 시가나 감정평가액으로 공급한다 하더라도 부담금 산정을 위한 개발면적의 제외대상이 되지 않는다고 보기는 힘듭니다.

따라서, 개발사업시행자가 공용의 청사용지와 각급학교용지를 시가 또는 감정평가액으로 공급하는 경우에도 「대도시권 광역교통관리에 관한 특별법 시행령」 제16조의2 제1항 제4호에 따라 광역교통시설부담금이 부과되는 개발면적에서 제외하여야 합니다.

7. 안건번호07-0074

울산광역시 - 「대도시권 광역교통관리에 관한 특별법 시행령」 제16조의2 제2항(광역교통시설부담금의 부과 방법) 관련

회신일자 : 2007-03-30

질의요지

「도시개발법」에 의한 도시개발사업지구 내에 용적률이 다른 단독주택용지(제1종 일반주거지역), 공동주택용지(제3종 일반주거지역), 준주거용지(준주거지역) 및 상업시설용지(일반상업지역)가 있고 공동주택이 공동주택용지와 상업시설용지의 일부에 건립되는 경우, 「대도시권 광역교통관리에 관한 특별법」에서 규정하는 광역교통시설부담금을 산정하기 위해서 기준이 되는 평균용적률의 산정방법은?

회신내용

「도시개발법」에 의한 도시개발사업지구 내에 용적률이 다른 단독주택용지(제1종 일반주거지역), 공동주택용지(제3종 일반주거지역), 준주거용지(준주거지역) 및 상업시설용지(일반상업지역)가 있고 공동주택이 공동주택용지와 상업시설용지의 일부에 건립되는 경우, 「대도시권 광역교통관리에 관한 특별법」에 의한 광역교통시설부담금을 산정하기 위한 용적률은 도시개발사업지구 내의 용도지역의 구분에 관계없이 공동주택이 건립되는 각 용도지역(공동주택용지 및 상업시설용지)의 용적률을 산술 평균하여 산정해야 합니다.

이 유

「대도시권 광역교통관리에 관한 특별법」 제11조에서는 대통령령으로 정하는 대도시권에서 각호에 해당하는 사업을 하는 경우에는 광역교통시설부담금(이하 "부담금"이라 한다)을 납부하여야 한다고 규정하고 있는데, 같은 조 제2호에서는 「도시개발법」에 의한 도시개발사업을 규정하고 있습니다.

한편 「대도시권 광역교통관리에 관한 특별법」 제11조의3 제1항 제1호에서는 제11조 제1호 내지 제3호의 사업에 해당하는 부담금을 산정하기 위해서는 "{1㎡당 표준개발비 × 부과율 × 개발면적 × (용적률 ÷ 200)} - 공제액"이라는 산식을 적용하도록 하고 있고, 같은 조 제5항에서는 용적률 등에 대한 기준은 대통령령으로 정한다고 규정하고 있습니다.

이에 따라 「대도시권 광역교통관리에 관한 특별법 시행령」 제16조의2 제2항 각호에서는 법 제11조의3 제1항 제1호의 산식에 산입하기 위한 용적률을 결정하기 위한 기준을 제시하고 있는데, 제1호에서는 공동주택만이 건립되거나 공동주택과 단독주택이 함께 건립되는 경우에는 공동주택이 건립되는 용지의 평균용적률이라고 규정하고 있고 제2호에서는 단독주택만이 건립되는 경우에는 단독주택이 건립되는 용지의 평균용적률이라고 규정하고 있습니다.

그런데 「대도시권 광역교통관리에 관한 특별법」 제11조의3 제1항 제1호 및 같은 법 시행령 제16조의2 제1항에서는 부담금의 부과는 주택이 건립되는 토지에 대해서만 부과하는 것이 아니라, 주택이 건립되는 지구 · 구역 또는 사업지역전체를 하나의 부과단위로 보아 그 전체(국가나 지방자치단체에 무상 귀속되는 토지 등 소정의 요건에 해당하는 토지 제외)에 대해 부과하도록 하고 있습니다.

또한 「대도시권 광역교통관리에 관한 특별법 시행령」 제16조의2 제2항에서는 하나의 지구 · 구역 또는 사업지역의 부담금 부과의 기준이 되는 용적률은 단독주택만이 건립되는 경우에는 그 건립용지의 평균 용적률로, 공동주택만 건립되거나 단독주택과 공동주택이 함께 건립되는 경우에는 공동주택의 건립용지의 평균용적률로 하고 있어, 어느 경우든 단독주택 또는 공동주택의 건립여부가 평균 용적률의 결정요소가 될 뿐 당해 지구 · 지역 또는 사업지역의 전체 면적 중에서 단독주택 또는 공동주택이 건립되는 용지의 면적이 차지하는 비율은 고려의 대상으로 규정하고 있지 않습니다.

그렇다면 이 사안에서와 같이 하나의 사업지구 안에서 용적률이 각기 다른 용도지역에 공동주택을 건립하는 경우에 당해 사업지구에 적용되는 평균용적률을 산정함에 있어서도 기준이 되어야 하는 것은 공동주택이 건립되는 면적을 고려한 용적률이 아니라 공동주택이 건립되는 각각의 용도지역에 대한 용적률 자체가 되어야 할 것입니다.

따라서 사업지구의 부담금 산정의 기준이 되는 평균용적률은 각 주택이 건립되는 각 용도지역에 대한 용적률을 산술적으로 평균한 것이므로 이 사안에서와 같이 「도시개발법」에 의한 도시개발사업지구 내에서 공동주택이 공동주택용지와 상업시설용지의 일부에 건립되는 경우에는 공동주택용지와 상업주택용지의 용적률을 산술평균한 용적률이 사업지구의 부담금을 산정하기 위한 기준이 되는 평균 용적률이 된다 할 것입니다.

III 행정심판위원회 결정사례

1. 2004-11856 광역교통시설부담금부과처분취소청구

피청구인이 2004.3.25. 청구인에 대하여 한 광역교통시설부담금부과처분은 이를 취소한다.

대도시권광역교통관리에관한특별법 제11조 및 동법시행령 제15조의 규정에 의하면, 광역교통계획이 수립 · 고시된 대도시권에서 택지개발촉진법에 의한 택지개발사업을 시행하는 자는 광역교통시설 등의 건설 및 개량을 위한 부담금을 납부하여야 한다고 되어 있고, 동법 제11조의3 제1항 제1호의 규정에 의하면, 부담금은 {1㎡당 표준개발비 × 부과율 × 개발면적 × (용적률 ÷ 200)} − 공제액의 산식에 의하여 계산하도록 되어 있으며, 동법 제11조의2 제2항 제4호의 규정에 의하면, 도시계획법에 의한 도시계획구역 안에서 시행되는 사업의 경우에는 부담금의 100분의 50을 경감하도록 되어있고, 동법 제11조의4 제1항의 규정에 의하면, 부담금은 제11조의 규정에 의한 사업이 시행되는 지역의 시 · 도지사가 부과하되, 사업시행자가 국가 또는 지방자치단체로부터 사업의 승인 또는 인가 등을 받은 날부터 60일 이내에 제11조의3의 규정에 의하여 산정한 부담금을 부과한다고 되어 있으며, 동법시행령 제16조의2 제3항의 규정에 의하면, 부담금의 산정기준이 되는 공제액은 택지개발사업이 시행되는 지구 · 구역 또는 사업지역 밖에서 도로관계 법령에 의한 고속국도, 자동차전용도로, 일반국도, 지방도 등과 도시계획관계 법령에 의한 주간선도로 · 보조간선도로 또는 집산도로를 설치하거나 그 비용의 전부 또는 일부를 부담하는 경우에는 그 금액을 공제액에 산입하되, 주택건설기준등에관한규정 제25조에 의한 진입도로 설치비용은 이를 제외하도록 되어 있는데, 주택건설기준등에관한규정 제25조에 의한 진입도로는 동규정 제2조 제8호의 규정에 의한 진입도로와 같은 개념으로 보행자 및 자동차의 통행이 가능한 도로로서 기간도로로부터 주택단지의 출입구에 이르는 도로를 말하고, 기간도로는 동규정 제2조 제7호의 규정에 의한 도로로서 국토의계획및이용에관한법률에 의한 도시계획시설인 도로로서 도시계획시설의결정 · 구조및설치기준에관한규칙 제9조의 규정에 의한 주간선도로 · 보조간선도로 · 집산도로와 도로법에 의한 일반국도 · 지방도 · 시도 · 군도 등을 말하므로, 기간도로가 택지개발사업지구를 통과하거나 그 인근에 위치하여 사업지구 내의 주민들이 그 기간도로를 이용한다고 하더라도 그 기능이 오로지 또는 주로 공동주택 입주민들의 교통상의 편의를 위한 것이 아닌 이상 그러한 기간도로를 주택건설기준등에관한규정 제25조의 규정에 의한 진입도로에 포함시킬 수는 없다고 할 것인 바, 위 인정사실에 의하면, 이 건 도로는 ○○ 택지개발 지구와 접하는 도시계획시설인 주간선도로, 국도 38호선 또는 지방도 321호선의 일부분인 기간도로로서 그 기능이 오로지 또는 주로 위 지구 내 입주민들의 편의를 위한 진입도로에 해당된다고 볼 수 없으므로 피청구인이 이 건 도로의 개설비용을 부담금에서 공제하지 아니하고 한 이 건 처분은 위법 · 부당하다고 할 것이다.

2. 2004-11857 광역교통시설부담금부과처분취소청구

피청구인이 2004.3.25. 청구인에 대하여 한 20억 6,540만 3,000원의 광역교통시설부담금부과처분 중 3,797만 4,160원을 초과하는 부분은 이를 취소한다.

대도시권광역교통관리에관한특별법 제11조 및 동법시행령 제15조의 규정에 의하면, 광역교통계획이 수립 · 고시된 대도시권에서 택지개발촉진법에 의한 택지개발사업을 시행하는 자는 광역교통시설 등의 건설 및 개량을 위한 부담금을 납부하여야 한다고 되어 있고, 동법 제11조의3 제1항 제1호의 규정에 의하면, 부담금은 {1㎡당 표준개발비 × 부과율 × 개발면적 × (용적률 ÷ 200)} − 공제액의 산식에 의하여 계산하도록 되어 있으며, 동법 제11조의2제2항 제4호의 규정에 의하면, 도시계획법에 의한 도시계획구역 안에서 시행되는 사업의 경우에는 부담금의 100분의 50을 경감하도록 되어있고, 동법 제11조의4 제1항의 규정에 의하면, 부담금은 제11조의 규정에 의한 사업이 시행되는 지역의 시 · 도지사가 부과하되, 사업시행자가 국가 또는 지방자치단체로부터 사업의 승인 또는 인가 등을 받은 날부터 60일 이내에 제11조의3의 규정에 의하여 산정한 부담금을 부과한다고 되어 있으며, 동법시행령 제16조의2 제3항의 규정에 의하면, 부담금의 산정기준이 되는 공제액은 택지개발사업이 시행되는 지구 · 구역 또는 사업지역 밖에서 도로관계 법령에 의한 고속국도, 자동차전용도로, 일반국도, 지방도 등과 도시계획관계 법령에 의한 주간선도로 · 보조간선도로 또는 집산도로를 설치하거나 그 비용의 전부 또는 일부를 부담하는 경우에는 그 금액을 공제액에 산입하되, 주택건설기준등에관한규정 제25조에 의한 진입도로 설치비용은 이를 제외하도록 되어 있는데, 주택건설기준등에관한규정 제25조에 의한 진입도로는 동규정 제2조 제8호의 규정에 의한 진입도로와 같은 개념으로 보행자 및 자동차의 통행이 가능한 도로로서 기간도로로부터 주택단지의 출입구에 이르는 도로를 말하고, 기간도로는 동규정 제2조 제7

호의 규정에 의한 도로로서 국토의계획및이용에관한법률에 의한 도시계획시설인 도로로서 도시계획시설의결정 · 구조및설치기준에관한규칙 제9조의 규정에 의한 주간선도로 · 보조간선도로 · 집산도로와 도로법에 의한 일반국도 또는 지방도 등을 말하므로, 기간도로가 택지개발사업지구를 통과하거나 그 인근에 위치하여 사업지구 내의 주민들이 그 기간도로를 이용한다고 하더라도 그 기능이 오로지 또는 주로 공동주택 입주민들의 교통상의 편의를 위한 것이 아닌 이상 그러한 기간도로를 주택건설기준등에관한규정 제25조에 의한 진입도로에 포함시킬 수는 없다고 할 것인 바, 위 인정사실에 의하면, 대로 1-1호선 300m 및 대로 3-4호선 300m는 ㅇㅇ장당 택지개발 지구를 남북 또는 동서로 관통하는 국도 1호선 또는 지방도 340호선의 일부분인 기간도로로서 그 기능이 오로지 또는 주로 위 지구 내 입주민들의 편의를 위한 진입도로에 해당된다고 볼 수 없으므로 진입도로로 볼 수는 없다 할 것이고, 피청구인이 2002.2.19. ㅇㅇ장당 택지개발 지구 실시계획승인을 한 부담금 부과대상 개발면적은 54,662㎡이나, 동 실시계획을 2004.2.16. 변경 승인함에 따라서 부과대상 개발면적이 52,316㎡가 되었음이 분명하므로, 피청구인이 이 건 도로의 확 · 포장 공사비를 부담금에서 공제하지 아니하고 개발면적을 54,662㎡로 산정하여 한 이 건 처분은 위법 · 부당하다고 할 것이다.

3. 2005-01293 광역교통시설부담금부과처분취소청구

피청구인이 2004.10.7. 청구인에 대하여 한 83,137,000원의 광역교통시설부담금부과처분은 이를 취소한다.

먼저, 표준건축비를 정정하여 계산한 추가적 부담금부과가 독립된 처분인지 여부 및 청구인이 새로운 부과행위에 대하여 위법 · 부당여부를 다툴 수 있는지 살펴보면, 피청구인은 추가부담금 부과처분은 당초처분과 비교하여 공제대상 등 기초적 사실관계에 변동이 없는 상태에서 단순히 표준 건축비를 적용하여 부담금액을 결정하는 과정에서 착오를 발견하고 이를 정정하는 과정에서 추가적 부담금을 징수하는 것에 불과한 사실상 행위이므로, 청구인으로서는 추가적 부과처분에 대하여 다툴 수 없고 이미 이의신청 기간 등이 도과한 당초처분에 대하여도 다툴 수 없다고 주장하나, 부담금의 추가적 부과처분은 그 실질이 증액경정처분으로서 당초의 처분을 그대로 둔 채 당초 처분에서의 표준건축비를 초과하는 부분만을 추가로 확정하는 것이 아니라 전체로서의 하나의 부담금을 다시 결정하는 것이므로 당초 부과처분은 증액경정처분에 흡수되어 당연히 소멸한다고 보아야 할 것인 점, 교통시설부담금액을 산정하여 추가적 부과금을 징수처분하려면 교통시설부담금액 산정을 위한 부과공식{(1㎡당 표준건축비 × 부과율 × 건축연면적) - 공제액} 의 각 항목을 모두 고려하여야 하는 점, 만일 추가적 부과처분을 당초 부과처분에서의 오산을 단지 정정하는 정도의 행위로 판단하면 행정청의 귀책사유 있는 과오행위 및 이의 정정행위로 인하여 행정청의 처분을 신뢰한 상대방인 청구인들에게 예기하지 못할 법적 불이익이 초래되는 부당한 결과에 이르렀음에도 이를 다툴 수 없게 되어 청구인 일방에게만 과도하게 불리해진 점 등을 종합적으로 고려하면, 과세처분의 경우처럼 부담적 처분인 교통시설부담금 부과처분의 경우 부담금액을 증액하는 경정처분은 새로운 처분으로 인정함이 타당하며, 청구인으로서는 증액된 경정처분 전체의 적법 · 타당성에 대하여 다툴 수 있다고 할 것이다. 그렇다면 피청구인이 2003.7.25. 청구인에게 행한 광역교통시설부담금 76,140,000원의 당초 부과처분은 이미 이 건 경정처분에 흡수되어 소멸하였다고 보아야 할 것이어서 이에 대해서는 더 이상 다툴 수 없으므로 동 부과처분의 취소를 구하는 청구인의 청구는 부적법하여 각하하고, 2004.10.7. 행한 광역교통시설부담금 83,137,342,000원의 부과처분에 대해서는 전체로서의 증액경정처분을 대상으로 다투는 것이므로 청구의 적법성이 인정된다 할 것이다.

다음으로, 이 건 도로가 부담금 공제대상인 도시계획법상의 기간도로인지 여부에 대하여 살피건대, 「대도시권 광역교통관리에 관한 특별법」 제11조 및 동법시행령 제15조의 규정에 의하면, 광역교통계획이 수립 · 고시된 대도시권에서 주택법에 의한 주택건설사업을 시행하는 자는 광역교통시설 등의 건설 및 개량을 위한 부담금을 납부하여야 하며, 동법 제11조의3 제1항 제1호의 규정에 의하면, 부담금은 {1㎡당 표준건축비 × 부과율 × 건축연면적} - 공제액의 산식에 의하여 계산하도록 되어 있고, 동법 제11조의2 제2항 제4호의 규정에 의하면, 도시계획법에 의한 도시계획구역 안에서 시행되는 주택법에 의한 주택건설사업의 경우에는 부담금의 100분의 50을 경감하도록 되어 있으며, 동법 제11조의4 제1항의 규정에 의하면, 부담금은 제11조의 규정에 의한 사업이 시행되는 지역의 시 · 도지사가 부과하되, 사업시행자가 국가 또는 지방자치단체로부터 사업의 승인 또는 인가 등을 받은 날부터 60일 이내에 제11조의3의 규정에 의하여 산정한 부담금을 부과하며, 동법시행령 제16조의2의 규정에 의하면, 부담금의 산정기준이 되는 공제액은 주택건설사업이 시행되는 지구 · 구역 또는 사업지역 밖에서 도로관계 법령에 의한 광역시도, 시 · 군 · 구도 등과 도시계획관계 법령에 의한 주간선도로 · 보조간선도로 또는 집산도로를 설치하거나 그 비용의 전부 또는 일부를 부담하는 경우에는 그 금액을 공제액에 산입하되, 「주택건설기준 등에 관한 규정」 제25조에 의한 진입도로 설치비용은 이를 제외하도록 되어 있으며, 동규정 제2조 및 제25조의 규정에 의하면, 300세대 미만의 공동주택을 건설하는 주택단지는 기간도로와 접하거나 기간도로로부터 당해 단지에 이르는 폭 6m이상의 진입도로가 있어야 한다고 되어 있으며, 동규정 제25조에 의한 진입도로는 보행자 및 자동차의 통행이 가능한 도로로서 기간도로로부터 주택단지의 출입구에 이르는 도로를 말하고, 기간도로는 동 규정 제2조 제7호의 규정에 의하면 「국토의 계획 및 이용에 관한 법률」에 의한 도시계획시설인 도로로서 「도시계획시설의 결정ㆍ구조 및 설치기준에 관한 규칙」 제9조의 규정에 의한 주간선도로ㆍ보조간선도로ㆍ집산도로와 「도로법」에 의한 일반국도 또는 지방도 등을 말하므로, 그 도로의 기능이 오로지 또는 주로 공동주택 입주민들의 교통상의 편의를 위한 것일 경우 진입도로에 해당하나 비록 기간도로가 주택사업지역을 통과하거나 그 인근에 위치하여 주택단지 내의 주민들이 그 기간도로를 이용한다고 하더라도 그 기능이 오로지 또는 주로 공동주택 입주민들의 교통상의 편의를 위한 것이 아닌 이상 그러한 기간도로를 「주택건설기준 등에 관한 규정」 제25조에 의한 진입도로에 포함시킬 수는 없다고 할 것이다.

위 인정사실에 의하면, 청구인이 일부 개설 및 확ㆍ포장한 이 건 도로는 도로법 제2조 및 11조, 14조 등에 의하면 일반의 교통에 공용되는 도로로서 구청장이 그 노선을 인정한 구도(區道)인 점, 「국토의 계획 및 이용에 관한 법률」 제43조 제2항 및 「도시계획시설의 결정ㆍ구조 및 설치기준에 관한 규칙」 제9조의 규정에 의하면 국지도로인 기간도로인 점, 도로의 구조 및 위치를 살피건대, 청구인이 주택건설사업승인을 받은 주택사업단지의 진ㆍ출입로와 바로 이어져 있지 않고 주택사업단지의 진입전용도로인 연장거리 71m의 소로2류 640번의 남쪽 끝에서 소로2류 640번과 교차하고 있고, 221호는 동서로, 223호는 남북으로 각각 '티자'형으로 교차하면서 소로3류 221호는 소로3류 224호, 소로3류 223호는 중로2류 4호와 각각 연결되어 있는 점, 이 건 도로는 주택사업신축공사 이전부터 지역 일반주민 및 차량의 교통통행을 위한 간선도로로 사용하여 왔던 것을 청구인이 이 건 주택건설사업계획승인을 받기 전 도시계획시설사업인가를 받고 개설 및 확ㆍ포장한 도로인 점을 종합적으로 고려할 때, 그 기능이 진입도로로서 오로지 또는 주로 위 지구 내 입주민들의 편의를 위한 진입도로에 해당된다고 볼 수 없으므로, 비록 이 건 도로가 주택사업지역 인근에 위치하여 주택단지 내의 주민들이 도로를 이용한다고 하더라도 그 기능이 오로지 또는 주로 공동주택 입주민들의 교통상의 편의를 위한 것이 아닌 이상 그러한 도로를 「주택건설기준 등에 관한 규정」 제25조에 의한 진입도로에 포함시킬 수는 없다고 할 것이므로, 피청구인이 교통시설부담금부과처분을 하면서 이 건 도로의 개설 공사비는 공제대상에서 제외하여야 함에도 불구하고 이러한 사실을 고려하지 않고 행한 피청구인의 이 건 처분은 사실관계를 오인한 위법ㆍ부당한 처분이라 할 것이다.

4. 2005-01294 광역교통시설부담금부과처분취소청구

피청구인이 청구인에 대하여 한 2003.9.2.자 광역교통시설부담금 89,716,000원의 부과처분 및 2004.10.7.자 광역교통시설부담금 97,961,000원(추가부과금 8,245,000원 포함)의 부과처분은 이를 취소한다.

먼저, 표준건축비를 정정하여 계산한 추가적 부담금부과가 독립된 처분인지 여부 및 청구인이 새로운 부과행위에 대하여 위법 · 부당여부를 다툴 수 있는지 살펴보면, 피청구인은 추가부담금 부과처분은 당초처분과 비교하여 공제대상 등 기초적 사실관계에 변동이 없는 상태에서 단순히 표준 건축비를 적용하여 부담금액을 결정하는 과정에서 착오를 발견하고 이를 정정하는 과정에서 추가적 부담금을 징수하는 것에 불과한 사실상 행위이므로, 청구인으로서는 추가적 부과처분에 대하여 다툴 수 없고 이미 이의신청 기간 등이 도과한 당초처분에 대하여도 다툴 수 없다고 주장하나, 부담금의 추가적 부과처분은 그 실질이 증액경정처분으로서 당초의 처분을 그대로 둔 채 당초 처분에서의 표준건축비를 초과하는 부분만을 추가로 확정하는 것이 아니라 전체로서의 하나의 부담금을 다시 결정하는 것이므로 당초 부과처분은 증액경정처분에 흡수되어 당연히 소멸한다고 보아야 할 것인 점, 교통시설부담금액을 산정하여 추가적 부과금을 징수처분하려면 교통시설부담금액 산정을 위한 부과공식{(1㎡당 표준건축비 × 부과율 × 건축연면적) − 공제액}의 각 항목을 모두 고려하여야 하는 점, 만일 추가적 부과처분을 당초 부과처분에서의 오산을 단지 정정하는 정도의 행위로 판단하면 행정청의 귀책사유 있는 과오행위 및 이의 정정행위로 인하여 행정청의 처분을 신뢰한 상대방인 청구인들에게 예기하지 못할 법적 불이익이 초래되는 부당한 결과에 이르렀음에도 이를 다툴 수 없게 되어 청구인 일방에게만 과도하게 불리해진 점 등을 종합적으로 고려하면, 부담적 처분인 교통시설부담금 부과처분의 경우 부담금액을 증액하는 경정처분은 새로운 처분으로 인정함이 타당하며, 청구인으로서는 증액된 경정처분 전체의 적법 · 타당성에 대하여 다툴 수 있다고 할 것이다. 그렇다면 피청구인이 2003.9.2. 청구인에게 행한 광역교통시설부담금 89,716,000원의 당초 부과처분은 이미 이 건 경정처분에 흡수되어 소멸하였다고 보아야 할 것이어서 이에 대해서는 더 이상 다툴 수 없으므로 동 부과처분의 취소를 구하는 청구인의 청구는 부적법하여 각하하고, 2004.10.7. 행한 광역교통시설부담금 97,961,000원(추가부과금 8,245,000원 포함)원의 부과처분에 대해서는 전체로서의 증액경정처분을 대상으로 다투는 것이므로 청구의 적법성이 인정된다 할 것이다.

다음으로, 이 건 도로가 광역교통시설부담금 공제대상인 도시계획법상의 기간도로인지 여부에 대하여 살피건대, 「대도시권 광역교통관리에 관한 특별법」 제11조 및 동법시행령 제15조의 규정에 의하면, 광역교통계획이 수립 · 고시된 대도시권에서 주택법에 의한 주택건설사업을 시행하는 자는 광역교통시설 등의 건설 및 개량을 위한 부담금을 납부하여야 하며, 동법 제11조의3 제1항 제1호의 규정에 의하면, 부담금은 {1㎡당 표준건축비 × 부과율 × 건축연면적} - 공제액의 산식에 의하여 계산하도록 되어 있고, 동법 제11조의2 제2항 제4호의 규정에 의하면, 도시계획법에 의한 도시계획구역 안에서 시행되는 주택법에 의한 주택건설사업의 경우에는 부담금의 100분의 50을 경감하도록 되어 있으며, 동법 제11조의4 제1항의 규정에 의하면, 부담금은 제11조의 규정에 의한 사업이 시행되는 지역의 시 · 도지사가 부과하되, 사업시행자가 국가 또는 지방자치단체로부터 사업의 승인 또는 인가 등을 받은 날부터 60일 이내에 제11조의3의 규정에 의하여 산정한 부담금을 부과하며, 동법 시행령 제16조의2의 규정에 의하면, 부담금의 산정기준이 되는 공제액은 주택건설사업이 시행되는 지구 · 구역 또는 사업지역 밖에서 도로관계 법령에 의한 광역시도, 시 · 군 · 구도 등과 도시계획관계 법령에 의한 주간선도로 · 보조간선도로 또는 집산도로를 설치하거나 그 비용의 전부 또는 일부를 부담하는 경우에는 그 금액을 공제액에 산입하되, 「주택건설기준 등에 관한 규정」 제25조에 의한 진입도로 설치비용은 이를 제외하도록 되어 있으며, 동규정 제2조 및 제25조의 규정에 의하면, 300세대 미만의 공동주택을 건설하는 주택단지는 기간도로와 접하거나 기간도로로부터 당해 단지에 이르는 폭 6m이상의 진입도로가 있어야 한다고 되어 있으며, 동규정 제25조에 의한 진입도로는 보행자 및 자동차의 통행이 가능한 도로로서 기간도로로부터 주택단지의 출입구에 이르는 도로를 말하고, 기간도로는 동 규정 제2조 제7호의 규정에 의하면 「국토의 계획 및 이용에 관한 법률」에 의한 도시계획시설인 도로로서 「도시계획시설의 결정 · 구조 및 설치기준에 관한 규칙」 제9조의 규정에 의한 주간선도로 · 보조간선도로 · 집산도로와 「도로법」에 의한 일반국도 또는 지방도 등을 말하므로, 그 도로의 기능이 오로지 또는 주로 공동주택 입주민들의 교통상의 편의를 위한 것일 경우 진입도로에 해당한다고 할 것이다.

청구인은 이 건 도로는 진입도로가 아니라 피청구인이 이 건 아파트 주변일대에 계획하였던 도로와 연결하여 주변지역의 교통난 완화를 목적으로 한 일반도로이므로 이 건 도로 등의 설치비용은 광역교통시설부담금에서 공제대상이 되어야 한다고 주장하나, 먼저 이 건 도로의 개설 및 기부채납용지의 조성 경위를 살펴보면, 도시계획법상 이 건 사업부지 내부에 이미 소로2류 325호선 및 소로2류 326호선이 계획되어 있었으나 이 건 사업부지에 아파트 건설사업승인이 이루어짐에 따라 그 기능이 상실되고 기존도로와의 연계성이 차단되자 청구인은 이 건 사업계획승인을 신청하면서 피청구인에게 이 건 사업부지 입주민들의 교통권 확보 및 기존 도로의 연계성을 위해 청구인 부담으로 대체도로를 건설하여 기부채납 할 것을 약정한 점, 이 건 도로의 구조 및 위치를 살펴보면, 이 건 도로는 폭 8m, 길이 20m의 소로2류 325호선의 일부 도로로서 전체 길이(20m)가 이 건 사업부지의 서쪽 경계선에 인접하여 남북으로 뻗어 있고 그 위쪽 끝에서 기간도로인 중로2류 63호선과 티자로 교차하고 있으며 보행자 출입구를 통하여 이 건 사업부지 거주자들이 내 · 외부로 출입하면서 이 건 도로를 이용할 수 있도록 되어 있고, 이 건 사업부지와의 경계를 제외한 나머지가 밭으로 둘러싸여 있어 만일 도로로 개설될 경우 그 주된 이용자가 이 건 사업부지의 아파트 주민이 되어 이 건 도로의 개설이 광역교통소통의 효과가 있는 도로라고 인정하기 곤란한 점, 청구인이 기부 채납한 미개설 도로용지 554㎡는 청구인이 이 건 사업부지에 대한 주택건설사업계획승인을 신청하면서 사업승인시 폐지될 사업부지 내 기간도로의 대체용지로 자진하여 기부채납을 약속한 토지이며 이 건 처분 당시 도로의 형태나 구조를 갖추지 않고 있어 「국토의 계획 및 이용에 관한 법률」에 의한 도시계획시설인 도로로서 공제대상이 될 수 없는 점, 이 건 사업부지 내부에 이미 도시계획법상 기간도로로서 계획되어 있던 소로2류 325호선 및 소로2류 326호선은 기간도로로서 그 용도가 사실상 폐지되었다고 보아야 할 것이므로 청구인이 건설한 이 건 도로는 일반주민의 사용에 제공된 기간도로나 이를 내체할 도로가 아니라 이 건 사업부지에 입주할 아파트 주민들의 교통상의 편의를 위해 개설한 점 등에 비추어보면 이 건 도로는 사실상 주로 위 사업부지 입주자들의 교통편의와 밀접하게 관련된 것으로 이 건 사업부지의 개발효과로 교통난을 유발하고 기존 도로와의 연계성이 차단되자 입주민들의 당해 단지에 대한 접근성을 높이는 기능을 수행하기 위해 개설한 진입도로로 보아야 할 것이다. 따라서, 이러한 진입도로의 개설비용은 교통시설부담금 산정시 공제대상에 포함되지 아니한다 할 것이므로, 피청구인이 이 건 도로의 개설비용을 공제하지 아니하고 교통시설부담금을 산정하여 청구인에게 부과한 이 건 처분이 위법 · 부당하다고 할 수 없다.

5. 2005-01295 광역교통시설부담금부과처분취소청구

피청구인이 2004.10.7. 청구인에 대하여 한 1억 5,407만 2,000원의 광역교통시설부담금 부과처분은 이를 취소한다.

먼저, 표준건축비를 정정하여 계산한 추가적 부담금부과가 독립된 처분인지 여부 및 청구인이 새로운 부과행위에 대하여 위법 · 부당여부를 다툴 수 있는지 살펴보면, 피청구인은 추가부담금 부과처분은 당초처분과 비교하여 공제대상 등 기초적 사실관계에 변동이 없는 상태에서 단순히 표준 건축비를 적용하여 부담금액을 결정하는 과정에서 착오를 발견하고 이를 정정하는 과정에서 추가적 부담금을 징수하는 것에 불과한 사실상 행위이므로, 청구인으로서는 추가적 부과처분에 대하여 다툴 수 없고 이미 이의신청 기간 등이 도과한 당초처분에 대하여도 다툴 수 없다고 주장하나, 부담금의 추가적 부과처분은 그 실질이 증액경정처분으로서 당초의 처분을 그대로 둔 채 당초 처분에서의 표준건축비를 초과하는 부분만을 추가로 확정하는 것이 아니라 전체로서의 하나의 부담금을 다시 결정하는 것이므로 당초 부과처분은 증액경정처분에 흡수되어 당연히 소멸한다고 보아야 할 것인 점, 교통시설부담금액을 산정하여 추가적 부과금을 징수처분하려면 교통시설부담금액 산정을 위한 부과공식[(1㎡당 표준건축비 × 부과율 × 건축연면적) - 공제액]의 각 항목을 모두 고려하여야 하는 점, 만일 추가적 부과처분을 당초 부과처분에서의 오산을 단지 정정하는 정도의 행위로 판단하면 행정청의 귀책사유 있는 과오행위 및 이의 정정행위로 인하여 행정청의 처분을 신뢰한 상대방인 청구인들에게 예기하지 못할 법적 불이익이 초래되는 부당한 결과에 이르렀음에도 이를 다툴 수 없게 되어 청구인 일방에게만 과도하게 불리해진 점 등을 종합적으로 고려하면, 과세처분의 경우처럼 부담적 처분인 교통시설부담금 부과처분의 경우 부담금액을 증액하는 경정처분은 세로운 치분으로 인정함이 다당하며, 청구인으로서는 증액된 경정처분 전체의 적법 · 타당성에 대하여 다툴 수 있다고 할 것이다. 그렇다면 피청구인이 2003.9.19. 청구인에게 행한 광역교통시설부담금 1억 4,110만 4,000원의 당초 부과처분은 이미 이 건 경정처분에 흡수되어 소멸하였다고 보아야 할 것이어서 이에 대해서는 더 이상 다툴 수 없으므로 동 부과처분의 취소를 구하는 청구인의 청구는 부적법하여 각하하고, 2004.10.7. 행한 광역교통시설부담금 1억 5,407만 2,000원의 부과처분에 대해서는 전체로서의 증액경정처분을 대상으로 다투는 것이므로 청구의 적법성이 인정된다 할 것이다.

다음으로, 이 건 도로가 부담금 공제대상인 도시계획법상의 기간도로인지 여부에 대하여 살피건대, 「대도시권 광역교통관리에 관한 특별법」 제11조 및 동법 시행령 제15조의 규정에 의하면, 광역교통계획이 수립 · 고시된 대도시권에서 「주택법」에 의한 주택건설사업을 시행하는 자는 광역교통시설 등의 건설 및 개량을 위한 부담금을 납부하여야 하고, 동법 제11조의3 제1항 제2호의 규정에 의하면, 부담금은 (1㎡당 표준건축비 × 부과율 × 건축연면적) - 공제액의 산식에 의하여 계산하도록 되어 있으며, 동법 제11조의2 제2항 제4호의 규정에 의하면, 도시계획법에 의한 도시계획구역안에서 시행되는 사업의 경우에는 부담금의 100분의 50을 경감하도록 되어 있고, 동법 제11조의4제1항의 규정에 의하면, 부담금은

제11조의 규정에 의한 사업이 시행되는 지역의 시 · 도지사가 부과하되, 사업시행자가 국가 또는 지방자치단체로부터 사업의 승인 또는 인가 등을 받은 날부터 60일 이내에 제11조의3의 규정에 의하여 산정한 부담금을 부과하며, 동법 시행령 제16조의2 제3항의 규정에 의하면, 부담금의 산정기준이 되는 공제액은 주택건설사업이 시행되는 지구 · 구역 또는 사업지역 밖에서 도로관계 법령에 의한 고속국도, 자동차전용도로, 일반국도, 광역시도, 시 · 군 · 구도 또는 지방도 등과 도시계획관계 법령에 의한 주간선도로 · 보조간선도로 또는 집산도로를 설치하거나 그 비용의 전부 또는 일부를 부담하는 경우에는 그 금액을 공제액에 산입하되, 「주택건설기준 등에 관한 규정」 제25조에 의한 진입도로의 설치비용은 이를 제외하도록 되어 있고, 동규정 제2조 및 제25조의 규정에 의하면, 300세대 이상 500세대 미만의 공동주택을 건설하는 주택단지는 기간도로와 접하거나 기간도로로부터 당해 단지에 이르는 폭 8m이상의 진입도로가 있어야 한다고 되어 있으며, 동규정 제25조에 의한 진입도로는 보행자 및 자동차의 통행이 가능한 도로로서 기간도로로부터 주택단지의 출입구에 이르는 도로를 말하고, 기간도로는 동규정 제2조 제7호의 규정에 의한 도로로서 「국토의 계획 및 이용에 관한 법률」에 의한 도시계획시설인 도로로서 「도시계획시설의 결정 · 구조 및 설치 기준에 관한 규칙」 제9조의 규정에 의한 주간선도로 · 보조간선도로 · 집산도로 · 국지도로 · 특수도로와 「도로법」에 의한 일반국도, 광역시도, 시 · 군 · 구도, 지방도 및 이에 준하는 도로 등을 말하므로, 그 도로의 기능이 오로지 또는 주로 공동주택 입주민들의 교통상의 편의를 위한 것일 경우 진입도로에 해당하나 비록 기간도로가 주택사업지역을 통과하거나 그 인근에 위치하여 주택단지 내의 주민들이 그 기간도로를 이용한다고 하더라도 그 기능이 오로지 또는 주로 공동주택 입주민들의 교통상의 편의를 위한 것이 아닌 이상 그러한 기간도로를 「주택건설기준 등에 관한 규정」 제25조에 의한 진입도로에 포함시킬 수는 없다고 할 것이다.

피청구인은 이 건 도로는 주변지역 도로망과 연계성이 없어 주변 주민들의 이용이 미미하고 교통문제 해결에 일조를 하는 기간도로의 성격도 미미하며, 이 건 도로안에 소공원을 조성하여 주택단지 주민들을 위한 휴식공간을 제공하면서 주택단지와 연접하고 있거나 기간도로로부터 주택단지에 이르고 있어 주변지역 개발효과로 주택단지의 가격을 상승시키는 등 주택단지에 대한 접근성을 높이는 사실상 입주민을 위한 도로로써 「주택건설기준 등에 관한 규정」 제25조 제1항의 규정에 의한 진입도로 등에 해당되어 공제대상 도로가 아니라고 주장하나, 위 인정사실에 의하면, ① 이 건 도로의 구조 및 위치를 보면, 이 건 도로는 주택단지의 진 · 출입로와 직접 연결되어 있지 아니하고, 주택단지의 주출입구에서

부터 그 주출입구와 접한 소로1류 234호선(B: 10m)의 동쪽 방면으로 약 40m 정도 떨어진 지점에서 교차하는 대로 3-35호선(B:25)의 북쪽 방면으로 약 170m 정도 떨어진 지점과 부출입구에서부터 그 부출입구와 접한 소로1류 235호선(B: 8m)의 북쪽 방면으로 약 120m 정도 떨어진 지점을 연결하는 주택단지 뒷부분의 소로2류 311호선과 2개소(약 50m 거리)에서 연결되어 있는 점, ② 이와 같이 이 건 도로는 가구(街區 : 도로로 둘러싸인 일단의 지역을 말한다)를 구획하는 도로인 국지도로로서 「국토의 계획 및 이용에 관한 법률」 제43조 제2항 및 「도시계획시설의 결정 · 구조 및 설치기준에 관한 규칙」 제9조 등의 규정에 의한 기간도로라고 할 것인 점, ③ 국무총리행정심판위원회의 조사에 의하면, 이 건 주택단지의 뒷부분에 위치하여 있는 이 건 도로 중 소로3류 40호선의 일부인 약 60m 구간은 ○○아파트의 지하주차장 출구와 연결되어 있어 ○○아파트 입주민들의 이용빈도가 가장 높다고 할 수 있고, 이 건 도로상에는 주변의 일반주택 및 상가 등의 주민이나 방문객의 차량이 항시 주차되어 있는 실정이며, 이 건 도로 중 소로1류 236호선과 소로3류 40호선을 연결하는 약 50m 구간의 도로는 그 지표가 주택단지의 지표보다 약 6m 정도 낮은 상태로 옹벽으로 완전히 차단되어 있고, 이 건 도로의 위치 또한 주택단지의 주출입구 및 부출입구에서 간선도로 또는 보조간선도로 등과 연결되는 진입도로의 역할을 할 수 없는 장소에 있을 뿐만 아니라 주택단지 입주민이 이 건 도로에 차량을 주차하거나 이 건 도로부지상에 설치된 소공원을 이용하는 경우는 거의 없을 것으로 조사된 사실에 비추어 볼 때 이 건 도로는 이 건 주택건설사업이 없었어도 광주광역시 ○○청장이 도시기반시설 확충 및 주변지역 교통난 완화를 위하여 도시계획시설사업으로 개설할 필요가 있는 도로로 보이는 점, ④ 청구인의 주택사업신축공사 이전인 1991.5.23. 광주광역시 ○○청장이 (주)○○건설이 시행하는 이 건 도로부지와 접한 광주광역시 ○○구 ○○동 1076번지 외 6필지상의 주택(○○아파트)건설사업계획을 승인하면서 이 건 도로 중 소로3류 40호선의 약 60m 구간을 개설하여 기부채납하는 조건을 붙였으나 (주)○○건설의 경영난 등으로 도로개설 기부채납이 불가능하게 되어 1999.6.26. 위 승인조건을 철회한 후 2003.6.27. 청구인에 대하여 주택건설사업계획승인조건으로 이 건 도로개설을 부과한 점 등을 종합해 보면, 이 건 도로는 그 기능이 오로지 또는 주로 위 주택단지내 입주민들의 편의를 위한 진입도로에 해당된다고 볼 수 없으므로, 비록 이 건 도로가 주택단지와 접하여 주택단지내의 주민들이 도로를 이용하는 경우가 있다고 하더라도 그 기능이 오로지 또는 주로 공동주택 입주민들의 교통상의 편의를 위한 것이 아닌 이상 그러한 기간도로를 「주택건설기준 등에 관한 규정」 제25조에 의한 진입도로에 포함시킬 수는 없다고 할 것이므로, 피청구인이 2004.10.7. 청구인에 대하여 부담금부과처분을 하면서 이 건 도로의 개설 공사비 및 공공용지 구입비를 부담금 공제액에 포함하여야 함에도 불구하고 이러한 사실을 전혀 고려하지 않고 행한 피청구인의 부담금부과처분은 사실관계를 오인한 위법 · 부당한 처분이라 할 것이다.

6. 2005-11089 광역교통시설부담금부과처분변경청구

청구인의 청구를 기각한다.

「대도시권 광역교통시설 설치에 관한 특별법」 제11조의 규정에 의하면, 대도시권중 대통령령으로 정하는 대도시권에서 주택법에 의한 주택건설사업에 해당하는 사업을 시행하는 자는 광역교통시설 등의 건설 및 개량을 위한 광역교통시설부담금을 납부하도록 되어 있고, 제11조의3 제2호의 규정에 의하면, 제11조 제4호의 사업에 해당하는 부담금은 (1㎡당 표준건축비 × 부과율 × 건축연면적) - 공제액의 산식에 의하여 산정하도록 되어 있으며, 동법 시행령 제16조의2 제3항 제2호의 규정에 의하면, 사업이 시행되는 지구 · 구역 또는 사업지역 밖에서 고속도로, 자동차전용도로, 일반국도, 특별시도, 광역시도, 시 · 군 · 구도 또는 지방도, 주간선도로 · 보조간선도로 또는 집산도로를 설치하거나 그 비용의 전부 또는 일부를 부담하는 경우에는 그 금액을 공제하도록 되어 있는 바, 위 인정사실에 의하면, 간선도로인 의제로는 1992년 도시계획상 도로폭 25의 도시계획도로로 예정되어 있었으나, 피청구인이 청구인에 대하여 이 건 처분을 할 당시 및 청구인이 이 건 주택건설사업의 종료시까지 의제로의 확장공사계획이 예정되어 있지 않기 때문에 청구인의 주택건설사업지역을 간선도로와 연결하기 위하여 청구인이 건설하여야 하는 연결도로의 일부가 간선도로인 의제로의 일부에 포함된다고 할 수 없고, 비록 청구인이 설치할 연결도로의 일부가 도시계획도로에 포함된다 하더라도, 도시계획도로에 포함될 지역에 연결도로 일부를 설치하는 것이 간선도로의 일부의 설치로 볼 수 없으며, 따라서 이 부분에 대한 공사비용을 부담금 산정을 위한 공제액에 포함시킬 수 없으므로 피청구인이 청구인에 대하여 한 이 건 처분이 위법 · 부당하다고 할 수 없다.

7. 2006-01065 광역교통시설부담금부과처분이의신청기각결정처분취소청구

청구인의 청구를 기각한다.

「대도시권 광역교통관리에 관한 특별법」 제11조 및 동법 시행령 제15조의 규정에 의하면, 광역교통계획이 수립 · 고시된 대도시권에서 「주택법」에 의한 주택건설사업을 시행하는 자는 광역교통시설 등의 건설 및 개량을 위한 부담금을 납부하여야 한다고 되어 있고, 동법 제11조의3 제1항 제2호의 규정에 의하면, 부담금은 (1㎡당 표준건축비 × 부과율 × 건축연면적) - 공제액의 산식에 의하여 계산하도록 되어 있으며, 동법 제11조의4 제1항의 규정에 의하면, 부담금은 제11조의 규정에 의한 사업이 시행되는 지역의 시 · 도지사가 부과하되, 사업시행자가 국가 또는 지방자치단체로부터 사업의 승인 또는 인가 등을 받은 날부터 60일 이내에 제11조의3의 규정에 의하여 산정한 부담금을 부과한다고 되어 있고, 동법 시행령 제16조의2 제3항 제2호의 규정에 의하면, 부담금의 산정기준이 되는 공제액은 주택건설사업이 시행되는 지구 · 구역 또는 사업지역 밖에서 도로관계 법령에 의한 고속국도, 자동차전용도로, 일반국도, 특별시도, 광역시도 또는 지방도, 동법 제2조 제2항 가목의 규정에 의한 광역도로에 해당하는 시 · 군 · 구도 및 동법 제7조 제2항의 규정에 의하여 확정된 광역교통개선대책에 따라 건설 또는 개량되는 도로 중 어느 하나에 해당하는 도로를 설치하거나 그 비용의 전부 또는 일부를 부담하는 경우에는 그 금액을 공제액에 산입하도록 되어 있는바 위 인정사실에 의하면, 이 건 도로는 이 건 주택건설사업계획 승인일인 2003.6.30. 이전부터 이 지역 주민 17세대가 폭 3m도로로 사용하여 온 자연도로로서, 도로관계 법령에 의한 고속국도, 자동차전용도로, 일반국도, 특별시도, 광역시도 또는 지방도, 「대도시권 광역교통관리에 관한 특별법」 제2조 제2항 가목의 규정에 의한 광역도로에 해당하는 시 · 군 · 구도 및 동법 제7조 제2항의 규정에 의하여 확정된 광역교통개선대책에 따라 건설 또는 개량되는 도로 중 어느 하나에 해당하지 아니하여 이 건 도로를 설치한 비용은 부담금의 산정기준이 되는 공제액에 포함되지 아니하므로 피청구인이 이 건 도로가 도로관계 법령 등에 의하여 지정된 도로가 아니라는 이유로 행한 이 건 처분이 위법 · 부당하다고 할 수 없다.

8. 200813355 2009.06.23. 광역교통시설부담금 이의신청 기각결정 취소청구

피청구인이 2008.5.1. 청구인에게 한 342,454,000원의 광역교통시설부담금 이의신청 기각결정을 취소한다.

재결요지

이 사건 사업은 건축허가를 받아 주택외의 시설과 20세대 이상의 주택을 동일건축물로 건축하는 사업이며, 「사회기반시설에 대한 민간투자법」 제15조 제2항에서 「건축법」 제8조의 규정에 의한 건축허가를 받은 경우에 해당하므로 이 사건 사업은 부담금 부과대상이다.

민간투자사업은 국가의 주도하에 민간의 재정투자 및 경영기법 등을 활용하여 국가의 급부행정작용에 해당하는 공적과제를 효율적으로 수행하기 위한 것이며, 사업시행자인 청구인에게 일정기간 총사업비의 범위내에서 시설사용권이나 관리운영권을 보장하는 것은 민간의 투자를 촉진하기 위하여 인정되는 것이어서, 이는 국가가 시행하는 사업으로 볼 수 있으므로 부담금을 경감하는 사업에 해당한다.

9. 2019-4742 2020.1.7. 광역교통시설부담금 부과처분 일부취소청구

청구인의 청구를 기각한다.

이 사건 사업의 시행인가 당시의 법률인 구 광역교통법(2017.2.8. 법률 제14567호로 개정되어 2018.2.9. 시행되기 전의 것) 제11조 제1항 제5호, 제11조의2 제2항 제4호 및 제11조의4 제1항에 따르면, 도시정비법에 따른 주택재개발사업, 주택재건축사업 및 20세대 이상의 공동주택을 건설하는 도시환경정비사업을 시행하는 자는 광역교통시설 등의 건설 및 개량을 위한 부담금을 내야 하고, 국토계획법 제6조제1호에 따른 도시지역에서 시행되는 도시정비법에 따른 주택재개발사업 및 주택재건축사업은 부담금의 100분의 75를 경감한다고 되어 있고, 20세대 이상의 공동주택을 건설하는 도시환경정비사업은 부담금의 100분의 50을 경감한다고 되어 있으며, 부담금은 시 · 도지사가 부과 · 징수하되 사업시행자가 국가나 지방자치단체로부터 사업의 승인 또는 인가 등을 받은 날부터 60일 이내에 제11조의3에 따라 산정한 부담금을 부과한다고 되어 있고, 구 광역교통법(2017.2.8. 법률 제14567호로 개정되어 2018.2.9. 시행된 것) 제11조 제1항 제5호에 따르면, 도시정비법에 따른 재건축사업 및 20세대 이상의 공동주택을 건설하는 재개발사업을 시행하는 자는 광역교통시설 등의 건설 및 개량을 위한 부담금을 내야 한다고 되어 있고, 국토계획법 제6조 제1호에 따른 도시지역에서 시행되는 20세대 이상의 공동주택을 건설하는 도시정비법에 따른 재개발사업은 부담금의 100분의 75를 경감한다고 되어 있다.

국토계획법 제6조 제1호에 따르면 '도시지역'은 인구와 산업이 밀집되어 있거나 밀집이 예상되어 그 지역에 대하여 체계적인 개발 · 정비 · 관리 · 보전 등이 필요한 지역이라고 되어 있다.

법령이 변경된 경우 신 법령이 피적용자에게 유리하여 이를 적용하도록 하는 경과규정을 두는 등의 특별한 규정이 없는 한 헌법 제13조 등의 규정에 비추어 볼 때 그 변경 전에 발생한 사항에 대하여는 변경 후의 신 법령이 아니라 변경 전의 구 법령이 적용되어야 한다(대법원 1982.12.28. 선고 82누1 판결, 대법원 1983.12.13. 선고 83누383 판결, 대법원 2002.12.10. 선고 2001두3228 판결 등 참조).

부담금 부과처분에 있어서 부과관청이 납부의무자에 대하여 부과처분을 한 후에 오류가 발견되어 정정처분을 하는 경우 부담금의 액수를 감축하는 정정처분은 감소된 부담금 부분에 관하여서만 법적 효과가 미치는 것으로서 당초의 부과처분과 독립의 부담금 부과처분이 되는 것이 아니라 그 실질은 당초 부과처분의 변경이고, 그에 의하여 부담금의 일부취소라는 납부의무자에게 유리한 결과를 가져오는 처분이라 할 것이므로, 당초의 부과처분이 전부 실효되는 것은 아니며, 그 정정처분으로도 아직 소멸되지 않고 남아 있는 부분이 위법하다 하여 다투는 경우 행정심판의 대상이 되는 것은 당초의 부과처분 중 정정처분에 의하여 남아 있는 부분이고, 정정처분이 행정심판의 대상이 되는 것은 아니다(대법원 1993.12.14. 선고 93누9354 판결 참조).

따라서, 이 사건에서 정정처분은 당초의 부과처분에 오류가 있다하여 이를 정정하여 일부 감액한 것에 불과하므로 청구인으로서는 당초의 부과처분을 다툴 수 있되 정정처분을 심판대상으로 다툴 수는 없다고 할 것이나, 청구인의 주장 취지를 보면 당초의 부과처분 중 정정처분에 의하여 남아 있는 부분에 대해 다투고 있다고 보아야 한다.

청구인은 도시정비법이 전면 개정되어 2018.2.9. 시행됨에 따라 이 사건 사업은 재개발사업으로 분류됨이 타당하고, 광역교통법 제11조의2 제2항 제4호에 따라 부담금의 100분의 75를 경감하여야 하므로 이 사건 처분은 위법 · 부당하다고 주장한다. 살피건대, ① 부담금은 조세와 마찬가지로 납부의무자로 하여금 국가 등에 대하여 금전 급부의무를 부담하게 하는 것이어서 납부의무자의 재산권을 제약하는 것이므로 부담금 부과 관련 법령의 개정이 있은 경우 그 효력발생 전에 성립한 부과요건사실에 대하여 변경된 법령을 소급하여 적용할 수 없다 할 것이고, 새로운 법에 따라 그 부담금이 증가하여 납부의무자에게 불이익하게 변경되는 경우는 물론 납부의무자에게 유리하게 변경되는 경우에도 마찬가지로 적용된다할 것이므로, 변경 전에 발생한 사항에 대하여는 변경 후의 신 법령이 아니라 변경 전의 구 법령이 적용되어야 하는바, 광역교통법 제11조의4 제1항에서 부담금은 같은 법 제11조에 따른 사업의 승인 또는 인가를 받은 날을 기준으로 부과하여야 하는 점, ② 국토교통부장관도 사업의 승인 또는 인가 등을 받은 날을 기준으로 부담금을 부과한다고 회신한 점, ③ 이 사건 사업의 시행인가일자는 2017.6.30.인데 구 광역교통법(2017.2.8. 법률 제14567호로 개정되어 2018.2.9. 시행되기 전의 것) 제11조 제1항 제5호 및 제11조의2 제2항 제4호에서는 20세대 이상의 공동주택을 건설하는 도시환경정비사업은 부담금의 100분의 50을 경감하도록 하고 있고, 개정된 광역교통법에서 이미 사업승인 또는 인가받은 경우에 대하여 개정된 법을 적용하도록 경과규정을 두고 있지도 않은 점, ④ 청구인은 이 사건 사업시행인가를 받을 당시 50% 경감율을 적용받을 것이라고 알았을 것이므로 이 사건 처분으로 청구인의 신뢰이익 등을 침해하는 것이 아니며, 동일한 부과요건에 대하여 피청구인이 어느 시기에 부과하느냐에 따라 부담금의 액수가 달라지게 된다면 불합리한 결과가 초래되는 점 등을 종합해 볼 때, 피청구인이 경감율 50%를 적용하여 청구인에게 한 이 사건 처분이 위법 · 부당하다고 할 수 없다.

10. 2007-03939 광역교통시설부담금 부과처분 취소청구

피청구인이 2006.10.26. 청구인에 대하여 한 광역교통시설부담금 3억 9,921만 1,000원의 부과처분을 취소한다 광역교통관리특별법 제11조 제4호, 같은 법 시행령 제15조에 따르면, 광역교통계획이 수립 · 고시된 대도시권에서 「주택법」에 의한 주택건설사업을 시행하는 자는 광역교통시설 등의 건설 및 개량을 위한 광역교통시설부담금(이하 "부담금"이라 한다)을 납부도록 되어 있고, 같은 법 제11조의3 제1항 제2호, 제11조의4 제1항, 같은 법 시행령 제16조의2 제2호 가목에 따르면, 부담금은 사업이 시행되는 지역의 시 · 도지사가 부과 · 징수하되, 사업시행자가 국가 또는 지방자치단체로부터 사업의 승인 또는 인가 등을 받은 날부터 60일 이내에 산정한 부담금을 부과하도록 되어 있고, 부담금의 산정은 "{1㎡당 표준건축비 × 부과율 × 건축연면적} − 공제액"의 산식에 의하며, 사업이 시행되는 지구 · 구역 또는 사업지역 밖에서 도로관계 법령에 의한 고속국도, 자동차전용도로, 일반국도, 특별시도, 광역시도 또는 지방도를 설치하거나 그 비용의 전부 또는 일부를 부담하는 경우에는 그 금액을 공제액으로 하도록 규정되어 있다.

한편, 도로법 제2조, 제11조에 따르면, "이 법에서 도로라 함은 일반의 교통에 공용되는 도로로서 고속국도, 일반국도, 특별시도 · 광역시도, 지방도, 시도, 군도, 구도를 말한다"고 규정되어 있고, 같은 법 제14조, 제19조에 따르면, 광역시도란 광역시 구역안의 도로로서 광역시장이 그 노선을 인정한 것을 말하고, 광역시장이 노선을 인정하였을 경우에는 그 노선명, 기점과 종점, 주요구간 기타 필요한 사항을 건설교통부령으로 정하는 바에 의하여 공고하도록 규정되어 있다.

피청구인은 이 사건 도로가 미개설되어 일반의 교통에 통용되지 않아 도로법이 적용되지 않으므로 "광역시도"로 볼 수 없으며 광역교통관리특별법 시행령 제16조의2 제2호에 따른 부담금의 공제대상이 아니라고 주장하나, 도로법은 도로의 개설 뿐만 아니라 도로의 관리 · 점용 · 보전 · 비용과 수익 · 감독 · 벌칙 등 도로의 유지 · 관리 등에 대해 포괄적으로 규정하고 있는바, 도로법이 적용되기 위해서는 당연히 도로가 개통되어 일반의 교통에 통용되며 도로관리청의 관리체계에 들어가야만 할 것이지만, 광역교통관리특별법에 따른 광역교통시설부담금이란, 대도시권에서 시행되는 택지개발이나 주택건설 등의 사업으로 인해 유발되는 교통문제에 대하여, 이를 해결하기 위해 필요한 광역교통시설 등의 건설 및 개량을 위한 비용을 해당 사업의 시행자에게 부담금의 형태로 부과하는 것이고, 만일 해당 사업의 시행자가 직접 광역교통시설 등을 설치하거나 그 비용의 전부 또는 일부를 부담한다면 교통문제의 해결을 위해 기여한 것으로 보아 그 금액만큼 부담금에서 공제하여주는 것인바, 광역교통관리특별법상 부담금의 공제대상으로서 "도로관계 법령에 의한 광역시도"에 해당하는지를 판단하는 데에 있어서는 도로법이 적용되는지 여부를 그 기준으로 하는 것은 타당하지 않다 할 것이고, 또한 광역교통시설부담금은 사업의 승인을 받은 날부터 60일 이내에 부담금을 산정하여 부과하도록 되어 있는데, 피청구인의 주장처럼 이미 개설되어 있는 광역시도의 경우만 공제대상으로 한정한다면, 사업의 승인을 받고 60일 이내에 광역시도의 설치를 완료하거나 사업승인도 받기 전에 이미 광역시도를 설치한 경우에만 부담금의 공제대상에 포함되는 불합리한 결과가 도출되므로, 이에 대한 피청구인의 주장은 이유 없다. 위 인정사실에 의하면, 청구인은 2006.10.3. 주택건설사업계획 승인조건으로 이 사건 도로를 개설완료 후 기부채납하기로 하였고, 이 사건 도로는 피청구인이 2001.7.19. 울산광역시 공고 제2001-385호로 노선을 인정한 광역시도라 할 것이므로, 광역교통관리특별법 시행령 제16조의2 제2호 가목에 의하여 이 사건 도로의 설치 금액은 부담금의 산정에 있어 공제액에 해당한다고 할 것인바, 이를 공제하지 아니하고 피청구인이 행한 이 사건 처분은 위법 · 부당하다.

11. 2020경기행심1697 광역교통시설부담금 부과처분 취소청구

청구인의 청구를 기각한다.

광역교통법 제2조에 의하면 "대도시권"이란 「지방자치법」 제2조 제1항 제1호에 따른 특별시 · 광역시 및 그 도시와 같은 교통생활권에 있는 지역 중 대통령령으로 정하는 지역을 말하며, "광역교통시설"이란 대도시권의 광역적인 교통 수요를 처리하기 위한 교통시설로서 둘 이상의 특별시 · 광역시 · 특별자치시 및 도(이하 "시 · 도"라 한다)에 걸치는 도로로서 대통령령으로 정하는 요건에 해당하는 도로(이하 "광역도로"라 한다)를 말한다.

광역교통법 시행령 제16조의2 제4항에 의하면 '법 제11조 제1항 각 호에 따른 사업이 시행되는 지구 · 구역 또는 사업지역 밖에서 ① 도로관계 법령에 의한 고속국도, 자동차전용도로, 일반국도, 특별시도, 광역시도 또는 지방도, ② 광역도로에 해당하는 시 · 군 · 구도, ③ 제7조의2 제3항에 따라 확정된 광역교통개선대책에 따라 건설 또는 개량되는 도로, ④ 그 밖에 시 · 도지사가 광역교통에 영향을 미친다고 인정하는 도로에 해당하는 도로를 설치하거나 그 비용의 전부 또는 일부를 부담하는 경우에는 그 금액이라고 규정하고 있다.

광역교통법 시행령 제16조의2 제5항에 의하면 공제액을 인정받고자 하는 사업시행자는 관할 시 · 도지사에게 그 사유를 증명하는 서류를 제출할 것을 규정하고 있으며, 조례 제8조제1항에 따르면 공제액을 인정받으려는 사업시행자는 사업의 승인 또는 인가 시에 공제액에 대한 타당한 자료를 제출하여야 하고, 이때 사업시행자가 제출할 자료는 공제대상 사업에 대하여 원가계산기관의 검증을 거친 실시설계의 내용과 「부동산 가격공시 및 감정 평가에 관한 법률」 제32조에 따른 감정평가서이다.

청구인은 사업구역 내 · 외 도로를 개설하여 피청구인에게 기부채납 하여야 하는 고시 및 도로 설치비용의 공제규정에 따라 공제를 하여야 함에도 이를 하지 아니하고 광역교통시설부담금을 부과한 잘못이 있으므로 이 사건 처분은 취소되어야 한다고 주장한다.

우선 청구인에게 광역교통시설부담금의 부과 대상 여부 및 감면대상인지에 관하여 실피보면, 광역교통법 제11조 제1항 제4호에 따라 청구인은 광역교통시설 부담금의 부과대상에 해당하며, 같은 법 제11조의2에서 정하고 있는 부담금의 감면 대상에는 해당되지 아니하는 것으로 판단된다.

같은 법 제11조의3은 부담금의 산정기준에 관하여 규정하고 있고 제5항은 개발면적, 용적률, 건축연면적, 공제액 등에 대한 기준은 대통령령으로 정하고 있으며, 같은 법 시행령 제16조의2에서 부담금의 산정기준에 관하여 상세히 정하고 있다. 광역교통법 시행령 제16조의2에서 정한 바에 따라 피청구인은 제외면적을 산정하고 표준건축비, 부과율, 주택부분 건축연면적에 경감률 1/2을 반영하여 5,265,946,000원을 산출하였다. 청구인은 도로의 설치비용에 대하여 위 시행령 제16조의2 제4항에서 정하는 바대로 공제를 받을 수 있는 것은 사실이나, 피청구인의 처분 시 공제금액이 반영되지 아니한 사유는 청구인이 공제액을 증명하는 서류를 제출하지 아니하였기 때문이지 그러한 제출에도 불구하고 피청구인이 반영하지 아니한 것으로 보이지 않는다.

청구인의 행정심판 청구 시 제출한 증거자료를 살피더라도 청구인이 공제액을 입증하는 자료를 제출하였다고 보기 어렵고 광역교통법 시행령 제16조의2 제5항도 "제4항에 따른 공제액을 인정받고자 하는 사업시행자는 관할 시 · 도지사에게 그 사유를 증명하는 서류를 제출하여야 한다"라고 정하고 있는 바, 그러한 공제액 인정을 위한 증명서류 제출의무가 있는 청구인이 그를 제출하였다고 볼만한 증거가 없고 피청구인이 공제액을 정할 수 없었다고 보인다. 결국 피청구인은 광역교통시설부담금 부과 기준 산정에 관하여 관련 법령을 준수하여 부과한 것으로 보이므로 절차위법의 사유가 있다고 보기 어렵다.

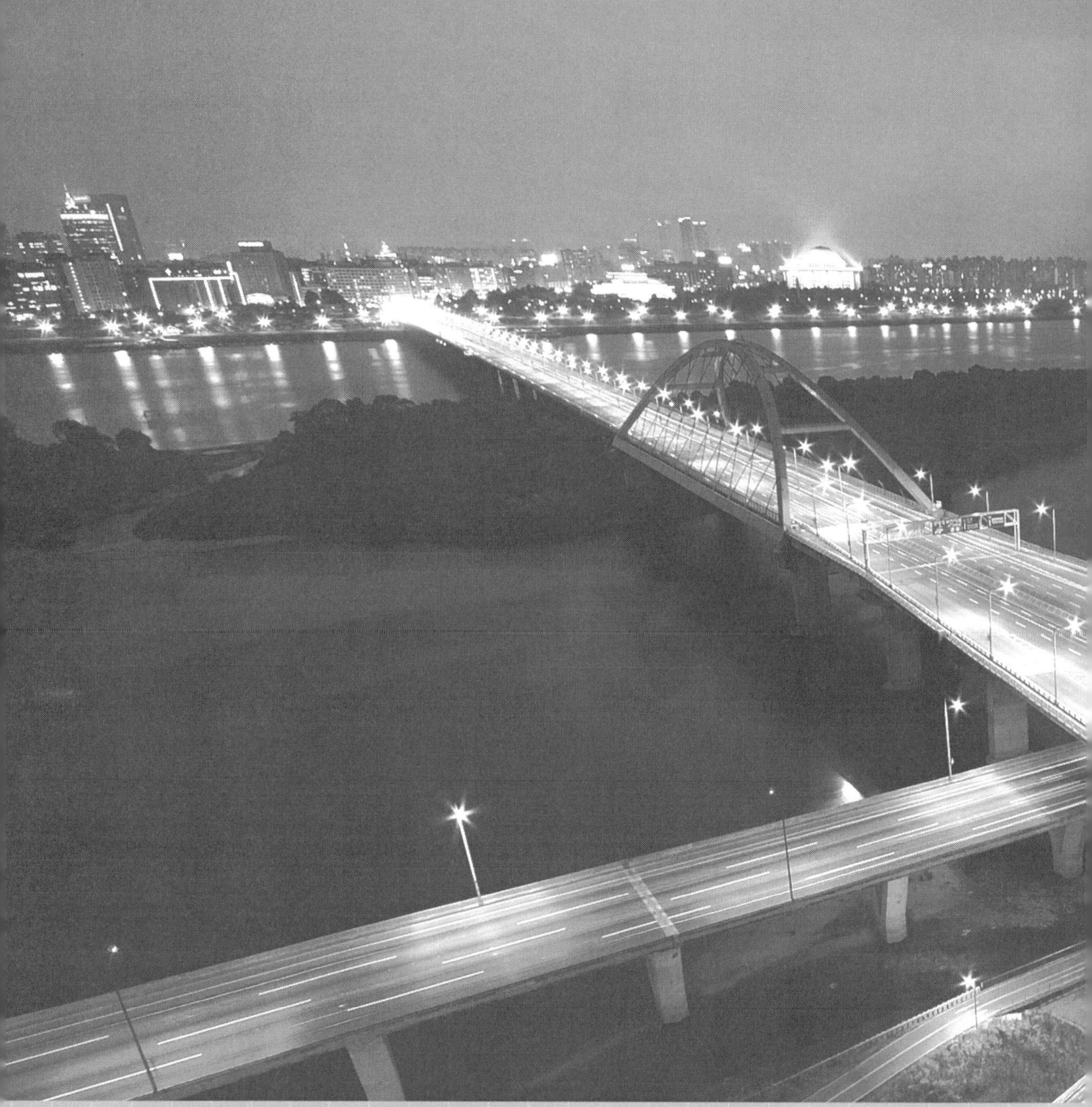

한 권으로 끝내는 광역교통시설부담금

제 4 부

부 록

I 부 록 1

대도시권 광역교통 관리에 관한 특별법(약칭: 광역교통법)

[시행 2022.12.11.] [법률 제18939호, 2022.6.10., 일부개정]

국토교통부(기획총괄과) 044-201-5024
국토교통부(광역교통정책과-광역교통시설부담금) 044-201-5050, 5051

제1조(목적) 이 법은 대도시권의 교통문제를 광역적(廣域的)인 차원에서 효율적으로 해결하기 위하여 필요한 사항을 정함을 목적으로 한다.

[전문개정 2012.1.17.]

제2조(정의) 이 법에서 사용되는 용어의 뜻은 다음과 같다. <개정 2012.2.22., 2013.8.6., 2015.7.24., 2020.6.9., 2020.10.20.>

1. "대도시권"이란 「지방자치법」 제2조 제1항 제1호에 따른 특별시 · 광역시 및 그 도시와 같은 교통생활권에 있는 지역 중 대통령령으로 정하는 지역을 말한다.
2. "광역교통시설"이란 대도시권의 광역적인 교통 수요를 처리하기 위한 교통시설로서 다음 각 목의 시설을 말한다.
   가. 둘 이상의 특별시 · 광역시 · 특별자치시 및 도(이하 "시 · 도"라 한다)에 걸치는 도로로서 대통령령으로 정하는 요건에 해당하는 도로(이하 "광역도로"라 한다)
   나. 둘 이상의 시 · 도에 걸쳐 운행되는 도시철도 또는 철도로서 대통령령으로 정하는 요건에 해당하는 도시철도 또는 철도(이하 "광역철도"라 한다)
   다. 대도시권 교통의 중심이 되는 도시의 외곽에 위치한 광역철도 역(驛)의 인근에 건설되는 주차장
   라. 「여객자동차 운수사업법」 제2조 제2호에 따른 여객자동차 운수사업 또는 「화물자동차 운수사업법」 제2조 제2호에 따른 화물자동차 운수사업에 제공되는 차고지로서 지방자치단체의 장이 설치하는 공영차고지
   마. 「화물자동차 운수사업법」 제2조 제10호에 따른 화물자동차 휴게소로서 지방자치단체의 장이 건설하는 화물자동차 휴게소
   바. 「대중교통의 육성 및 이용촉진에 관한 법률」 제2조 제5호에 따른 간선급행버스체계로서 대통령령으로 정하는 요건에 해당하는 시설

사. 「국가통합교통체계효율화법」 제2조에 따른 환승센터 · 복합환승센터로서 대통령령으로 정하는 요건에 해당하는 시설(이하 "환승센터 · 복합환승센터"라 한다)

아. 그 밖에 대통령령으로 정하는 교통시설

3. "광역버스운송사업"이란 대도시권 내 둘 이상의 시 · 도에 걸쳐 운행되고 대통령령으로 정하는 요건에 해당하는 「여객자동차 운수사업법」 제3조 제1항 제1호에 따른 노선 여객자동차운송사업을 말한다.

[전문개정 2012.1.17.]

제3조(대도시권 광역교통기본계획의 수립)

① 국토교통부장관은 대도시권의 효율적인 광역교통 관리를 위하여 관계 중앙행정기관의 장과 대도시권에 포함된 행정구역을 관할하는 특별시장 · 광역시장 · 특별자치시장 또는 도지사(이하 "시 · 도지사"라 한다)의 의견을 들어 20년 단위의 대도시권 광역교통기본계획(이하 "광역교통기본계획"이라 한다)을 수립하여야 한다. <개정 2013.3.23., 2013.8.6.>

② 광역교통기본계획에는 다음 각 호의 사항이 포함되어야 한다.

1. 대도시권 광역교통의 현황 및 장기적인 교통 수요의 예측에 관한 사항
2. 광역교통기본계획의 목표 및 단계별 추진전략에 관한 사항
3. 광역교통체계의 개선 및 광역교통 수요의 관리에 관한 사항
4. 광역교통시설의 장기적인 확충 및 다른 교통시설과의 연계에 관한 사항
5. 대도시권 대중교통수단의 장기적인 확충 및 개선에 관한 사항
6. 광역교통시설의 건설에 필요한 재원(財源) 조달의 기본방향과 투자의 우선순위에 관한 사항
7. 그 밖에 대도시권 광역교통의 개선을 위하여 대통령령으로 정하는 사항

③ 국토교통부장관은 광역교통기본계획을 결정하거나 변경하려면 「국가통합교통체계효율화법」 제106조에 따른 국가교통위원회(이하 "위원회"라 한다)의 심의를 거쳐야 한다. 다만, 대통령령으로 정하는 경미한 사항을 변경하는 경우에는 위원회의 심의를 거치지 아니한다. <개정 2013.3.23.>

④ 국토교통부장관은 제3항에 따라 광역교통기본계획을 결정하거나 변경할 때에는 위원회의 심의 전에 공청회를 열어 주민과 관계 전문가 등으로부터 의견을 들어야 한다. 다만, 대통령령으로 정하는 경미한 사항을 변경하는 경우에는 그러하지 아니하다. <개정 2013.3.23.>

⑤ 국토교통부장관은 제3항에 따라 결정되거나 변경된 광역교통기본계획을 대통령령으로 정하는 바에 따라 고시하고 관계 중앙행정기관의 장 및 시 · 도지사에게 통보하여야 한다. <개정 2013.3.23.>

[전문개정 2012.1.17.]

제3조의2(대도시권 광역교통시행계획의 수립)

① 국토교통부장관은 광역교통기본계획에서 정한 대도시권 광역교통시설의 확충과 광역교통체계의 개선을 효과적으로 추진하기 위하여 관계 중앙행정기관의 장과 시 · 도지사의 의견을 들어 5년 단위의 대도시권 광역교통시행계획(이하 "광역교통시행계획"이라 한다)을 수립하여야 한다. <개정 2013.3.23.>

② 국토교통부장관은 광역교통시행계획을 결정하거나 변경하려면 제8조에 따른 대도시권광역교통위원회(이하 "광역교통위원회"라 한다)의 심의를 거쳐야 한다. 다만, 대통령령으로 정하는 경미한 사항을 변경하는 경우에는 광역교통위원회의 심의를 거치지 아니한다. <개정 2013.3.23., 2018.12.18.>

③ 국토교통부장관은 제2항에 따라 광역교통시행계획을 결정하거나 변경할 때에는 광역교통위원회의 심의 전에 공청회를 열어 주민과 관계 전문가 등으로부터 의견을 들어야 한다. 다만, 대통령령으로 정하는 경미한 사항을 변경하는 경우에는 그러하지 아니하다. <개정 2013.3.23., 2018.12.18.>

④ 국토교통부장관은 제2항에 따라 결정되거나 변경된 광역교통시행계획을 대통령령으로 정하는 바에 따라 고시하고 관계 중앙행정기관의 장 및 시·도지사에게 통보하여야 한다. <개정 2013.3.23.>

[전문개정 2012.1.17.]

제4조(다른 계획과의 관계)

① 광역교통기본계획 및 광역교통시행계획은 「도시교통정비 촉진법」에 따른 도시교통정비 기본계획이나 그 밖의 다른 법령에 따라 수립된 교통계획(이하 "교통계획"이라 한다)에 우선한다. 다만, 단일 광역 지방자치단체의 관할 구역에서 이동하는 교통 수요를 처리하기 위하여 관할 지방자치단체의 장이 수립한 교통계획에 대하여는 그러하지 아니하다.

② 관계 중앙행정기관의 장이나 시·도지사 또는 시장·군수·구청장(자치구의 구청장을 말한다. 이하 같다)이 광역교통기본계획 및 광역교통시행계획에 부합하지 아니하는 교통계획을 수립하려는 경우에는 위원회의 심의를 거쳐야 한다. 이 경우 시장·군수·구청장은 시·도지사를 거쳐 위원회에 심의를 요청하여야 한다.

③ 제2항에 따라 교통계획이 위원회의 심의를 거친 때에는 그에 따라서 광역교통기본계획 및 광역교통시행계획이 변경된 것으로 본다.

④ 관계 중앙행정기관의 장, 시·도지사 및 시장·군수·구청장은 광역교통기본계획 및 광역교통시행계획에 포함된 사항을 해당 기관의 사업계획에 반영하여 성실히 수행하여야 한다.

[전문개정 2012.1.17.]

제5조(추진계획)

① 관계 중앙행정기관의 장 및 시·도지사는 광역교통시행계획을 시행하기 위한 소관별 추진계획과 연도별 계획(이하 "추진계획"이라 한다)을 수립하여 국토교통부장관에게 제출하여야 한다. <개정 2013.3.23.>

② 국토교통부장관은 제1항에 따라 제출된 추진계획을 광역교통위원회의 심의를 거쳐 확정하고, 이를 관계 중앙행정기관의 장 및 시·도지사에게 통보하여야 한다. 확정된 추진계획을 변경할 때에도 또한 같다. <개정 2013.3.23., 2018.12.18.>

③ 관계 중앙행정기관의 장 및 시·도지사는 확정된 추진계획을 통보받았을 때에는 이를 지체 없이 고시하여야 한다.

[전문개정 2012.1.17.]

제6조(추진계획의 평가 및 사후 관리)

① 관계 중앙행정기관의 장 및 시 · 도지사는 추진계획의 집행 실적(집행 실적이 부진한 경우에는 그 사유 및 향후 대책 등을 포함한다)을 대통령령으로 정하는 바에 따라 국토교통부장관에게 제출하여야 한다. <개정 2013.3.23.>

② 국토교통부장관은 제1항에 따라 제출받은 추진계획의 집행 실적을 검토하여 광역교통시행계획의 원활한 시행을 위하여 필요하다고 인정하는 경우에는 관계 중앙행정기관의 장 및 시 · 도지사에게 개선을 권고하거나 시정을 요청할 수 있다. 이 경우 개선의 권고나 시정의 요청을 받은 관계 중앙행정기관의 장 및 시 · 도지사는 이에 필요한 조치를 하여야 한다. <개정 2012.2.22., 2013.3.23.>

[전문개정 2012.1.17.]

제7조(둘 이상의 지방자치단체에 걸친 광역교통 개선대책)

① 국토교통부장관은 대도시권에서 「택지개발촉진법」에 따른 택지개발사업 등 대통령령으로 정하는 사업이 지역별로 분산되어 시행됨에 따라 광역적인 교통 수요의 원활한 처리를 위하여 필요하다고 인정하는 경우에는 둘 이상의 지방자치단체에 걸친 종합적인 광역교통 개선대책을 수립할 수 있다. <개정 2013.3.23.>

② 국토교통부장관은 제1항에 따른 광역교통 개선대책을 확정하거나 변경하려면 광역교통위원회의 심의를 거쳐야 하고, 이를 관계 중앙행정기관의 장 및 지방자치단체의 장에게 통보하여야 한다. 다만, 대통령령으로 정하는 경미한 사항을 변경하는 경우에는 광역교통위원회의 심의를 거치지 아니한다. <개정 2013.3.23., 2018.12.18.>

③ 관계 중앙행정기관의 장 및 지방자치단체의 장은 제2항에 따라 확정된 광역교통 개선대책을 충실히 이행하여야 한다.

④ 국토교통부장관은 제2항에 따라 확정된 광역교통 개선대책의 이행 상황을 검토하여 광역교통 개선대책의 원활한 이행을 위하여 필요하다고 인정하는 경우에는 관계 중앙행정기관의 장 또는 지방자치단체의 장에게 개선을 권고하거나 시정을 요청할 수 있다. 이 경우 개선의 권고나 시정의 요청을 받은 관계 중앙행정기관의 장 또는 지방자치단체의 장은 이에 필요한 조치를 하여야 한다. <개정 2013.3.23.>

⑤ 제1항에 따른 광역교통 개선대책의 내용 등에 관하여 필요한 사항은 대통령령으로 정한다.

[전문개정 2012.1.17.]

제7조의2(대규모 개발사업의 광역교통 개선대책)

① 대도시권의 광역교통에 영향을 미치는 대규모 개발사업 등 대통령령으로 정하는 사업이 시행되는 지역의 시 · 도지사는 개발사업에 따른 광역교통 개선대책을 수립하여 국토교통부장관에게 제출하여야 한다. <개정 2013.3.23.>

② 국토교통부장관은 제1항에 따른 개발사업이 다음 각 호의 어느 하나에 해당하는 경우에는 제1항에도 불구하고 그 사업이 시행되는 지역의 시 · 도지사와 협의를 거쳐 그 사업에 따른 광역

교통개선대책을 직접 수립할 수 있다. <개정 2012.2.22., 2013.3.23., 2020.6.9.>

1. 국가가 직접 시행하거나 허가 · 승인 또는 인가(허가 · 승인 또는 인가의 권한이 시 · 도지사에게 위임되어 있는 경우는 제외한다)를 하는 사업으로서 주택난의 긴급한 해소 또는 지역균형발전 등 국가의 정책적 목적을 달성하기 위하여 필요하다고 인정되는 경우
2. 광역교통시설 및 교통수단의 확대 등 둘 이상의 지방자치단체에 걸친 광역교통관리의 개선이 필요한 경우로서 해당 지방자치단체의 장이 요청하는 경우

③ 국토교통부장관은 제1항이나 제2항에 따라 제출되거나 수립된 광역교통 개선대책을 광역교통위원회의 심의를 거쳐 확정하고, 이를 광역교통 개선대책을 제출하였거나 그 사업이 시행되는 지역의 시 · 도지사에게 통보하여야 한다. 확정된 광역교통 개선대책을 변경할 때에도 또한 같다. <개정 2013.3.23., 2018.12.18.>

④ 관계 중앙행정기관의 장, 지방자치단체의 장 및 개발사업의 시행자는 제3항에 따라 확정된 광역교통 개선대책을 충실히 이행하여야 한다.

⑤ 국토교통부장관은 제3항에 따라 확정된 광역교통 개선대책의 이행 상황을 검토하여 광역교통 개선대책의 원활한 이행을 위하여 필요하다고 인정하는 경우에는 관계 중앙행정기관의 장, 지방자치단체의 장 또는 개발사업의 시행자에게 개선을 권고하거나 시정을 요청할 수 있다. 이 경우 개선의 권고나 시정의 요청을 받은 관계 중앙행정기관의 장, 지방자치단체의 장 또는 개발사업의 시행자는 이에 필요한 조치를 하여야 한다. <개정 2013.3.23.>

⑥ 제1항에 따른 광역교통 개선대책의 수립 시기 및 내용 등에 관하여 필요한 사항은 대통령령으로 정한다.

[전문개정 2012.1.17.]

제7조의3 삭제 <2012.2.22.>

제7조의4(광역도로의 설계에 관한 특례)

① 국토교통부장관은 도로의 관리청이 광역교통기본계획 및 광역교통시행계획에 따라 광역도로를 건설하거나 개량할 때에 광역도로의 원활한 소통과 교통안전을 위하여 그 광역도로 전체의 구조 및 시설물 등을 일치시키거나 조화시킬 필요가 있다고 인정하는 경우에는 「도로법」 제31조에도 불구하고 광역도로의 건설 또는 개량을 위한 기본설계(공사의 개요, 주요 구조물의 형식 및 공사의 구체적 실시를 위한 세부설계의 방침 등이 포함된 개략적인 설계를 말한다. 이하 같다)를 수립할 수 있다. <개정 2013.3.23., 2014.1.14.>

② 국토교통부장관은 제1항에 따라 기본설계를 수립한 경우에는 그 광역도로를 관할하는 지방자치단체의 장에게 통보하여야 한다. <개정 2013.3.23.>

③ 제2항에 따라 기본설계를 통보받은 지방자치단체의 장은 기본설계에 따라 그 광역도로의 건설 또는 개량을 위한 세부설계를 수립하고 시행하여야 한다. 이 경우 지방자치단체의 장은 세부설계를 수립하기 전에 국토교통부장관과 협의하여야 한다. 세부설계를 변경할 때에도 또한 같다. <개정 2013.3.23.>

④ 국토교통부장관은 제1항에 따른 기본설계 및 제3항에 따른 협의에 관한 권한을 그 광역도로가 있는 지역을 관할하는 소속 기관의 장에게 위임할 수 있다. <개정 2013.3.23.>

[전문개정 2012.1.17.]

제7조의5(광역교통 개선대책에 따른 도로의 노선 인정)

① 시 · 도지사 또는 시장 · 군수 · 구청장은 제7조의2 제3항에 따라 확정된 광역교통 개선대책에 따라 건설되는 도로에 대하여는 광역교통 개선대책에서 구분하는 도로의 기능 또는 목적에 따라 「도로법」에 따른 노선을 인정하고 이를 공고하여야 한다.

② 제1항에 따른 공고의 내용 및 방법 등에 관하여 필요한 사항은 대통령령으로 정한다.

[전문개정 2012.1.17.]

제7조의6(광역교통특별대책지구의 지정)

① 국토교통부장관은 제7조의2에 따른 광역교통 개선대책 이행의 현저한 지연 등으로 인하여 교통 불편이 큰 지역을 직접 또는 시 · 도지사의 요청을 받아 광역교통특별대책지구(이하 "특별대책지구"라 한다)로 지정할 수 있다.

② 국토교통부장관 또는 시 · 도지사는 제1항에 따라 특별대책지구를 지정하거나 지정을 요청하기 전에 주민, 시장 · 군수 · 구청장 및 관계 전문가 등으로부터 의견을 수렴하여야 한다.

③ 국토교통부장관은 제1항에 따라 특별대책지구를 지정하거나 변경 지정하는 경우에는 광역교통위원회의 심의를 거쳐야 한다. 다만, 대통령령으로 정하는 경미한 사항을 변경하는 경우에는 그러하지 아니하다.

④ 국토교통부장관은 특별대책지구를 지정 또는 변경 지정하는 경우에는 대통령령으로 정하는 바에 따라 그 내용을 관보에 고시하여야 한다.

⑤ 그 밖에 특별대책지구의 지정 기준 및 절차에 관하여 필요한 사항은 대통령령으로 정한다.

[본조신설 2020.4.7.]

제7조의7(특별대책지구의 지정 해제)

① 국토교통부장관은 제7조의8에 따른 광역교통특별대책이 충분히 이행되어 특별대책지구의 지정 목적이 달성된 경우 직접 또는 시 · 도지사의 요청을 받아 광역교통위원회의 심의를 거쳐 대통령령으로 정하는 바에 따라 그 지정을 해제할 수 있다.

② 국토교통부장관은 제1항에 따라 지정을 해제하는 경우 그 지정 해제에 관한 사항을 관보에 고시하여야 한다.

[본조신설 2020.4.7.]

제7조의8(광역교통특별대책의 수립 · 시행)

① 시 · 도지사는 제7조의6에 따라 지정된 특별대책지구에 대하여 다음 각 호의 사항이 포함된 광역교통특별대책(이하 "특별대책"이라 한다)을 수립하여 국토교통부장관에게 제출하여야 한다.

1. 특별대책의 목표 및 추진방향
2. 특별대책지구의 광역교통 개선대책의 이행 상황
3. 특별대책지구의 광역교통 현황 및 개발사업에 따른 교통수요의 예측
4. 이행이 지연되는 교통시설에 상응하는 대중교통수단의 확충
5. 버스전용차로, 환승시설 등 대중교통수단의 원활한 운행에 필요한 대중교통시설의 확충 및 개선
6. 특별대책의 이행에 필요한 재원 조달계획
7. 그 밖에 특별대책지구의 광역교통 개선에 필요한 사항으로서 대통령령으로 정하는 사항

② 국토교통부장관은 제1항에도 불구하고 필요한 경우 시 · 도지사와 협의를 거쳐 직접 특별대책을 수립할 수 있다.

③ 국토교통부장관은 제1항이나 제2항에 따라 제출되거나 수립한 특별대책을 광역교통위원회의 심의를 거쳐 확정하거나 변경하고, 이를 해당 시 · 도지사에게 통보하여야 한다. 다만, 대통령령으로 정하는 경미한 사항을 변경하려는 경우에는 광역교통위원회의 심의를 거치지 아니한다.

④ 국토교통부장관 또는 시 · 도지사는 개발사업의 시행자에게 특별대책의 수립에 필요한 자료를 제출하도록 요청할 수 있다. 이 경우 자료 제출을 요청받은 개발사업의 시행자는 특별한 사유가 없으면 이에 따라야 한다.

⑤ 관계 중앙행정기관의 장, 지방자치단체의 장 및 개발사업의 시행자는 제3항에 따라 확정된 특별대책을 충실히 이행하여야 한다.

⑥ 그 밖에 특별대책의 수립 및 변경에 관한 구체적인 절차 · 방법과 특별대책의 이행 등에 필요한 사항은 대통령령으로 정한다.

[본조신설 2020.4.7.]

제7조의9(광역교통특별대책의 재원) 국토교통부장관 또는 시 · 도지사는 개발사업의 시행자와 협의를 거쳐 개발사업의 시행자가 특별대책의 이행에 필요한 재원을 우선적으로 부담하게 할 수 있다.

[본조신설 2020.4.7.]

제7조의10(광역교통축 지정 등)

① 국토교통부장관은 대도시권에서 광역교통기능을 담당하는 교통축(한 개 또는 여러 개의 교통로를 말한다. 이하 같다) 중에 교통혼잡 해소의 필요성이 크다고 인정되는 주요 교통축을 광역교통축으로 지정하고 광역교통축별로 다음 각 호의 사항이 포함된 광역교통대책(이하 "광역교통축별교통대책"이라 한다)을 수립할 수 있다.

1. 광역교통시설의 확충 및 다른 교통시설과 연계에 관한 사항
2. 광역버스 등 대중교통수단의 확충 및 운영개선에 관한 사항
3. 「도로법」 제8조에 따른 대도시권 교통혼잡도로 개선에 관한 사항
4. 그 밖에 광역교통축별 교통혼잡 문제 해결을 위하여 대통령령으로 정하는 사항

② 국토교통부장관은 제1항에 따라 광역교통축을 지정하거나 광역교통축별교통대책을 수립하려는 경우 광역교통위원회의 심의를 거쳐야 한다. 광역교통축 또는 광역교통축별교통대책을 변경(대

통령령으로 정하는 경미한 사항을 변경하는 경우는 제외한다)하려는 경우에도 또한 같다.

③ 국토교통부장관은 제1항에 따라 수립한 광역교통축별교통대책을 관계 중앙행정기관의 장 및 시 · 도지사에게 통보하여야 하며, 관계 중앙행정기관의 장 및 시 · 도지사는 이를 충실히 이행하여야 한다.

④ 국토교통부장관은 제1항에 따라 수립한 광역교통축별대책의 이행 상황을 검토하여 광역교통축별교통대책의 원활한 이행을 위하여 필요하다고 인정하는 경우에는 관계 중앙행정기관의 장 또는 지방자치단체의 장에게 개선을 권고하거나 시정을 요청할 수 있다. 이 경우 개선의 권고나 시정의 요청을 받은 관계 중앙행정기관의 장 또는 지방자치단체의 장은 이에 필요한 조치를 하여야 한다.

⑤ 국토교통부장관은 광역교통축의 지정 목적이 달성되는 등 대통령령으로 정하는 요건에 해당되는 경우 광역교통위원회의 심의를 거쳐 그 지정을 해제할 수 있다.

⑥ 국토교통부장관은 제1항 · 제2항 또는 제5항에 따라 광역교통축을 지정 · 변경 또는 해제하는 때에는 지체 없이 그 내용을 관보에 고시하여야 한다.

⑦ 그 밖에 광역교통축의 지정기준 및 지정 · 변경 · 해제의 절차 등에 필요한 사항은 대통령령으로 정한다.

[본조신설 2022.6.10.]

제8조(대도시권광역교통위원회 설치 등)

① 대도시권 광역교통에 관한 업무를 수행하기 위하여 국토교통부 소속으로 대도시권광역교통위원회를 둔다.

② 광역교통위원회의 소관 업무는 다음 각 호와 같다. <개정 2020.4.7., 2020.6.9., 2022.6.10.>

1. 제3조의2에 따른 광역교통시행계획에 관한 사항
2. 제5조에 따른 추진계획, 제6조에 따른 추진계획의 평가 및 사후관리에 관한 사항
3. 제7조 및 제7조의2에 따른 광역교통 개선대책에 관한 사항
4. 제7조의6부터 제7조의9까지에 따른 특별대책지구 및 특별대책에 관한 사항

4의2. 제7조의10에 따른 광역교통축의 지정 · 변경 · 해제 및 광역교통축별교통대책의 수립 · 변경에 관한 사항

5. 제10조에 따른 광역교통시설에 대한 재정 지원에 관한 사항

5의2. 제10조의2에 따른 광역버스운송사업의 운영에 대한 재정 지원에 관한 사항

5의3. 제12조에 따른 광역교통 서비스 조사 · 평가에 관한 사항

6. 관계 중앙행정기관과 지방자치단체 간 또는 지방자치단체 상호간에 서로 의견을 달리하는 다음 각 목의 광역교통 사항에 관한 심의 · 조정
   가. 광역철도와 「여객자동차 운수사업법」 및 「대중교통의 육성 및 이용촉진에 관한 법률」에 따른 대도시권 내 광역버스 등 광역대중교통 수단에 대한 계획 수립 및 조정
   나. 「간선급행버스체계의 건설 및 운영에 관한 특별법」에 따른 광역간선급행버스체계의 계획 수립, 구축 및 조정

다. 그 밖에 관계 중앙행정기관 또는 지방자치단체의 장이 광역교통위원회의 심의 · 조정을 요청한 사항

7. 그 밖에 광역교통계획의 수립과 효율적 추진을 위하여 대통령령으로 정하거나 다른 법령에 따라 광역교통위원회의 소관으로 정한 사항

③ 관계 중앙행정기관의 장 및 지방자치단체의 장은 제2항 제6호에 따라 광역교통위원회에서 심의 · 조정 · 의결된 사항에 대하여는 그 결과를 충실히 이행하여야 한다. <개정 2020.4.7.>

[전문개정 2018.12.18.]

제9조(광역교통위원회의 구성)

① 광역교통위원회는 위원장 1명과 상임위원 1명 및 다음 각 호의 위원을 포함하여 30명 이내로 구성한다.

1. 대도시권 광역교통 관련 업무를 담당하는 중앙행정기관 소속 고위공무원 중 대통령령으로 정하는 사람
2. 대도시권에 포함되는 광역지방자치단체의 부단체장 중 대통령령으로 정하는 사람
3. 그 밖에 광역교통 관련 전문지식과 경험이 풍부한 사람

② 광역교통위원회의 위원장(이하 "위원장"이라 한다)은 국토교통부장관의 제청으로 대통령이 임명하고, 위원은 위원장의 추천에 따라 국토교통부장관이 임명 또는 위촉한다.

③ 위원장은 정무직으로 보하고, 상임위원은 고위공무원단에 속하는 일반직공무원으로 보한다.

④ 광역교통위원회에 부칠 안건의 사전검토 · 조정 등을 하기 위하여 광역교통위원회에 실무위원회를 둘 수 있다.

⑤ 실무위원회의 구성과 운영에 관한 사항은 대통령령으로 정한다.

[본조신설 2018.12.18.]

제9조의2(위원장)

① 위원장은 광역교통위원회를 대표한다.

② 위원장이 부득이한 사유로 직무를 수행할 수 없는 때에는 상임위원, 위원장이 미리 지명한 위원, 위원 중 연장자 순으로 그 직무를 대행한다.

③ 위원장은 광역교통위원회의 업무 전반에 대하여 국가재정법령 등에 따른 예산 요구 · 집행권을 국토교통부장관으로부터 위임받은 것으로 본다.

④ 국토교통부장관이 제3항에 따라 위원장이 제출한 예산요구 금액을 감액하거나 내용을 변경하는 경우에는 사전에 위원장의 동의를 구하여야 한다.

[본조신설 2018.12.18.]

제9조의3(위원의 결격사유)

① 다음 각 호의 어느 하나에 해당하는 사람은 광역교통위원회의 위원이 될 수 없다.

1. 피성년후견인, 피한정후견인 또는 파산선고를 받고 복권되지 아니한 사람

2. 금고 이상의 실형을 선고받고 그 집행이 끝나거나(집행이 끝난 것으로 보는 경우를 포함한다) 집행이 면제된 날부터 2년이 지나지 아니한 사람
3. 금고 이상의 형의 집행유예를 선고받고 그 유예기간 중에 있는 사람
4. 벌금형을 선고받고 2년이 지나지 아니한 사람

② 위원이 제1항 각 호의 어느 하나에 해당하게 되면 당연히 퇴직한다.

[본조신설 2018.12.18.]

제9조의4(임기 및 신분보장)

① 위원장과 위원(상임위원을 포함한다)의 임기는 3년으로 하고, 한 차례만 연임할 수 있다. 다만, 제9조 제1항 제1호 · 제2호에 따른 위원은 그 직을 유지하는 동안 재임한다.

② 위원은 다음 각 호의 어느 하나에 해당하는 경우를 제외하고는 그 의사에 반하여 면직 또는 해촉되지 아니한다.

1. 제9조의3 제1항 각 호의 어느 하나에 해당하는 때
2. 심신상의 장애로 직무수행이 현저히 곤란하게 된 때

③ 제2항 제2호의 경우에는 광역교통위원회의 의결을 거쳐 위원장이 면직 또는 해촉한다.

[본조신설 2018.12.18.]

제9조의5(권역별 위원회)

① 대도시권의 지역적 특성을 고려하여 대도시권역별로 구성되는 권역별 위원회(이하 "권역별 위원회"라 한다)를 둔다.

② 권역별 위원회의 위원장은 광역교통위원회의 위원장이 겸임하고, 광역교통위원회의 상임위원은 권역별 위원회의 당연직 위원이 된다.

③ 권역별 위원회의 위원은 광역교통위원회의 위원 중에서 선임하되, 10명 이내로 구성한다.

④ 권역별 위원회는 관할 권역에 해당하는 사항에 관하여는 광역교통위원회에 우선하여 심의 · 의결한다.

⑤ 그 밖에 권역별 위원회의 구성에 관하여 필요한 사항은 대통령령으로 정한다.

[본조신설 2018.12.18.]

제9조의6(광역교통위원회 및 권역별 위원회의 운영 등)

① 광역교통위원회는 분기별로 개최하며, 위원장이 필요하다고 인정하는 경우에는 광역교통위원회 및 권역별 위원회를 개최할 수 있다.

② 광역교통위원회 및 권역별 위원회는 재적위원 과반수의 출석으로 개의하고, 출석위원 과반수의 찬성으로 의결한다.

③ 권역별 위원회의 의결은 광역교통위원회의 의결로 보며, 위원장은 회의의 결과를 광역교통위원회에 보고하여야 한다.

④ 대도시권에 포함되는 광역지방자치단체의 장은 권역별 위원회의 의결 결과에 이의가 있으면 위

원장에게 재심을 요청할 수 있다.

⑤ 위원장은 제4항에 따라 재심을 요청받은 경우 광역교통위원회에서 심의 · 의결을 거쳐야 한다. 이 경우 광역교통위원회는 재적위원 과반수의 출석으로 개의하고, 출석위원 3분의 2 이상의 찬성으로 의결한다.

⑥ 광역교통위원회 및 권역별 위원회의 위원이 다음 각 호의 어느 하나에 해당하는 경우에는 해당 심의 대상 안건의 심의에서 제척된다.

1. 위원 또는 위원이 속한 기관 · 법인 · 단체와 이해관계가 있는 경우
2. 위원의 가족(「민법」 제779조에 따른 가족을 말한다)이 이해관계인인 경우
3. 그 밖에 광역교통위원회 및 권역별 위원회의 심의안건과 직접적인 이해관계가 있다고 인정되는 경우

⑦ 광역교통위원회 및 권역별 위원회 심의 · 의결의 이해당사자는 위원에게 공정한 직무집행을 기대하기 어려운 사정이 있으면 해당 위원회에 기피신청을 할 수 있으며, 해당 위원회는 기피신청이 타당하다고 인정하면 의결로 기피를 결정하여야 한다.

⑧ 위원 본인이 제6항 또는 제7항의 사유에 해당하는 경우에는 스스로 그 사안의 심의 · 의결을 회피할 수 있다.

⑨ 그 밖에 광역교통위원회 및 권역별 위원회의 운영에 관하여 필요한 사항은 대통령령으로 정한다.

[본조신설 2018.12.18.]

제9조의7(대도시권광역교통본부)

① 광역교통위원회의 업무를 지원 · 처리하기 위하여 광역교통위원회에 대도시권광역교통본부를 둔다.

② 대도시권광역교통본부의 장은 상임위원이 겸직하고, 위원장의 지휘를 받아 광역교통위원회의 소관 사무를 관장하며 소속 직원을 지휘 · 감독한다.

③ 그 밖에 대도시권광역교통본부의 구성 · 조직 및 운영에 필요한 사항은 대통령령으로 정한다.

[본조신설 2018.12.18.]

제9조의8(공무원 등의 파견) 위원장은 광역교통위원회의 업무수행을 위하여 필요하다고 인정될 때에는 관계 중앙행정기관의 장, 시 · 도지사 또는 교통정책에 관한 연구 · 개발 업무나 교통시설 개발에 관한 업무를 수행하는 기관의 장 등에게 소속 공무원 또는 소속 직원의 파견을 요청할 수 있다.

[본조신설 2018.12.18.]

제9조의9(의견청취 등)

① 위원장은 소관 사무에 관하여 필요한 경우 관계 행정기관의 소속 공무원이나 관계 전문가를 회의에 참석하게 하여 의견을 듣거나, 관계 기관 · 법인 · 단체 등에 대하여 자료 제출 및 의견 진술 등 필요한 협조를 요청할 수 있다.

② 제1항에 따라 자료 제출 및 의견 진술 등을 요청받은 기관 또는 사람은 이에 성실하게 따르고

협조하여야 하며, 이에 따르지 아니하는 경우에는 그 이유를 소명하여야 한다. <개정 2020.6.9.>

[본조신설 2018.12.18.]

제10조(광역교통시설에 대한 재정 지원 등)

① 광역교통시행계획에 따라 지방자치단체의 장이 시행하는 광역교통시설(광역철도는 제외한다)의 건설 및 개량에 필요한 비용은 대통령령으로 정하는 바에 따라 국고에서 보조하여야 한다.

② 국가와 지방자치단체는 노선의 기능, 국가와 지방자치단체의 재정 등을 고려하여 광역철도의 건설 또는 개량 사업에 필요한 비용(국가 또는 지방자치단체가 민간기업과 공동으로 설립한 법인이 사업을 시행하는 경우에는 민간기업이 부담하는 비용을 공제한 사업비를 말한다)을 대통령령으로 정하는 바에 따라 분담한다. <개정 2013.12.30.>

③ 제2항에 따라 지방자치단체가 부담하는 비용을 관계 시 · 도가 분담하는 경우에는 관계 시 · 도의 광역철도 구간에 실제 들어간 사업비를 기준으로 분담한다. 다만, 관계 시 · 도지사가 서로 협의하여 분담률을 따로 정하는 경우에는 그러하지 아니하다.

④ 제3항에 따라 시 · 도가 부담하는 비용을 해당 시 · 도와 관계 시 · 군 또는 구(자치구를 말한다)가 분담하는 경우 그 분담률은 시 · 도지사가 관계 시장 · 군수 또는 구청장과 협의하여 정한다.

⑤ 제2항부터 제4항까지의 규정에도 불구하고 신도시 건설 등 특정한 개발사업으로 인하여 광역철도의 건설 또는 개량이 필요하게 되는 경우에는 국토교통부장관과 관계 지방자치단체의 장이 협의하거나 관계 지방자치단체의 장이 협의한 후 광역교통위원회의 심의를 거쳐 분담률을 따로 정할 수 있다. <개정 2013.3.23., 2018.12.18.>

⑥ 광역철도의 건설 또는 개량이 「사회기반시설에 대한 민간투자법」에 따른 민간투자사업으로 시행되는 경우 국가나 지방자치단체가 사업시행자에게 같은 법 제53조에 따라 보조금을 교부할 때에는 제2항부터 제5항까지의 규정을 적용하지 아니한다.

⑦ 지방자치단체는 광역교통시설이 원활히 건설될 수 있도록 제1항 및 제2항에 따른 각 지방자치단체의 비용 분담분을 다른 사업에 우선하여 그 해 예산에 계상하여야 한다.

⑧ 제1항 및 제2항에 따라 지방자치단체가 부담하여야 하는 비용을 해당 예산에 계상하지 아니하는 경우 국가는 그 보조금 또는 분담분의 반환을 청구할 수 있으며, 다른 광역교통시설에 대한 재정 지원을 중단하거나 축소할 수 있다.

⑨ 광역교통시행계획에 따라 「국가통합교통체계효율화법」 제49조 제2항 제2호에 따른 공공기관 또는 같은 항 제3호에 따른 지방공사가 시행하는 환승센터 · 복합환승센터의 건설 및 개량에 필요한 비용은 대통령령으로 정하는 바에 따라 국고에서 보조하거나 융자할 수 있다. <신설 2020.10.20.>

⑩ 환승센터 · 복합환승센터 또는 국토교통부장관이 광역교통위원회의 심의를 거쳐 정한 버스정류소 등 개별 환승시설을 건설하거나 개량하는 경우 대통령령으로 정하는 바에 따라 해당 시설을 주로 이용하는 이용객이 속한 지방자치단체가 그 비용의 일부를 지방자치단체 간 협의를 거쳐 부담할 수 있다. <신설 2020.10.20.>

[전문개정 2012.1.17.]

제10조의2(광역버스운송사업의 운영에 대한 재정 지원)

① 국가와 지방자치단체는 노선의 기능, 국가와 지방자치단체의 재정 등을 고려하여 광역버스운송사업 중 국토교통부장관이 지정한 사업의 운영비를 대통령령으로 정하는 바에 따라 분담한다. 이 경우 재정 지원의 대상이 되는 광역버스운송사업의 지정요건은 대통령령으로 정한다.

② 제1항에 따라 지방자치단체가 부담하는 비용을 관계 시 · 도가 분담하는 경우에는 분담률을 서로 협의하여 정한다.

③ 제2항에 따라 시 · 도가 부담하는 비용을 해당 시 · 도와 관계 시 · 군 또는 구(자치구를 말한다)가 분담하는 경우 그 분담률은 시 · 도지사가 관계 시장 · 군수 또는 구청장과 협의하여 정한다.

④ 지방자치단체는 광역버스운송사업의 운영에 대한 지원이 원활히 이루어질 수 있도록 제1항에 따른 각 지방자치단체의 비용 분담분을 다른 사업에 우선하여 그 해 예산에 계상하여야 한다.

⑤ 제1항에 따라 지방자치단체가 부담하여야 하는 비용을 해당 예산에 계상하지 아니한 경우 국가는 그 분담분의 반환을 청구할 수 있으며, 제10조에 따른 광역교통시설에 대한 재정 지원을 중단하거나 축소할 수 있다.

[본조신설 2022.6.10.]

제11조(광역교통시설 부담금의 부과 대상)

① 광역교통시행계획이 수립 · 고시된 대도시권에서 다음 각 호의 어느 하나에 해당하는 사업을 시행하는 자는 광역교통시설 등의 건설 및 개량, 광역버스운송사업에 대한 지원 등을 위한 광역교통시설 부담금(이하 "부담금"이라 한다)을 내야 한다. <개정 2012.2.22., 2013.8.6., 2017.2.8., 2020.6.9.>

1. 「택지개발촉진법」에 따른 택지개발사업
2. 「도시개발법」에 따른 도시개발사업
3. 「주택법」에 따른 대지조성사업 및 법률 제6916호 주택건설촉진법개정법률 부칙 제9조에 따라 종전의 규정에 따르도록 한 아파트지구개발사업
4. 「주택법」에 따른 주택건설사업(다른 법령에 따라 사업 승인이 의제되는 협의를 거친 경우를 포함한다)
5. 「도시 및 주거환경정비법」에 따른 재개발사업 및 재건축사업. 다만, 재개발사업의 경우에는 20세대 이상의 공동주택을 건설하는 경우만 해당한다.
6. 「건축법」 제11조에 따른 건축허가를 받아 주택 외의 시설과 20세대 이상의 주택을 동일 건축물로 건축하는 사업
7. 그 밖에 제1호부터 제6호까지의 사업과 유사한 사업으로서 대통령령으로 정하는 사업

② 제1항에 따른 부담금 납부의무자가 사업의 사용승인 · 사용검사 · 준공인가 또는 준공검사(이하 "사용승인등"이라 한다)를 받는 날(국가나 지방자치단체가 시행하는 사업의 경우 준공완료 공고일을 말한다) 이전에 사업시행자의 지위를 승계하는 경우에는 그 지위를 승계한 자가 부담금을 내야 한다. <신설 2013.8.6.>

③ 부담금 납부의무의 승계, 연대 납부의무 및 제2차 납부의무에 관하여는 이 법의 규정에 반하지 아니하는 범위에서 「지방세기본법」 제41조부터 제48조까지 및 「지방세징수법」 제15조를 준용

한다. <신설 2013.8.6., 2016.12.27., 2020.6.9.>

[전문개정 2012.1.17.]

제11조의2(부담금의 감면)

① 다음 각 호의 사업에 대하여는 부담금을 부과하지 아니한다. <개정 2012.2.22., 2013.8.6., 2015.8.28.>

1. 제11조 제1항 제1호부터 제3호까지에 해당하여 부담금 부과 대상으로 결정된 사업의 지구, 구역 또는 사업지역에서 시행되는 같은 항 제1호부터 제4호까지, 제6호 및 제7호의 사업
2. 「도시 및 주거환경정비법」에 따른 주거환경개선사업
3. 다음 각 목의 사업 중 4년 이상 임대하기 위하여 「민간임대주택에 관한 특별법」에 따른 민간임대주택 또는 「공공주택 특별법」에 따른 공공임대주택을 건설하는 사업으로서 대통령령으로 정하는 사업
   가. 제11조 제1항 제4호의 주택건설사업
   나. 제11조 제1항 제6호의 사업
4. 「공익사업을 위한 토지 등의 취득 및 보상에 관한 법률」 제78조에 따른 이주대책의 실시에 따른 주택지의 조성 및 주택의 건설
5. 제11조 제1항 각 호의 사업 중 「사회기반시설에 대한 민간투자법」 제2조 제1호 가목부터 다목까지의 어느 하나에 해당하는 시설을 신설 · 증설 또는 개량하는 사업을 시행하는 자가 같은 법 제21조에 따라 부대사업으로 시행하는 사업
6. 「신행정수도 후속대책을 위한 연기 · 공주지역 행정중심복합도시 건설을 위한 특별법」 제11조에 따라 지정된 예정지역에서 시행되는 주택의 건설사업

② 다음 각 호의 사업에 대하여는 부담금의 100분의 50을 경감한다. 다만, 제4호의 사업 중 제1호부터 제3호까지에 해당하는 사업은 100분의 75를 경감한다. <개정 2013.5.22., 2013.8.6., 2017.2.8.>

1. 국가나 지방자치단체가 시행하는 사업
2. 「도시 및 주거환경정비법」에 따른 재개발사업
3. 「도시 및 주거환경정비법」에 따른 재건축사업
4. 「국토의 계획 및 이용에 관한 법률」 제6조 제1호에 따른 도시지역에서 시행되는 제11조 제1항 각 호의 사업

③ 삭제 <2013.8.6.>

[전문개정 2012.1.17.]

제11조의3(부담금의 산정기준)

① 제11조 제1항 제1호부터 제6호까지의 사업에 대한 부담금은 다음 각 호의 계산식으로 계산한 금액으로 한다. <개정 2013.8.6.>

1. 제11조 제1항 제1호부터 제3호까지의 사업에 해당하는 부담금 = {1㎡당 표준개발비 × 부과율 × 개발면적 × (용적률 ÷ 200)} − 공제액
2. 제11조 제1항 제4호 및 제5호의 사업에 해당하는 부담금 = {1㎡당 표준건축비 × 부과율 × 건축연면적} − 공제액

3. 제11조 제1항 제6호의 사업에 해당하는 부담금 = {1㎡당 표준건축비 × 부과율 × 건축연면적(주택인 시설의 건축연면적의 합계를 말한다)} − 공제액

② 제11조 제1항 제7호의 사업에 대한 부담금은 대통령령으로 정하는 바에 따른다. <개정 2013.8.6.>

③ 제1항 제1호에 따른 부과율은 100분의 50의 범위에서, 제1항 제2호 및 제3호에 따른 부과율은 100분의 10의 범위에서 각각 대통령령으로 정하되 시 · 도지사는 해당 지방자치단체의 조례로 정하는 바에 따라 제11조 제1항에 따른 사업이 시행되는 지구, 구역 또는 사업지역의 위치 · 규모 · 특성 등에 따라 100분의 50의 범위에서 부과율을 조정할 수 있다. <개정 2013.8.6.>

④ 제1항 제1호에 따른 표준개발비는 단위당 개발비용으로서 생산자물가상승률 등을 고려하여 국토교통부장관이 고시하는 금액으로 하며, 제1항 제2호 및 제3호에 따른 표준건축비는 「공공주택 특별법」 제50조의3에 따라 공공건설임대주택의 분양전환가격을 산정하는 기준으로 국토교통부장관이 고시하는 표준건축비로 한다. <개정 2013.8.6., 2015.8.28.>

⑤ 제1항에 따른 개발면적, 용적률, 건축연면적, 공제액 등에 대한 기준은 대통령령으로 정한다.

[전문개정 2012.1.17.]

제11조의4(부담금의 부과 · 징수 및 납부기한 등)

① 부담금은 제11조 제1항에 따른 사업이 시행되는 지역의 시 · 도지사가 부과 · 징수하되 사업시행자가 국가나 지방자치단체로부터 사업의 승인 또는 인가 등을 받은 날부터 60일 이내에 제11조의3에 따라 산정한 부담금을 부과한다. <개정 2013.8.6.>

② 제1항에 따라 부과된 부담금은 부과일부터 1년 이내에 내야 하되, 납부기한 내에 사업의 사용승인등을 받을 경우에는 그 신청일(국가나 지방자치단체가 시행하는 사업의 경우 준공완료 공고일을 말한다) 이전까지 내야 한다. 다만, 시 · 도지사는 대통령령으로 정하는 바에 따라 납부의무자의 신청을 받아 사업의 사용승인등을 받는 날(국가나 지방자치단체가 시행하는 사업의 경우 준공완료 공고일을 말한다)까지의 범위에서 분할납부를 하게 할 수 있다. <개정 2013.8.6.>

③ 시 · 도지사는 제2항에도 불구하고 부담금의 부과대상 사업의 착공이 대통령령으로 정하는 정당한 사유에 따라 연기되는 경우에는 납부의무자의 신청을 받아 사업의 착공 시까지 납부기한을 연기할 수 있다. <신설 2013.8.6.>

④ 시 · 도지사는 납부의무자가 부담금을 납부기한까지 내지 아니하면 납부기한이 지난 후 10일 이내에 독촉장을 발급하여야 한다. 이 경우 납부기한은 독촉장 발급일부터 10일로 한다. <개정 2013.8.6.>

⑤ 시 · 도지사는 납부의무자가 부담금을 제2항에 따른 기한까지 내지 아니하면 부담금액의 100분의 3에 해당하는 가산금을 징수할 수 있다. <개정 2013.8.6.>

⑥ 시 · 도지사는 부담금을 부과 · 징수한 후 부담금이 과소 또는 과다 부과 · 징수된 사실을 발견한 경우에는 이를 조사하여 그 차액을 추징하거나 환급하여야 한다. <신설 2013.8.6.>

⑦ 시 · 도지사는 납부의무자가 독촉장을 받고 지정된 기한까지 부담금 또는 가산금을 내지 아니하면 「지방행정제재 · 부과금의 징수 등에 관한 법률」에 따라 징수할 수 있다. <개정 2013.8.6., 2020.3.24.>

⑧ 제1항에 따른 사업의 승인 또는 인가 등을 받은 날과 제2항에 따른 사업의 사용승인 등을 받는 날 등 부담금의 부과 · 징수 및 추징 · 환급의 방법과 절차 등에 관하여 필요한 사항은 대통령령으로 정한다. <개정 2013.8.6.>

[전문개정 2012.1.17.]

제11조의5(이의신청)

① 제11조의4에 따라 부담금을 부과받은 자가 부과받은 사항에 대하여 이의가 있으면 부과받은 날부터 90일 이내에 시 · 도지사에게 그 사유를 소명할 수 있는 자료를 첨부하여 이의를 신청할 수 있다. <개정 2013.8.6.>

② 시 · 도지사는 제1항에 따른 이의신청을 받으면 신청을 받은 날부터 15일 이내에 심의하여 그 결과를 신청인에게 서면으로 통보하여야 한다.

[전문개정 2012.1.17.]

제11조의6(부담금의 배분 및 사용)

① 징수된 부담금의 100분의 40은 「국가균형발전 특별법」에 따른 국가균형발전특별회계 중 지역지원계정에 귀속한다. <개정 2014.1.7., 2018.3.20.>

② 징수된 부담금의 나머지 100분의 60은 제11조의7에 따라 부담금을 징수한 시 · 도에 설치된 지방광역교통시설 특별회계에 귀속한다.

③ 징수된 부담금은 다음 각 호의 어느 하나에 해당하는 용도로 사용되어야 한다. <개정 2018.12.18., 2020.6.9., 2020.12.22.>

1. 광역교통시설의 건설 또는 개량
2. 제7조의2에 따른 광역교통 개선대책의 이행을 위한 교통시설로서 광역교통위원회에서 구간 또는 위치를 지정한 교통시설의 건설 또는 개량
3. 「도로법」에 따른 특별시도(特別市道) · 광역시도(廣域市道), 지방도 및 시도(市道) · 군도(郡道) · 구도(區道) 중 시 · 도지사가 광역교통에 영향을 미친다고 인정한 도로로서 광역교통위원회에서 구간 또는 위치를 지정한 도로의 건설 또는 개량. 이 경우 시 · 도지사는 제2항에 따라 시 · 도에 설치된 지방광역교통시설 특별회계에 귀속되는 부담금의 100분의 10의 범위에서 사용할 수 있다.
4. 대도시권 교통의 중심이 되는 도시의 외곽에 위치한 일반철도(「철도의 건설 및 철도시설 유지관리에 관한 법률」 제2조제4호에 따른 일반철도를 말한다) 역의 인근에 설치되는 주차장(제2조 제2호 다목에 따른 주차장은 제외한다) 중 시 · 도지사가 광역교통에 영향을 미친다고 인정한 주차장으로서 광역교통위원회가 지정한 주차장의 건설 또는 개량. 이 경우 시 · 도지사는 제2항에 따라 시 · 도에 설치된 지방광역교통시설 특별회계에 귀속되는 부담금의 100분의 10의 범위에서 사용할 수 있다.
5. 대통령령으로 정하는 광역버스운송사업에 대한 지원 및 광역버스운송사업 관련 시설의 건설 또는 개량

[전문개정 2012.1.17.]

제11조의7(지방광역교통시설 특별회계의 설치 및 조성 등)

① 제11조 제1항에 따른 부담금을 받는 대도시권에 해당되는 시 · 도는 광역교통시설의 확충 등 광역교통 문제의 해결에 필요한 재원을 확보하기 위하여 지방광역교통시설 특별회계를 설치한다. <개정 2013.8.6.>

② 지방광역교통시설 특별회계는 다음 각 호의 재원으로 조성한다. <개정 2013.8.6.>

1. 일반회계로부터의 전입금과 그 밖의 수입
2. 제10조 제1항에 따른 국고보조금 및 같은 조 제2항에 따른 지방자치단체의 분담 사업비
3. 제11조의6 제2항에 따라 귀속되는 부담금

③ 제1항 및 제2항에서 규정한 사항 외에 지방광역교통시설 특별회계의 운용 및 관리에 필요한 사항은 시 · 도의 조례로 정한다.

[전문개정 2012.1.17.]

제12조(광역교통 서비스 조사 · 평가)

① 국토교통부장관은 광역교통 수준의 향상을 위하여 대도시권의 광역 교통수요를 처리하기 위한 교통시설 및 교통수단 등에 대한 접근성 및 이용편의성 수준 등을 정기적으로 조사 · 평가(이하 "광역교통 서비스 조사 · 평가"라 한다)하고 그 결과를 공표할 수 있다.

② 국가와 지방자치단체는 광역교통 서비스 조사 · 평가 결과를 광역교통시행계획, 광역교통 개선대책, 특별대책의 수립 · 시행 등에 반영하여야 한다.

③ 국토교통부장관은 광역교통 서비스 조사 · 평가를 위하여 관계 중앙행정기관의 장, 지방자치단체의 장, 「공공기관의 운영에 관한 법률」 제4조에 따른 공공기관의 장 및 「대중교통의 육성 및 이용촉진에 관한 법률」 제2조에 따른 대중교통운영자에게 자료의 제출 등 필요한 협조를 요청할 수 있다. 이 경우 요청을 받은 자는 특별한 사유가 없으면 그 요청에 따라야 한다.

④ 광역교통 서비스 조사 · 평가의 기준 · 절차 및 방법 등에 관하여 필요한 사항은 대통령령으로 정한다.

[본조신설 2022.6.10.]

제13조(권한의 위임 및 위탁)

① 이 법에 따른 국토교통부장관의 권한은 그 일부를 대통령령으로 정하는 바에 따라 시 · 도지사 또는 시장 · 군수 · 구청장에게 위임할 수 있다. <개정 2015.7.24.>

② 국토교통부장관은 이 법에 따른 업무의 일부를 대통령령으로 정하는 바에 따라 교통분야의 전문성을 보유한 기관 · 법인 또는 단체에 위탁할 수 있다. <신설 2015.7.24.>

[본조신설 2013.8.6.]
[제목개정 2015.7.24.]

제14조(벌칙 적용에서 공무원 의제) 다음 각 호의 어느 하나에 해당하는 사람은 「형법」 제129조부터 제132조까지의 규정에 따른 벌칙을 적용할 때에는 공무원으로 본다.

1. 광역교통위원회 위원 또는 실무위원회 위원 중 공무원이 아닌 위원
2. 제13조 제2항에 따라 위탁받은 기관 · 법인 또는 단체에서 그 업무에 종사하는 임직원

[본조신설 2022.6.10.]

부칙 <제18939호, 2022.6.10.> 이 법은 공포 후 6개월이 경과한 날부터 시행한다.

II 부 록 2

대도시권 광역교통 관리에 관한 특별법 시행령(약칭: 광역교통법 시행령)

[시행 2022.2.8.] [대통령령 제32403호, 2022.2.8., 일부개정]

국토교통부(광역교통정책과-광역교통시설부담금) 044-201-5050, 5051
국토교통부(광역버스과) 044-201-5069
국토교통부(도시교통과) 044-201-3807
국토교통부(기획총괄과) 044-201-5024

제1조(목적) 이 영은 「대도시권 광역교통 관리에 관한 특별법」에서 위임된 사항과 그 시행에 필요한 사항을 정함을 목적으로 한다. <개정 2005.6.30., 2012.4.27.>

제2조(적용범위) 「대도시권 광역교통 관리에 관한 특별법」(이하 "법"이라 한다) 제2조 제1호의 규정에 의한 대도시권의 범위는 별표 1과 같다. <개정 2000.4.12., 2001.4.30., 2005.6.30., 2012.4.27.>

제3조(광역도로) 법 제2조제2호 가목에서 "대통령령으로 정하는 요건에 해당하는 도로"란 다음 각 호의 요건을 갖춘 도로를 말한다. <개정 2000.4.12., 2006.3.29., 2007.4.20., 2012.4.27.>

1. 다음 각 목의 어느 하나에 해당하는 도로일 것
   가. 일반국도. 다만, 국도대체우회도로와 읍 · 면지역의 일반국도를 제외한다.
   나. 특별시도 · 광역시도
   다. 지방도. 다만, 국가지원지방도를 제외한다.
   라. 시도
   마. 군도
   바. 구도
2. 법 제3조의2 제1항에 따른 대도시권광역교통시행계획(이하 "광역교통시행계획"이라 한다)에 의하여 구간이 지정된 도로일 것

제4조(광역철도)

① 법 제2조 제2호 나목에서 "대통령령으로 정하는 요건에 해당하는 도시철도 또는 철도"란 다음 각 호의 요건을 모두 갖춘 도시철도 또는 철도로서 국토교통부장관이나 특별시장 · 광역시장 · 특별자치시장 또는 도지사(이하 "시 · 도지사"라 한다)가 법 제8조에 따른 대도시권광역교통위원회

(이하 “광역교통위원회”라 한다)의 심의를 거쳐 지정 · 고시한 도시철도 또는 철도를 말한다. <개정 2012.4.27., 2013.3.23., 2014.2.5., 2014.3.28., 2019.3.19.>

1. 특별시 · 광역시 · 특별자치시 또는 도(이하 “시 · 도”라 한다) 간의 일상적인 교통수요를 대량으로 신속하게 처리하기 위한 도시철도 또는 철도이거나 이를 연결하는 도시철도 또는 철도일 것
2. 전체 구간이 별표 1에 따른 대도시권의 범위에 해당하는 지역에 포함되고, 같은 표에 따른 권역별로 다음 각 목의 구분에 따른 지점을 중심으로 반지름 40킬로미터 이내일 것
   가. 수도권 : 서울특별시청 또는 강남역
   나. 부산 · 울산권 : 부산광역시청 또는 울산광역시청
   다. 대구권 : 대구광역시청
   라. 광주권 : 광주광역시청
   마. 대전권 : 대전광역시청
3. 표정속도(表定速度, 출발역에서 종착역까지의 거리를 중간역 정차 시간이 포함된 전 소요시간으로 나눈 속도를 말한다)가 시속 50킬로미터(도시철도를 연장하는 광역철도의 경우에는 시속 40킬로미터) 이상일 것
4. 삭제 <2014.3.28.>

② 국토교통부장관은 제1항에 따라 광역철도로 지정 · 고시되었더라도 노선연장 등의 사유로 인하여 제1항 각 호의 요건에 맞지 아니한다고 판단하는 경우에는 공청회를 열어 주민 및 관계 전문가의 의견을 듣고 광역교통위원회의 심의를 거쳐 광역철도의 지정을 폐지할 수 있다. <개정 2013.3.23., 2014.3.28., 2019.3.19.>

③ 제2항에 따른 지정 폐지로 인하여 제5조 제8호에 따른 분담의 비율이 변경되더라도 지정 폐지 시까지 관계 시 · 도가 분담한 비용은 지원의 대상이 되지 아니한다.

[전문개정 2011.1.17.]

제4조의2(광역교통시설)

① 법 제2조 제2호 바목에서 “대통령령으로 정하는 요건에 해당하는 시설”이란 노선이 둘 이상의 시 · 도에 걸치는 간선급행버스체계의 구성시설에 대하여 국토교통부장관이 광역교통위원회의 심의를 거쳐 지정 · 고시한 시설을 말한다. <개정 2013.3.23., 2019.3.19.>

② 법 제2조 제2호 사목에서 “대통령령으로 정하는 요건에 해당하는 시설”이란 대도시권의 광역적인 교통수요를 처리하기 위한 환승센터 · 복합환승센터의 구성시설에 대하여 국토교통부장관이 광역교통위원회의 심의를 거쳐 지정 · 고시한 시설을 말한다. <개정 2013.3.23., 2019.3.19.>

③ 법 제2조 제3호에서 “대통령령으로 정하는 요건에 해당하는 「여객자동차 운수사업법」 제3조 제1항 제1호에 따른 노선 여객자동차운송사업”이란 같은 법 시행령 제3조 제1호 가목 후단에 따라 국토교통부령으로 정하여 구분하는 운행형태 중 광역급행형 · 직행좌석형에 해당하는 시내버스운송사업을 말한다. <신설 2020.9.10.>

[전문개정 2012.8.22.]

제4조의3(광역교통기본계획의 내용 등)

① 법 제3조 제2항 제7호에서 "그 밖에 대도시권 광역교통의 개선을 위하여 대통령령으로 정하는 사항"이라 함은 다음 각 호의 사항을 말한다. <개정 2008.2.29., 2013.3.23.>

1. 대도시권 광역교통망의 체계 개선을 위하여 필요한 사항
2. 광역교통시설의 효율적인 운영 및 관리에 필요한 사항
3. 그 밖에 국토교통부장관이 대도시권 광역교통체계를 개선하기 위하여 필요하다고 인정하는 사항

② 법 제3조 제3항 단서 및 같은 조 제4항 단서에서 "대통령령으로 정하는 경미한 사항"이란 다음 각 호의 어느 하나에 해당하는 사항을 말한다. <개정 2012.4.27.>

1. 법 제3조 제1항에 따른 광역교통기본계획(이하 "광역교통기본계획"이라 한다)의 내용 중 부분별 단위사업의 사업기간, 시행주체, 시행방법 등에 관한 사항
2. 계산착오, 오기, 누락, 그 밖에 기본계획의 기본방향에 영향을 미치지 아니하는 사항으로서 그 변경근거가 분명한 사항

③ 국토교통부장관은 법 제3조 제1항에 따라 광역교통기본계획을 결정하거나 변경한 때에는 다음 각 호의 사항을 관보에 고시하여야 한다. <개정 2008.2.29., 2013.3.23.>

1. 광역교통기본계획 또는 변경사항의 주요내용
2. 변경사유(광역교통기본계획을 변경하는 경우에 한한다)
3. 광역교통기본계획의 전체 내용을 열람할 수 있는 방법 및 장소

[본조신설 2007.4.20.]

제5조(광역교통시행계획의 내용) 광역교통시행계획에는 다음 각 호의 사항이 포함되어야 한다. <개정 2008.2.29., 2013.3.23.>

1. 대도시권 광역교통의 현황과 전망
2. 광역교통시행계획의 목표 및 추진방안에 관한 사항
3. 제3조 제2호, 제4조 및 제4조의2에 따른 광역교통시설의 지정 및 폐지에 관한 사항
4. 광역교통시설의 건설 및 개량에 관한 사항
5. 광역교통체계의 개선에 관한 사항
6. 광역적인 차원에서의 대중교통수단의 확충 및 운영개선에 관한 사항
7. 광역적인 차원에서 대중교통의 이용촉진을 위한 정보의 제공 및 정보체계의 구축에 관한 사항
8. 광역교통시행계획의 시행에 필요한 재원의 조달과 투자비의 분담에 관한 사항
9. 그 밖에 국토교통부장관이 대도시권 광역교통시설의 확충과 광역교통체계의 개선을 효율적으로 추진하기 위하여 필요하다고 인정하는 사항

[전문개정 2007.4.20.]

제6조(광역교통시행계획의 경미한 변경) 법 제3조의2 제2항 단서 및 같은 조 제3항 단서에서 "대통령령으로 정하는 경미한 사항을 변경하는 경우"란 다음 각 호의 어느 하나에 해당하는 경우를 말한다. <개정 2001.4.30., 2002.12.26., 2005.6.30., 2007.4.20., 2012.4.10., 2012.4.27.>

1. 「국토의 계획 및 이용에 관한 법률」 제30조의 규정에 의하여 결정된 도시 · 군계획시설을 광역교통시설로 지정 또는 변경하는 경우
2. 광역교통시설의 시행에 필요한 재원의 조달방법을 변경하거나 투자비를 당초의 100분의 30의 범위 안에서 변경하는 경우
3. 광역교통시설의 규모를 당초의 100분의 20의 범위 안에서 변경하는 경우
4. 광역교통시행계획에 의한 사업기간을 1년의 범위 안에서 변경하는 경우
5. 삭제 <2007.4.20.>

[전문개정 2000.4.12.]

[제목개정 2007.4.20.]

제7조(광역교통시행계획의 고시) 국토교통부장관은 법 제3조의2에 따라 광역교통시행계획을 결정 또는 변경한 때에는 다음 각호의 사항을 관보에 고시하여야 한다. <개정 2007.4.20., 2008.2.29., 2013.3.23.>

1. 광역교통시행계획의 목적 및 기간
2. 광역교통시행계획의 결정 및 변경사유
3. 광역교통체계의 개선에 관한 사항
4. 대중교통수단의 운영개선에 관한 사항
5. 삭제 <2012.8.22.>

[제목개정 2007.4.20.]

제8조(추진계획집행실적의 제출) 관계중앙행정기관의 장과 시 · 도지사는 법 제6조 제1항의 규정에 의하여 추진계획의 집행실적을 다음 연도 3월말까지 국토교통부장관에게 제출하여야 한다. <개정 2008.2.29., 2013.3.23.>

제8조의2(권고 또는 시정요청에 대한 조치) 법 제6조 제2항의 규정에 의하여 개선의 권고나 시정의 요청을 받은 관계중앙행정기관의 장 또는 시 · 도지사는 권고 또는 요청을 받은 날부터 1월 이내에 필요한 조치를 하고, 그 결과를 지체없이 국토교통부장관에게 통보하여야 한다. <개정 2008.2.29., 2013.3.23.>

[본조신설 2000.4.12.]

제8조의3(둘 이상의 지방자치단체에 걸친 광역교통개선대책의 내용 등)

① 법 제7조에 따른 광역교통개선대책에는 다음 각 호의 사항이 포함되어야 한다. <개정 2008.2.29., 2013.3.23.>

1. 해당 지역의 광역교통 현황 및 개발사업으로 인한 교통수요의 예측에 관한 사항
2. 광역교통개선대책의 목표 및 추진방안에 관한 사항
3. 도로 및 철도 등 둘 이상의 시 · 도에 걸쳐 서로 연계개발이 필요한 교통시설(이하 "광역연계교통시설"이라 한다) 및 대중교통수단의 신설 및 개선에 관한 사항

4. 광역연계교통시설 및 대중교통수단의 장기적인 확충 및 다른 교통시설과의 연계에 관한 사항
5. 광역연계교통시설의 건설 및 개량에 필요한 재원의 조달 및 분담의 기본방향에 관한 사항
6. 그 밖에 국토교통부장관이 둘 이상의 지방자치단체에 걸친 광역교통문제를 개선하기 위하여 필요하다고 인정하는 사항

② 법 제7조 제1항에서 "「택지개발촉진법」에 따른 택지개발사업 등 대통령령으로 정하는 사업"이란 제9조 제1항 각 호의 어느 하나에 해당하는 사업을 말한다. <개정 2012.4.27.>

③ 법 제7조 제2항 단서에서 "대통령령으로 정하는 경미한 사항을 변경하는 경우"란 다음 각 호의 어느 하나에 해당하는 경우를 말한다. <개정 2012.4.27.>

1. 광역연계교통시설의 건설 및 개량에 필요한 재원의 조달방법을 변경하거나 투자비를 당초의 100분의 30의 범위에서 변경하는 경우
2. 광역연계교통시설의 규모를 당초의 100분의 30의 범위에서 변경하는 경우
3. 광역교통개선대책의 사업기간을 3년의 범위에서 변경하는 경우

[본조신설 2007.4.20.]

제9조(대규모개발사업의 범위 등)

① 법 제7조의2 제1항에서 "대도시권의 광역교통에 영향을 미치는 대규모 개발사업 등 대통령령으로 정하는 사업"이란 다음 각 호의 어느 하나에 해당하는 사업으로서 그 면적(제5호 내지 제8호의 경우에는 시설계획지구의 면적을 말한다)이 50만제곱미터 이상이거나 수용인구 또는 수용인원이 1만명 이상인 것(이하 "대규모개발사업"이라 한다)을 말한다. <개정 2000.4.12., 2001.4.30., 2002.12.26., 2003.11.29., 2005.6.30., 2006.3.8., 2006.3.29., 2007.4.20., 2009.7.30., 2012.4.27., 2014.12.30., 2020.6.16.>

1. 「택지개발촉진법」에 의한 택지개발사업
2. 「주택법」에 의한 주택건설사업 및 대지조성사업
3. 「도시개발법」에 의한 도시개발사업
4. 삭제 <2001.4.30.>
5. 「관광진흥법」에 의한 관광지조성사업 및 관광단지조성사업
6. 「국토의 계획 및 이용에 관한 법률」에 의한 유원지설치사업
7. 「온천법」에 의한 온천개발사업
8. 「자연공원법」에 의한 공원사업
9. 삭제 <2008.11.11.>
10. 「지역 개발 및 지원에 관한 법률」에 따른 지역개발사업(법률 제12737호 지역 개발 및 지원에 관한 법률 부칙 제4조 제3항에 따라 지역개발사업구역으로 보는 종전의 「지역균형개발 및 지방중소기업 육성에 관한 법률」에 따라 지정 · 고시된 지역종합개발지구에서 시행하는 지역개발사업만 해당한다)
11. 삭제 <2008.11.11.>
12. 「경제자유구역의 지정 및 운영에 관한 특별법」에 따른 경제자유구역 개발사업
13. 삭제 <2008.11.11.>
14. 그 밖에 다른 법률에서 광역교통개선대책의 수립대상으로 규정한 사업

② 법 제7조의2 제1항에 따른 광역교통개선대책의 수립시기는 별표 2와 같다. <개정 2001.4.30., 2007.4.20.>

③ 광역교통개선대책에 포함되어야 할 내용은 다음 각호와 같다. <개정 2001.4.30., 2012.8.22.>

1. 대규모개발사업의 시행으로 발생하는 교통수요의 예측 · 분석에 관한 사항

1의2. 대규모개발사업의 시행에 따른 광역교통의 문제점에 관한 사항

2. 교통시설의 개선 · 확충계획에 관한 사항

3. 환승시설의 개선 · 확충계획에 관한 사항

4. 대중교통수단의 운영계획에 관한 사항

5. 교통안전시설에 관한 사항

6. 그 밖에 대규모개발사업에 따른 광역적인 교통수요의 원활한 처리를 위하여 필요한 사항

④ 시 · 도지사는 대규모개발사업에 대한 광역교통개선대책을 수립함에 있어서 필요하다고 인정하는 경우에는 관계 중앙행정기관의 장, 지방자치단체의 장 또는 대규모개발사업의 시행자에게 필요한 자료의 제출을 요구할 수 있다. <개정 2001.4.30.>

⑤ 시 · 도지사는 법 제7조의2 제3항에 따라 광역교통개선대책의 확정통보를 받은 때에는 그 내용을 관계 중앙행정기관의 장, 지방자치단체의 장과 당해 대규모개발사업의 시행자에게 통보하여야 한다. <개정 2001.4.30., 2007.4.20.>

⑥ 관계 중앙행정기관의 장 및 지방자치단체의 장은 제5항의 규정에 의하여 시 · 도지사로부터 광역교통개선대책을 통보받은 후에 소관별 추진계획을 수립하여야 하며, 대규모개발사업에 관한 허가 · 인가 · 승인 또는 협의 등(이하 "허가등"이라 한다)을 하는 때에는 그 사업의 시행자가 이행하여야 할 사항을 당해 허가등의 조건으로 하는 등 광역교통개선대책의 충실한 이행에 필요한 조치를 하고 그 결과를 광역교통개선대책을 통보받은 날부터 1개월 이내에 관할 시 · 도지사에게 통보하여야 한다. <신설 2001.4.30.>

⑦ 제2항 내지 제6항 외에 광역교통개선대책의 수립 및 사후관리에 관한 세부적인 내용은 국토교통부장관이 따로 정한다. <신설 2001.4.30., 2006.3.29., 2008.2.29., 2013.3.23.>

제9조의2 삭제 <2012.8.22.>

제9조의3(광역교통개선대책에 따른 도로의 공고의 내용 및 방법) 법 제7조의5 제2항에 따른 도로의 노선인정 공고의 내용 및 방법은 「도로법」 제19조에 따른다.

[본조신설 2007.4.20.]

제9조의4(광역교통특별대책지구의 지정 기준 · 절차 등)

① 법 제7조의6 제1항에 따른 광역교통특별대책지구(이하 "특별대책지구"라 한다)로 지정될 수 있는 지역은 다음 각 호의 기준을 모두 충족하는 지역으로 한다.

1. 대규모개발사업이 시행되는 지구(이하 "사업지구"라 한다) 중 입주가 진행되었거나 제3항에 따라 의견수렴을 위한 공고를 한 날부터 1년 이내에 입주가 진행될 예정인 사업지구일 것

2. 다음 각 목의 어느 하나에 해당하는 경우로서 법 제7조의2 제3항에 따라 확정된 광역교통개선대책(이하 "광역교통개선대책"이라 한다) 이행의 현저한 지연 등으로 교통 불편이 크게 발

생했거나 발생할 것이 예상될 것

가. 광역교통개선대책 이행률(해당 사업지구의 이행 완료된 광역교통개선대책 사업수를 해당 사업지구의 전체 광역교통개선대책 사업수로 나눈 비율을 말한다) 또는 광역교통개선대책 집행률(해당 사업지구의 이행 완료된 광역교통개선대책 사업비용을 해당 사업지구의 전체 광역교통개선대책 사업비용으로 나눈 비율을 말한다)이 100분의 50 미만인 경우

나. 광역교통개선대책에 포함된 철도 건설사업이 광역교통개선대책의 준공 예정일을 기준으로 1년 이상 지연되는 경우

다. 시 · 도지사가 특별대책지구의 지정을 요청하는 경우로서 국토교통부장관이 가목 또는 나목에 준하는 사정이 있다고 인정하는 경우

② 시 · 도지사는 법 제7조의6 제1항에 따라 국토교통부장관에게 특별대책지구의 지정을 요청할 때에는 지정을 요청하는 지역에 관한 다음 각 호의 사항이 포함된 서류를 제출해야 한다.

1. 명칭 · 위치
2. 지정 목적
3. 인구, 주택 수 등의 현황
4. 광역교통개선대책 및 그 이행 현황
5. 법 제7조의8 에 따른 광역교통특별대책(이하 "특별대책"이라 한다)의 개요
6. 제4항에 따라 제출된 의견서 및 검토 결과

③ 국토교통부장관 또는 시 · 도지사는 법 제7조의6 제2항에 따라 주민 및 관계 전문가 등의 의견을 수렴하려는 경우에는 특별대책지구로 지정하거나 지정을 요청하려는 지역에 관한 다음 각 호의 사항을 인터넷 홈페이지 또는 일간신문 등에 14일 이상 공고해야 한다.

1. 명칭 · 위치
2. 지정 목적
3. 열람 기간 및 방법
4. 의견제출 기한 및 방법
5. 그 밖에 국토교통부장관 또는 시 · 도지사가 공고할 필요가 있다고 인정하는 사항

④ 제3항에 따라 공고된 사항에 대하여 의견이 있는 자는 같은 항 제4호에 따른 의견제출 기한까지 공고를 한 국토교통부장관 또는 시 · 도지사에게 의견서를 제출할 수 있다.

⑤ 특별대책지구의 지정 기간은 3년 이내로 한다. 다만, 지정 기간 만료시점에 제1항에 따른 지정 기준을 충족하는 경우에는 국토교통부장관이 직접 또는 시 · 도지사의 요청을 받아 광역교통위원회의 심의를 거쳐 3년의 범위에서 해당 특별대책지구의 지정 기간을 한 번 연장할 수 있다.

⑥ 법 제7조의6 제3항 단서에서 "대통령령으로 정하는 경미한 사항을 변경하는 경우"란 다음 각 호의 어느 하나에 해당하는 경우를 말한다.

1. 특별대책지구의 명칭을 변경하는 경우
2. 사업지구의 개발계획 등이 변경됨에 따라 특별대책지구의 위치를 변경하는 경우

⑦ 법 제7조의6 제4항에 따른 특별대책지구에 관한 고시에는 다음 각 호의 사항이 포함되어야 한다.

1. 특별대책지구의 명칭 · 위치
2. 특별대책지구의 지정일
3. 특별대책지구의 지정 또는 변경 사유
4. 관계 서류의 열람방법
5. 그 밖에 특별대책지구에 관한 사항으로서 국토교통부장관이 고시할 필요가 있다고 인정하는 사항

[본조신설 2020.9.10.]

제9조의5(특별대책지구의 지정 해제 등)

① 시 · 도지사는 법 제7조의7 제1항에 따라 국토교통부장관에게 특별대책지구의 지정 해제를 요청하려면 다음 각 호의 사항이 포함된 서류를 제출해야 한다.

1. 다음 각 목의 사항이 포함된 특별대책지구 현황
   가. 광역교통 현황
   나. 광역교통개선대책 이행 현황
2. 특별대책의 내용 및 그 이행 결과
3. 특별대책지구 해제 사유

② 법 제7조의7 제2항에 따른 특별대책지구 지정 해제에 관한 고시에는 다음 각 호의 사항이 포함되어야 한다.

1. 특별대책지구의 명칭 · 위치
2. 특별대책지구의 해제일
3. 특별대책지구의 해제 사유
4. 관계 서류의 열람방법
5. 그 밖에 특별대책지구에 관한 사항으로서 국토교통부장관이 고시할 필요가 있다고 인정하는 사항

[본조신설 2020.9.10.]

제9조의6(특별대책의 수립 · 시행)

① 법 제7조의8 제1항 제7호에서 “대통령령으로 정하는 사항”이란 다음 각 호의 사항을 말한다.

1. 특별대책에 따라 건설되거나 운영되는 대중교통수단 또는 대중교통시설 등의 연차별 운영 및 건설 · 관리 계획
2. 특별대책 이행에 따른 기대효과

② 국토교통부장관은 법 제7조의8 제3항에 따라 특별대책을 확정하거나 변경한 경우에는 그 내용을 관계 중앙행정기관의 장에게 통보해야 한다.

③ 시 · 도지사는 법 제7조의8 제3항 본문에 따라 특별대책을 통보받으면 관계 지방자치단체의 장과 해당 대규모개발사업의 시행자에게 통보해야 한다.

④ 법 제7조의8 제3항 단서에서 “대통령령으로 정하는 경미한 사항을 변경하려는 경우”란 다음 각 호의 어느 하나에 해당하는 경우를 말한다.

1. 특별대책의 이행에 필요한 재원의 조달방법을 변경하려는 경우
2. 특별대책의 재원규모를 100분의 30의 범위에서 변경하려는 경우

⑤ 제1항부터 제4항까지에서 규정한 사항 외에 특별대책의 수립 · 시행에 필요한 사항은 국토교통부장관이 정한다.

[본조신설 2020.9.10.]

제10조(광역교통위원회 소관 업무) 법 제8조 제2항 제6호에 따른 광역교통위원회의 소관 업무는 다음 각 호와 같다.

1. 광역교통기본계획 수립 지원
2. 법 제11조에 따른 광역교통시설 부담금(이하 “부담금”이라 한다)에 관한 사항
3. 광역교통의 요금, 광역교통수단과 연계된 환승 요금의 요율 및 기준에 관한 사항
4. 그 밖에 대도시권 광역교통 문제를 개선하기 위해 광역교통위원회가 필요하다고 인정하는 사항

[전문개정 2019.3.19.]

제11조(광역교통위원회의 구성)

① 법 제9조 제1항 제1호에서 “대통령령으로 정하는 사람”이란 기획재정부 · 행정안전부 · 국토교통부 및 행정중심복합도시건설청 소속의 고위공무원단에 속하는 일반직공무원(직무등급이 가등급에 해당하는 공무원을 말하며, 이에 상당하는 특정직 · 별정직 공무원을 포함한다) 중 소속 기관의 장이 지명하는 사람을 말한다.

② 법 제9조 제1항 제2호에서 “대통령령으로 정하는 사람”이란 대도시권 광역교통 관련 업무를 담당하는 부단체장으로서 소속 기관의 장이 지명하는 사람을 말한다.

[본조신설 2019.3.19.]

제11조의2(실무위원회의 구성 및 운영)

① 법 제9조 제4항에 따른 실무위원회(이하 “실무위원회”라 한다)는 다음 각 호의 사항을 심의한다.
1. 광역교통위원회 또는 법 제9조의5 제1항에 따른 권역별 위원회(이하 “권역별 위원회”라 한다)에 부칠 안건의 사전검토 또는 조정에 관한 사항
2. 그 밖에 실무위원회의 위원장(이하 이 조에서 “위원장”이라 한다)이 심의가 필요하다고 인정하는 사항

② 실무위원회는 위원장 1명을 포함해 100명 이내의 위원으로 구성한다.

③ 위원장은 광역교통위원회의 상임위원이 된다.

④ 실무위원회의 위원은 다음 각 호의 사람이 된다.
1. 기획재정부 · 행정안전부 · 국토교통부 및 행정중심복합도시건설청 소속 공무원 중 소속 기관의 장이 지명하는 사람
2. 대도시권에 포함되는 시 · 도 또는 시 · 군 · 구(자치구를 말한다) 소속 공무원 중 소속 기관의 장이 광역교통위원회와 협의해 지명하는 사람

3. 교통 · 도시계획 · 재정 · 행정 · 환경 등 광역교통에 관한 학식과 경험이 풍부한 사람 중에서 광역교통위원회의 위원장이 성별을 고려해 위촉하는 50명 이내의 사람

⑤ 제4항 제3호의 위원(이하 이 조에서 “민간위원”이라 한다)의 임기는 2년으로 하며, 한 차례만 연임할 수 있다.

⑥ 실무위원회의 회의는 위원장과 위원장이 회의 시마다 지정하는 위원을 포함해 5명 이상 30명 이하로 구성한다. 이 경우 민간위원의 수는 위원장을 포함한 위원 수의 2분의 1 이상이어야 한다.

[본조신설 2019.3.19.]

제11조의3(권역별 위원회의 구성) 권역별 위원회는 위원장 및 당연직 위원 외에 다음 각 호의 위원으로 구성하되, 별표 1에 따른 권역별로 각각 구성한다.

1. 법 제9조 제1항 제1호의 위원 중 행정중심복합도시건설청 소속의 위원(대전권에 한정한다)
2. 법 제9조 제1항 제2호의 위원 중 해당 대도시권의 위원
3. 법 제9조 제1항 제3호의 위원 중 광역교통위원회의 위원장이 지명하는 위원

[본조신설 2019.3.19.]

제11조의4(광역교통위원회 및 권역별 위원회의 운영)

① 광역교통위원회 및 권역별 위원회의 위원 중 법 제9조 제1항 제1호 및 제2호의 위원이 회의에 출석하지 못하는 경우에는 그 바로 하위직위에 있는 공무원이 대리로 출석할 수 있다.

② 제1항에 따라 대리 출석한 공무원은 안건에 대해 발언할 수 있으나 표결에는 참가할 수 없다.

[본조신설 2019.3.19.]

제11조의5(광역교통위원회 등의 운영 세칙) 이 영에서 규정한 사항 외에 광역교통위원회, 실무위원회, 권역별 위원회의 구성 및 운영에 필요한 사항은 위원회의 의결을 거쳐 위원장이 정한다.

[본조신설 2019.3.19.]

제12조(광역도로건설비 등의 보조) 법 제10조 제1항의 규정에 의하여 지방자치단체의 장이 시행하는 광역교통시설의 건설 및 개량에 관하여 국고에서 보조하는 비용은 다음 각호의 구분에 의한다. <개정 1999.6.16., 2000.4.12., 2004.1.20., 2005.6.30., 2011.1.17., 2012.8.22.>

1. 법 제2조 제2호 가목에 따른 광역도로(이하 “광역도로”라 한다) : 해당 광역도로의 건설 및 개량에 필요한 비용의 50퍼센트
2. 법 제2조 제2호 다목의 규정에 의한 주차장 : 당해 주차장의 건설 및 개량에 필요한 비용의 30퍼센트

2의2. 법 제2조 제2호 라목의 규정에 의한 공영차고지중 화물자동차운수사업에 제공되는 공영차고지 : 당해 공영차고지의 건설 및 개량에 필요한 비용의 30퍼센트

3. 제4조의2 제1항에 따른 시설 : 해당 시설의 건설 및 개량에 필요한 사업비의 50퍼센트

4. 제4조의2 제2항에 따른 시설: 해당 시설의 건설 및 개량에 필요한 사업비의 30퍼센트

제13조(광역철도의 건설 및 개량에 관한 비용의 분담)

① 법 제10조 제2항에 따라 광역철도의 건설 또는 개량 사업에 필요한 비용에 대해서는 국가가 70퍼센트를 부담하고, 해당 지방자치단체가 30퍼센트를 부담한다.

② 제1항에도 불구하고 지방자치단체가 광역철도의 건설 또는 개량 사업을 시행하는 경우로서 서울특별시가 사업 구간에 포함된 경우 서울특별시에 대한 분담률은 국가가 50퍼센트를 부담하고, 서울특별시가 50퍼센트를 부담한다.

③ 제1항 및 제2항에도 불구하고 광역철도에 화물을 운송하는 기능이 포함된 경우에는 해당 광역철도의 철도시설(「철도산업발전기본법」 제3조 제2호에 따른 철도시설을 말한다) 중 화물을 운송(화물의 취급을 포함한다)하는 용도로만 사용되는 철도시설의 건설 또는 개량에 드는 비용에 대해서는 국가가 전부를 부담한다.

[전문개정 2014.3.28.]

제14조(광역철도의 건설 및 개량에 필요한 비용의 납입) 국가가 광역철도의 건설 또는 개량 사업을 시행하는 경우에 지방자치단체의 장은 제13조 제1항 및 제2항에 따라 매 회계연도에 부담하여야 하는 비용을 해당 연도에 「철도산업발전기본법」 제19조에 따른 관리청(이하 "관리청"이라 한다)에 납입하되, 납입 시기는 공사의 진척도에 따라 관리청이 해당 지방자치단체의 장과 협의하여 정한다.

[전문개정 2014.3.28.]

제14조의2(환승센터 등의 건설·개량에 필요한 비용의 보조 등)

① 법 제10조 제9항에 따라 법 제2조 제2호 사목에 따른 환승센터·복합환승센터(이하 "환승센터·복합환승센터"라 한다)의 건설 및 개량에 관하여 국고에서 보조하거나 융자할 수 있는 비용은 해당 센터의 건설 및 개량에 필요한 비용의 30퍼센트로 한다.

② 법 제10조 제10항에 따라 환승센터·복합환승센터 또는 버스정류소 등 개별 환승시설의 건설 및 개량에 관하여 해당 시설을 주로 이용하는 이용객이 속한 지방자치단체의 부담 비용을 지방자치단체 간에 협의할 때에는 해당 시설의 건설 및 개량에 필요한 비용에서 제12조 제4호에 따른 국고보조금을 제외한 비용을 대상으로 하고, 해당 시설의 이용객 수요 등을 고려해야 한다.

[본조신설 2021.4.20.]

제15조(사업계획수립 등의 통보) 관계 행정기관의 장(관계 행정기관의 장의 권한을 위탁받은 자를 포함한다)은 법 제11조제1항 각 호의 사업계획을 수립하거나 준공완료한 때 또는 그에 관한 승인·인가·허가·준공검사·사용검사를 한 때(변경의 경우를 포함한다)에는 관할 시·도지사에게 그 사실을 통보하여야 한다.

[전문개정 2014.2.5.]

제16조(부담금의 감면) 법 제11조의2 제1항 제3호 각 목 외의 부분에서 "대통령령으로 정하는 사업"이란 「주택법」 제2조 제6호의 국민주택규모 이하의 임대주택(「민간임대주택에 관한 특별법」에 따른 민간임대주택 또는 「공공주택 특별법」에 따른 공공임대주택을 말한다. 이하 같다)을 건설하는 사업을 말한다. <개정 2003.11.29., 2005.6.30., 2007.4.20., 2012.4.27., 2014.2.5., 2015.12.28., 2016.8.11.>

[전문개정 2001.4.30.]

제16조의2(부담금의 산정기준)

① 법 제11조의3 제1항 제1호의 규정에 의한 개발면적은 당해 사업이 시행되는 지구 · 구역 또는 사업지역의 전체면적에서 다음 각호의 용지의 면적을 제외한 면적으로 한다. <개정 2005.6.30., 2012.4.27., 2014.2.5.>

1. 관계 법령의 규정에 의하여 국가 또는 지방자치단체에 무상으로 귀속되거나 법 제11조 제1항 각 호에 따른 사업을 시행하는 자(이하 "사업시행자"라 한다)가 국가 또는 지방자치단체에 기부채납하는 용지
2. 제16조의 규정에 의한 임대주택의 건설을 위한 용지
3. 법 제11조의2 제1항 제4호에 따른 이주대책의 실시에 따른 주택지의 조성 및 주택의 건설을 위한 용지
4. 공용의 청사용지와 「학교용지 확보 등에 관한 특례법」 제1조에 따른 각급학교 용지

② 법 제11조의3 제1항 제1호에 따른 용적률은 해당사업이 시행되는 지구 · 구역 또는 사업지역 안에서 「주택법」 제15조 제1항에 따른 사업계획의 승인(「택지개발촉진법」 제11조 또는 「도시개발법」 제19조에 따라 승인을 얻은 것으로 보는 경우를 포함한다)을 얻어 「주택법」 제2조 제2호 및 제3호에 따른 단독주택 및 공동주택을 건립하는 경우 각 주택이 건립되는 대지의 면적에 따라 가중평균하여 산정한다. 다만, 가중평균하여 산정된 용적률이 「국토의 계획 및 이용에 관한 법률」 제78조 제1항 제1호 가목에서 정한 주거지역 용적률의 최대한도를 초과하는 경우에는 그 최대한도의 용적률을 적용한다. <개정 2006.3.29., 2011.1.17., 2012.8.22., 2016.8.11.>

1. 삭제 <2011.1.17.>
2. 삭제 <2011.1.17.>

③ 시 · 도지사는 사업시행자가 해당사업의 승인 또는 인가를 받은 날부터 60일 이내에 제2항 본문에 따른 평균용적률을 산정할 수 없는 때에는 「국토의 계획 및 이용에 관한 법률」 제78조에 따라 특별시 · 광역시 · 특별자치시 · 시 또는 군의 조례로 정하는 용적률의 최대한도를 적용할 수 있다. 다만, 용적률의 최대한도와 제2항 본문에 따른 평균용적률의 차이에 따른 부담금의 차액은 평균용적률을 산정할 수 있게 된 때에 지체 없이 정산하여야 하며, 이 경우 정산금액에는 부담금을 납부한 날부터 정산금액의 지급일 전날까지의 이자(이자율은 「은행법」에 따라 설립된 은행의 1년 만기 정기예금 평균이자율로서 부담금 납부일 당시의 금리를 기준으로 한다)를 가산하여야 한다. <신설 2006.3.29., 2010.11.15., 2012.8.22., 2014.2.5.>

④ 법 제11조의3 제1항 제1호부터 제3호까지의 규정에 따른 공제액은 다음 각 호의 금액을 모두 합한 금액으로 한다. <개정 2005.6.30., 2006.3.29., 2007.4.20., 2012.8.22., 2014.2.5., 2015.12.15.>

1. 당해 사업과 관련하여 도시철도 또는 철도의 건설 및 개량에 소요되는 비용을 부담하는 경

우에는 그 금액

2. 법 제11조 제1항 각 호에 따른 사업이 시행되는 지구 · 구역 또는 사업지역 밖에서 다음 각 목의 어느 하나에 해당하는 도로를 설치하거나 그 비용의 전부 또는 일부를 부담하는 경우에는 그 금액
   가. 도로관계 법령에 의한 고속국도, 자동차전용도로, 일반국도, 특별시도, 광역시도 또는 지방도
   나. 광역도로에 해당하는 시 · 군 · 구도
   다. 법 제7조의2 제3항에 따라 확정된 광역교통개선대책에 따라 건설 또는 개량되는 도로
   라. 그 밖에 시 · 도지사가 광역교통에 영향을 미친다고 인정하는 도로
3. 해당 사업과 관련하여 다음 각 목의 어느 하나에 해당하는 시설을 설치하거나 그 시설의 건설 및 개량에 드는 비용의 전부 또는 일부를 부담하는 경우에는 그 금액
   가. 법 제2조 제2호 다목에 따른 주차장
   나. 법 제2조 제2호 라목에 따라 여객자동차 운수사업에 제공되는 차고지로서 지방자치단체의 장이 설치하는 공영차고지
   다. 법 제2조 제2호 마목 및 이 영 제4조의2제1항에 따른 간선급행버스체계의 구성시설
   라. 법 제2조 제2호 바목 및 이 영 제4조의2제2항에 따른 환승센터의 구성시설

⑤ 제4항에 따른 공제액을 인정받고자 하는 사업시행자는 관할 시 · 도지사에게 그 사유를 증명하는 서류를 제출하여야 한다. <개정 2006.3.29., 2012.8.22.>

⑥ 법 제11조의3 제1항 제2호에 따른 건축연면적은 전체 연면적의 합계에서 다음 각 호의 어느 하나에 해당하는 연면적의 합계를 제외한 면적으로 한다. <개정 2003.6.30., 2003.11.29., 2004.1.20., 2005.6.30., 2006.3.29., 2007.4.20., 2010.6.10., 2012.8.22., 2014.2.5., 2016.8.11., 2018.2.9., 2020.3.24., 2022.2.8.>

1. 지하층(주거용인 경우를 제외한다)과 건축물안의 주차장
2. 공용의 청사와 「학교용지 확보 등에 관한 특례법」 제1조에 따른 각급학교
3. 「주택법」 제2조 제13호에 따른 부대시설 및 같은 조 제14호에 따른 복리시설

3의2. 「주택건설기준 등에 관한 규정」 제2조제3호에 따른 주민공동시설(제3호에 해당하는 시설은 제외한다)

4. 「도시 및 주거환경정비법」에 따른 재개발사업 및 재건축사업의 경우 해당 사업이 시행되는 구역 내 종전 건축물의 연면적
5. 「빈집 및 소규모주택 정비에 관한 특례법」에 따른 소규모주택정비사업의 경우 해당 사업이 시행되는 구역 내 종전 건축물의 연면적
6. 「주택법」에 따른 리모델링사업의 경우 해당 사업의 종전 건축물의 연면적
7. 「주택법」 제2조 제6호의 국민주택 규모 이하인 임대주택의 연면적

⑦ 법 제11조의3 제1항 제3호에 따른 건축연면적(주택인 시설의 건축연면적의 합계를 말한다. 이하 이 항에서 같다)을 산정할 때 리모델링을 하는 사업의 경우에는 해당 사업의 종전 건축물의 건축연면적을 제외한 면적을 건축연면적으로 한다. <신설 2022.2.8.>

⑧ 법 제11조의3 제3항에 따른 부과율은 다음 각호와 같다. <개정 2006.3.29., 2014.2.5.>

1. 법 제11조의3 제1항 제1호의 부과율 : 100분의 15. 다만, 별표 1의 대도시권중 수도권인 경우에는 100분의 30
2. 법 제11조의3 제1항 제2호 및 제3호의 부과율 : 100분의 2. 다만, 별표 1의 대도시권중 수도권인 경우에는 100분의 4

[본조신설 2001.4.30.]

제17조(부담금의 부과 · 징수 및 방법 등)

① 시 · 도지사는 법 제11조의4 제1항의 규정에 의하여 부담금을 부과하고자 하는 때에는 납부대상 · 납부금액 · 납부기한 · 납부장소 등을 기재한 납부고지서를 발부하여야 한다.

② 시 · 도지사는 사업계획 등의 변경으로 부담금이 변경되는 사유가 발생한 때에는 납부고지서를 지체없이 재발급하여야 한다.

③ 제1항의 규정에 의하여 납부고지서를 받은 사업시행자가 천재 · 지변 그 밖의 부득이한 사유로 인하여 납부기한안에 납부하기가 곤란하다고 인정되는 때에는 그 사유가 없어진 날부터 30일 이내에 납부하여야 한다.

④ 법 제11조의4 제2항 단서에 따라 부담금의 분할납부를 신청하고자 하는 자는 부담금의 금액, 사업이 시행되는 위치, 분할납부의 사유 등을 기재한 신청서를 부담금 납부고지일부터 30일 이내에 시 · 도지사에게 제출하여야 한다. <개정 2014.2.5.>

⑤ 시 · 도지사는 제4항의 규정에 의한 분할납부를 신청받은 날부터 30일 이내에 신청인에게 분할납부 허용여부를 서면으로 통지하여야 한다.

⑥ 법 제11조의4 제1항에 따른 사업의 승인 또는 인가등을 받은 날과 법 제11조의4 제2항 단서에 따른 사업의 사용승인 · 사용검사 · 준공인가 또는 준공검사를 받는 날은 별표 3과 같다. <개정 2014.2.5.>

⑦ 법 제11조의4 제3항에서 "대통령령으로 정하는 정당한 사유"란 다음 각 호의 어느 하나에 해당하는 경우를 말한다. <신설 2014.2.5.>

1. 천재지변 또는 사업시행자에게 책임이 없는 불가항력적인 사유로 인하여 사업의 착공이 지연되는 경우
2. 해당 사업시행지에 대한 소유권 분쟁(소송절차가 진행 중인 경우만 해당한다)으로 인하여 사업의 착공이 지연되는 경우
3. 사업의 승인 또는 인가 등의 조건으로 부과된 사항을 이행함에 따라 사업의 착공이 지연되는 경우
4. 주택건설경기가 침체되는 등 사업을 착공하지 못할 부득이한 사유가 있다고 시 · 도지사가 인정하는 경우

⑧ 시 · 도지사는 납부의무자가 부담금으로 낸 금액 중 과오납부한 금액이 있거나 환급하여야 할 금액이 있으면 지체 없이 그 과오납 금액 또는 환급하여야 할 금액을 부담금납부자에게 알려야 한다. 이 경우 다음 각 호의 어느 하나에 해당하는 날의 다음 날부터 환급 결정을 하는 날까지의 이자(「은행법」에 따라 설립된 은행의 1년 만기 정기예금 평균이자율로서 부담금 납부일 당시의

금리를 기준으로 산정한 이자를 말한다)를 함께 알려야 한다. <신설 2014.2.5.>

1. 착오 납부, 이중 납부 또는 납부 후 그 부과를 취소하거나 정정한 경우 : 착오 등 납부일
2. 부담금납부자에게 책임이 있는 사유로 부담금을 발생시킨 사업의 승인 또는 인가 등이 취소된 경우 : 승인 또는 인가 등의 취소일
3. 부담금납부자가 사업계획을 변경하거나 그 밖에 이와 비슷한 사유로 인한 경우: 사업계획 변경허가 또는 그 밖에 이와 유사한 행정처분의 처분일

⑨ 시 · 도지사는 부담금의 부과 및 징수에 관한 대장을 작성 · 관리하고 매분기 말일을 기준으로 부과 · 징수실적에 관한 자료를 다음달 10일까지 국토교통부장관에게 제출하여야 한다. <개정 2008.2.29., 2013.3.23., 2014.2.5.>

⑩ 이 영에 규정된 사항외에 부담금의 부과 · 징수 및 환급의 방법과 절차 등에 관한 사항은 해당 시 · 도의 조례로 정한다. <개정 2014.2.5.>

[전문개정 2001.4.30.]

제17조의2(부담금의 납입) 시 · 도지사는 징수된 부담금중 「국가균형발전 특별법」에 따른 국가균형발전특별회계의 경제발전계정에 귀속되는 분을 부담금을 수납한 날이 속하는 분기의 다음달 10일까지 한국은행(국고대리점을 포함한다) 또는 체신관서에 납입하여야 한다. <개정 2005.6.30., 2012.8.22., 2014.3.11., 2018.9.18.>

[본조신설 2001.4.30.]

제17조의3(사용계획의 수립 · 시행)

① 시 · 도지사는 부담금에 대한 사용계획을 수립하여 전년도 4월 30일까지 국토교통부장관에게 제출하여야 한다. <개정 2008.2.29., 2013.3.23.>

② 국토교통부장관은 제1항에 따라 제출받은 사용계획에 대해 광역교통위원회의 심의를 거쳐 그 결과를 전년도 11월 15일까지 시 · 도지사에게 통보하여야 한다. <개정 2008.2.29., 2013.3.23., 2019.3.19.>

③ 시 · 도지사는 부담금 징수액의 증감 등으로 인하여 제2항의 규정에 의하여 통보받은 사용계획을 변경하고자 하는 경우에는 변경계획을 수립하여 당해연도 6월 30일까지 국토교통부장관에게 제출하여야 한다. <신설 2004.1.20., 2008.2.29., 2013.3.23.>

④ 국토교통부장관은 제3항에 따라 제출받은 변경계획에 대해 광역교통위원회의 심의를 거쳐 그 결과를 시 · 도지사에게 통보하여야 한다. <신설 2004.1.20., 2008.2.29., 2013.3.23., 2019.3.19.>

[본조신설 2001.4.30.]

제17조의4(부담금의 부과 · 징수사무의 위임)

① 시 · 도지사는 당해 시 · 도의 조례가 정하는 바에 따라 부담금의 부과 · 징수에 관한 사무를 시장 · 군수 또는 구청장에게 위임할 수 있다. 이 경우 제17조 및 제17조의2의 규정을 적용함에 있어 "시 · 도지사"는 "시장 · 군수 또는 구청장"으로 본다.

② 제1항의 경우 시 · 도지사는 부담금의 부과 · 징수에 관한 사무의 처리비용으로 시장 · 군수 또

는 구청장이 징수한 부담금의 100분의 3의 범위에서 해당 시 · 도의 조례로 정하는 금액을 시장 · 군수 또는 구청장에게 교부할 수 있다. 다만, 해당 시 · 도의 조례로 정하는 징수율 이상으로 부담금을 징수한 경우에는 징수한 부담금의 100분의 10의 범위에서 해당 시 · 도의 조례로 정하는 금액을 시장 · 군수 또는 구청장에게 교부할 수 있다. <개정 2015.12.15.>

[본조신설 2001.4.30.]

제17조의5(부담금의 사용용도) 법 제11조의6 제3항 제4호에서 "대통령령으로 정하는 광역버스운송사업에 대한 지원 및 광역버스운송사업 관련 시설의 건설 또는 개량"이란 다음 각 호의 어느 하나에 해당하는 사업의 지원이나 시설의 건설 또는 개량을 말한다.

1. 다음 각 목의 광역버스운송사업에 대한 지원
   가. 수익성이 없는 광역버스노선의 운행
   나. 2층 전기버스 도입
   다. 운행정보시스템, 좌석사전예약시스템 구축 · 운영 등 광역버스 이용객의 편의 향상을 위한 사업
2. 다음 각 목의 광역버스운송사업 관련 시설의 건설 또는 개량
   가. 환승 정류소 및 버스 회차(回車)시설
   나. 운전자 휴게소
   다. 친환경 차량을 위한 충전소 또는 충전설비
   라. 그 밖에 이용객의 안전 및 서비스 향상을 위한 시설

[본조신설 2020.9.10.]

제18조(업무의 위탁) 국토교통부장관은 법 제13조 제2항에 따라 다음 각 호의 업무를 「정부출연연구기관 등의 설립 · 운영 및 육성에 관한 법률」 제8조에 따라 설립된 한국교통연구원에 위탁한다.

1. 법 제7조 제1항에 따라 수립된 광역교통 개선대책 및 제7조의2 제1항 · 제2항에 따라 수립 · 제출된 광역교통 개선대책 검토
2. 법 제7조 제4항에 따른 광역교통 개선대책의 이행 상황 및 제7조의2 제5항에 따른 광역교통개선대책의 이행 상황 검토
3. 법 제7조의6 제1항에 따른 특별대책지구 지정의 필요성에 관한 검토
4. 법 제7조의8 제1항 및 제2항에 따라 수립 · 제출된 특별대책 검토

[본조신설 2020.9.10.]

[종전 제18조는 제19조로 이동 <2020.9.10.>]

제19조(규제의 재검토) 국토교통부장관은 제16조의2 제8항에 따른 부과율에 대하여 2015년 1월 1일을 기준으로 3년마다(매 3년이 되는 해의 1월 1일 전까지를 말한다) 그 타당성을 검토하여 개선 등의 조치를 하여야 한다.

[본조신설 2015.12.15.]

[제18조에서 이동 <2020.9.10.>]

부칙 <제32403호, 2022.2.8.>

제1조(시행일) 이 영은 공포한 날부터 시행한다.

제2조(부담금 산정기준에 관한 적용례) 제16조의2 제6항 제6호 및 같은 조 제7항의 개정규정은 이 영 시행 이후 「주택법」 제15조에 따른 사업계획승인(변경승인은 제외한다)이나 「건축법」 제11조에 따른 건축허가(변경허가는 제외한다)를 받는 사업부터 적용한다.

III 부 록 3

서울특별시 광역교통시설부담금 부과 · 징수 및 광역교통시설특별회계 설치 · 운영 조례

[시행 2021.09.30]

(일부개정) 2021.09.30 조례 제8127호

관리책임부서명 : 교통정책과

관리책임전화번호 : 02-2133-2240

제1장 총칙

제1조(목적) 이 조례는 「대도시권 광역교통관리에 관한 특별법」 및 같은 법 시행령에서 위임된 사항과 그 시행에 관하여 필요한 사항을 정하고, 같은 법 제11조의7에 따라 서울특별시광역교통시설특별회계의 설치 및 운영에 관하여 필요한 사항을 규정함을 목적으로 한다.

[전문개정 2009.9.29]

제2조(정의) 이 조례에서 사용하는 용어의 정의는 다음 각 호와 같다. <개정 2014.5.14, 2021.9.30>

1. "부담금"이란 「대도시권 광역교통 관리에 관한 특별법」(이하 "법"이라 한다) 제11조 제1항 각 호에 해당하는 사업을 시행하는 자가 광역교통시설 등의 건설 및 개량을 위하여 부담하는 광역교통시설부담금을 말한다.
2. "납부의무자"라 함은 법 제11조 제1항 각 호의 어느 하나에 해당하는 사업을 시행하는 자 또는 같은 조 제2항에 따른 사업시행자의 지위를 승계한 자로서 부담금의 부과를 받은 자를 말한다.
3. "관계행정기관의 장"이란 법 제11조 제1항 각 호의 사업 중에서 부담금의 부과대상이 되는 사업계획을 수립하거나 준공완료 시 그에 관한 승인 · 인가 · 허가 · 준공검사 · 사용검사를 하는 행정기관의 장을 말한다.

[전문개정 2009.9.29]

제2장 부담금의 부과 · 징수

제3조(부담금의 부과율 조정) 법 제11조의3 제3항에 따라 부담금의 부과율을 다음 각 호와 같이 한다. <개정 2014.5.14>

1. 법 제11조의3 제1항 제1호의 부과율 : 100분의 15

2. 법 제11조의3 제1항 제2호 및 같은 항 제3호의 부과율
   가. 주택의 경우 전용면적이 85제곱미터 이하인 경우 100분의 2
   나. 주택의 경우 전용면적이 85제곱미터를 초과하는 경우 100분의 4
   다. 주택 이외의 시설은 100분의 4

제4조(부담금의 부과)

① 서울특별시장(이하 "시장"이라 한다)은 법 제11조의4에 따라 부담금을 부과하고자 하는 때는 「지방세기본법 시행규칙」 별지 제17호 서식(전산용1)에 따른 납부고지서를 발부한다. <개정 2015.10.8>

② 제1항의 고지서에는 법 제11조의5에 따라 이의신청 절차 등에 관한 사항을 포함하여야 한다.

③ 시장은 「대도시권 광역교통 관리에 관한 특별법 시행령」(이하 "영"이라 한다) 제17조 제2항에 따라 부담금 변경으로 납부고지를 다시 하는 때에는 부담금이 증가되는 금액에 대한 납부기한을 고지일부터 60일 이내에서 따로 정할 수 있다. <개정 2019.7.18>

[전문개정 2009.9.29]

제5조(부담금의 납부기한 연기) 납부의무자가 영 제17조 제3항에 따라 납부 기한을 연기 받고자 하는 때에는 별지 제1호서식에 따른 납부연기신청서를 시장에게 제출하여야 한다.

[전문개정 2009.9.29]

제6조(부담금의 분할납부) ① 납부의무자가 법 제11조의4 제2항 단서 및 영 제17조 제4항에 따라 부담금을 분할하여 납부하고자 하는 때에는 별지 제2호서식에 따른 분할납부신청서를 시장에게 제출하여야 한다.

② 제1항에 따른 분할납부의 신청은 부담금의 부과금액이 1억원 이상인 경우에 한하되, 다음 각 호의 기준에 따라 이를 허용할 수 있다.

1. 납부 회수는 2회로 한다.
2. 제1회 납부금액은 당초 부과금액의 100분의 50이상으로 하되, 납부의무자의 신청금액으로 한다.
3. 납부 기한은 제1회 납부금액에 대하여는 당초 부과 고지된 납부기한으로 하며, 제2회 납부금액에 대하여는 사업의 준공검사 또는 사용검사 등을 받기 전까지로 하되 납부의무자가 정한 날로 한다.

[전문개정 2009.9.29]

제7조(부담금의 연체에 대한 가산금) 시장은 납부의무자가 부담금을 납부기한 내에 납부하지 아니하는 때에는 법 제11조의4 제5항에 따라 부담금의 100분의 3에 해당하는 가산금을 부가한다.

[전문개정 2014.5.14]

제8조(부담금의 부과에 대한 이의신청) 납부의무자가 법 제11조의5에따라 부과받은 사항에 대하여 이의를 신청하고자 하는 때에는 별지 제3호서식에 따른 이의신청서를 시장에게 제출하여야 한다.

[전문개정 2009.9.29]

제9조(공제액 산정자료의 제출)

① 사업시행자가 법 제11조의3 제1항 제1호부터 제3호까지의 공제액을 인정받고자 하는 때에는 영 제16조의2 제4항 각 호에 따른 비용부담을 증명하는 서류를 사업의 승인 또는 인가신청서에 첨부하여 관계행정기관의 장에게 제출하여야 한다. <개정 2014.5.14>

② 사업시행자는 공제대상사업의 확정 또는 변경으로 인하여 제1항의 규정에 따른 공제액 산정자료의 내용에 변경이 있는 때에는 지체 없이 이를 당초에 제출했던 관계행정기관의 장에게 제출하여야 한다.

[전문개정 2009.9.29]

제10조(부담금 부과대상사업의 관련자료 제출 등)

① 영 제15조에 따라 관계행정기관의 장이 부담금 부과에 관한 자료를 통보하고자 하는 때에는 별지 제4호서식 또는 제5호서식에 따른 내역서를 작성하여 설계도서 등의 관련 자료를 함께 제출하여야 한다. <개정 2015.10.8>

② 관계행정기관의 장은 영 별표3에 따른 준공 · 사용검사 등의 결정 · 지정 등을 하기 전에 부담금의 완납 여부를 확인하여야 한다.

[전문개정 2009.9.29]

제11조(권한의 위임 등)

① 시장은 영 제17조의4 제1항에 따라 제4조부터 제10조까지의 부담금의 부과 · 징수에 관한 사무를 구청장에게 위임한다.

② 시장은 제1항에 따라 자치구청장이 징수한 부담금의 100분의 3에 해당하는 금액을 부담금의 부과 · 징수에 대한 사무처리 비용으로 해당 구청장에게 교부한다.

[전문개정 2009.9.29]

제12조(준용) 이 조례에 규정되지 아니한 부담금의 부과 · 징수에 관한 사항은 「지방세기본법」의 관련 규정을 준용한다. 다만, 부담금 체납처분 관련 사항은 「지방행정제재 · 부과금의 징수 등에 관한 법률」을 우선 적용한다. <개정 2021.9.30>

[전문개정 2014.5.14]

제3장 서울특별시광역교통시설특별회계

제13조(설치) 시장은 광역교통시설의 확충 등 광역교통문제의 해결에 소요되는 재원의 확보와 부담금의 합리적인 운영 및 관리를 위하여 서울특별시광역교통시설 특별회계(이하 "특별회계"라 한다)를 설치한다.

[전문개정 2009.9.29]

제14조(세입) 특별회계의 세입은 다음 각 호의 수입금으로 한다. <개정 2014.5.14>

1. 법 제11조 제1항 및 같은 조 제2항에 따른 부담금 중 서울특별시 귀속분

2. 법 제10조 제1항에 따른 국고보조금 및 같은 조 제2항에 따른 분담사업비
3. 일반회계로부터의 전입금과 그 밖의 수입금
4. 지방채 및 기금 등으로부터의 차입금

[전문개정 2009.9.29]

제15조(세출) 특별회계의 세출은 다음 각 호와 같다. <개정 2015.10.8>

1. 법 제2조 제2호에 따른 광역교통시설의 건설 또는 개량사업
2. 「대도시권 광역교통 관리에 관한 특별법」 제7조의2에 따른 광역교통개선대책의 이행을 위한 교통시설로서 같은 법 제3조제3항에 따른 국가교통위원회(이하 "위원회"라 한다)에서 구간 또는 위치를 지정한 교통시설의 건설 또는 개량사업
3. 「도로법」에 따른 특별시도, 구도중 시장이 광역교통에 영향을 미친다고 인정하는 도로로서 위원회에서 구간 또는 위치를 지정한 도로의 건설 또는 개량사업. 이 경우에는 특별회계에 귀속되는 부담금의 100분의 10 범위 안에서 사용할 수 있다.
4. 제11조 제2항에 따른 교부금

[전문개정 2009.9.29]

제16조(준용) 이 조례에 규정된 사항 이외에 특별회계의 운영에 필요한 사항은 일반회계의 규정에 따른다.

[전문개정 2009.9.29]

제17조(시행규칙) 이 조례의 시행에 필요한 사항은 규칙으로 한다.

[본조신설 2014.5.14]

부칙 <제3888호, 2001.7.16.>

① (시행일) 이 조례는 공포한 날부터 시행하되, 제3조의 규정은 2001년 4월 30일부터 적용한다.

② (이미 부과된 부담금에 대한 조치) 이 조례 시행전에 부과된 부담금이 제3조의 규정에 의하여 변경되는 때에는 이 조례의 시행일부터 30일 이내에 고지서를 변경하여 발급한다. 이 경우 납부기한은 당초에 고지된 기한으로 한다.

부칙 <제4314호,2005.9.30.>

① (시행일) 이 조례는 공포후 2월이 경과한 날부터 시행한다.

② (분할납부의 대상금액에 관한 적용례) 제6조 제2항 각호 외의 부분의 개정규정은 이 조례 시행이후에 부담금의 부과대상이 되는 사업계획이 승인 · 인가 또는 허가를 받는 분부터 적용한다.

③ (부담금 부과 · 징수의 권한위임에 관한 적용례) 제10조의2의 개정규정은 이 조례 시행이후에 부담금의 부과대상이 되는 사업계획이 승인 · 인가 또는 허가를 받는 분부터 적용한다.

부칙 <제4855호, 2009.9.29.>

이 조례는 공포한 날부터 시행한다.

부칙 <제5696호, 2014.5.14.>

이 조례는 공포한 날부터 시행한다. 다만, 제12조 단서는 「지방세외수입금의 징수 등에 관한 법률」 시행일인 2014.8.7.부터 시행한다.

부칙(서울특별시 자치법규 일괄정비를 위한 조례) <제6016호, 2015.10.8.>

이 조례는 공포한 날부터 시행한다.

부칙(서울특별시 조례의 상위법령 인용조문 일괄정비를 위한 조례) <제7217호, 2019.7.18>

이 조례는 공포한 날부터 시행한다.

부칙 <제8081호, 2021.7.20>

이 조례는 공포한 날부터 시행한다.

부칙(지방자치법 전부개정 등 상위법령 인용조문 정비 등을 위한 서울특별시 조례 일괄개정조례) <제8127호, 2021.9.30>

이 조례는 공포한 날부터 시행한다. <단서 생략>

별지/서식

- 광역교통시설부담금 납부연기신청서
- 광역교통시설부담금 분할납부신청서
- 광역교통시설부담금 이의신청서
- 광역교통시설부담금 부과대상사업 승인 · 인가 · 준공검사 등 내역서 (택지개발사업, 도시개발사업, 아파트지구개발사업, 대지조성사업)
- 광역교통시설부담금 부과대상사업 승인 · 인가 · 준공검사 등 내역서 (주택건설사업, 주택재개발사업, 주상복합건물)

Ⅳ 부 록 4

[별지 제1호 서식] <개정 2021. 7. 20.>

<table>
<tr><td colspan="5">광역교통시설부담금 납부연기 신청서</td></tr>
<tr><td rowspan="3">신
청
인</td><td>① 성 명</td><td></td><td>생년월일
(법인의 경우
법인등록번호)</td><td></td></tr>
<tr><td>③ 상 호</td><td></td><td>④ 전화번호</td><td></td></tr>
<tr><td>⑤ 사무소 소재지
또는 주소</td><td colspan="3"></td></tr>
<tr><td colspan="5">신 청 내 용</td></tr>
<tr><td colspan="2">⑥ 대상사업명</td><td colspan="3"></td></tr>
<tr><td colspan="2">⑦ 부과금액</td><td colspan="3"></td></tr>
<tr><td colspan="2">⑧ 납부기한</td><td colspan="3"></td></tr>
<tr><td colspan="2">⑨ 납부예정일</td><td colspan="3">년 월 일</td></tr>
<tr><td colspan="2">⑩ 연기사유</td><td colspan="3"></td></tr>
<tr><td colspan="5">서울특별시 광역교통시설부담금 부과 · 징수 및 광역교통시설특별회계 설치 · 운영조례 제5조 제1항의 규정에 의하여 위와 같이 신청합니다.

년 월 일
신청인 서명 또는 (인)

서울특별시장 귀하</td></tr>
<tr><td colspan="5">구비서류 : 연기사유를 증명할 수 있는 자료</td></tr>
</table>

[별지 제2호 서식] <개정 2021. 7. 20.>

<table>
<tr><td colspan="5" rowspan="2">광역교통시설부담금 분할납부신청서</td><td>처리기한</td></tr>
<tr><td>30일</td></tr>
<tr><td rowspan="3">신
청
인</td><td>① 성 명</td><td></td><td>② 생년월일
(법인의 경우
법인등록번호)</td><td colspan="2"></td></tr>
<tr><td>③ 상 호</td><td></td><td>④ 전 화 번 호</td><td colspan="2"></td></tr>
<tr><td>⑤ 사무소소재지
또는 주소</td><td colspan="4"></td></tr>
<tr><td colspan="6">신 청 내 용</td></tr>
<tr><td colspan="2">⑥ 대상사업명</td><td colspan="4"></td></tr>
<tr><td colspan="2">⑦ 부과금액</td><td colspan="4"></td></tr>
<tr><td colspan="2">⑧ 납부기일</td><td colspan="4"></td></tr>
<tr><td colspan="2">⑨ 분납희망일</td><td colspan="4">년 월 일</td></tr>
<tr><td colspan="2">⑩ 분납금액</td><td colspan="4"></td></tr>
<tr><td colspan="2">⑪ 분납사유</td><td colspan="4"></td></tr>
<tr><td colspan="6">서울특별시 광역교통시설부담금 부과 · 징수 및 광역교통시설특별회계 설치 · 운영조례 제6조제1항 규정에 의하여 위와 같이 신청합니다.

년 월 일
신청인 서명 또는 (인)

서울특별시장 귀하</td></tr>
<tr><td colspan="6">구비서류 : 기 발부된 납부고지서</td></tr>
</table>

[별지 제3호 서식] <개정 2021. 7. 20.>

<table>
<tr><td colspan="4">광역교통시설부담금 이의신청서</td><td>처리기한
15일</td></tr>
<tr><td rowspan="3">신
청
인</td><td>① 성 명</td><td></td><td>② 생년월일
(법인의 경우
법인등록번호)</td><td></td></tr>
<tr><td>③ 상 호</td><td></td><td>④ 전 화 번 호</td><td></td></tr>
<tr><td>⑤ 사무소소재지
또는 주소</td><td colspan="3"></td></tr>
<tr><td colspan="5">신 청 내 용</td></tr>
<tr><td colspan="2">⑥ 대상사업명</td><td colspan="3"></td></tr>
<tr><td colspan="2">⑦ 부과금액</td><td colspan="3"></td></tr>
<tr><td colspan="2">⑧ 납부기한</td><td colspan="3"></td></tr>
<tr><td colspan="2">⑨ 신청요지</td><td colspan="3"></td></tr>
<tr><td colspan="2">⑩ 신청사유</td><td colspan="3"></td></tr>
<tr><td colspan="5">대도시권광역교통관리에관한특별법 제11조의5, 서울특별시 광역교통시설부담금 부과 · 징수 및 광역교통시설특별회계 설치 · 운영조례 제8조의 규정에 의하여 위와 같이 이의신청합니다.

년 월 일
신청인 서명 또는 (인)

서울특별시장 귀하</td></tr>
<tr><td colspan="5">구비서류 : 증명할 수 있는 자료</td></tr>
</table>

[별지 제4호 서식] <개정 2021. 9. 30.>

광역교통시설부담금 부과대상사업 승인 · 인가 · 준공검사 등 내역서
(택지개발사업, 도시개발사업, 아파트지구개발사업, 대지조성사업)

1. 부담금 부과 대상사업 시행자에 관한 사항

성 명		생년월일 (법인의 경우 법인등록번호)	
상 호		전화번호	
사무소 소재지			

2. 승인 · 인가 · 준공검사 등 통보사항

<table>
<tr><td>대상사업명</td><td colspan="6"></td></tr>
<tr><td>사업지위치</td><td></td><td>대지면적(㎡)</td><td></td><td>세대수(세대)</td><td colspan="2"></td></tr>
<tr><td>도시계획현황</td><td colspan="2">지역( )</td><td colspan="2">지구( )</td><td colspan="2">구역( )</td></tr>
<tr><td>부과근거
규정</td><td colspan="6">□ 택지개발사업, □ 도시개발사업, 주택건설촉진법(□ 아파트지구개발사업
□ 대지조성사업)</td></tr>
<tr><td>통보사유</td><td colspan="6">□ 최초 승인 · 인가 · 허가 □ 변경 승인 · 인가 · 허가
□ 준공검사 신청 □ 사용검사 신청 □ 기타( )</td></tr>
</table>

3. 부담금 면제대상 사업면적

구 분	종전(최초)내역(㎡)	변경내역(㎡)
도시 및 주거환경정비법에 의한 주거환경 개선사업		
주택건설사업중 5년이상 임대하기 위한 임대주택법에 의하여 주택건설사업으로서 국민주택규모 이하의 임대주택		
공익사업을 위한 토지 등의 취득 및 보상에 관한 법률 제78조의 규정에 의한 이주대책의 실시에 따른 주택지의 조성		
「사회기반시설에 대한 민간투자법」에 의한 시설을 시행하는 자가 동법 제21조규정에 의한 부대사업으로 시행하는 사업		
① 계		

주 : 부담금 면제대상 사업내역은 대도시권광역교통관리에관한특별법 제11조의2제1항의 규정에 의함

4. 개발면적 내역

<table>
<tr><td colspan="2">구　분</td><td>종전(최초)내역(㎡)</td><td>변경내역(㎡)</td></tr>
<tr><td colspan="2">② 전체면적</td><td></td><td></td></tr>
<tr><td colspan="2">부담금 면제대상 사업면적(①)</td><td></td><td></td></tr>
<tr><td rowspan="5">제
외
면
적
(※)</td><td>국가 또는 지자체에 무상귀속 또는 기부채납하는 용지</td><td></td><td></td></tr>
<tr><td>국민주택규모의 임대주택의 건설을 위한 용지</td><td></td><td></td></tr>
<tr><td>공익사업을 위한 토지 등의 취득 및 보상에 관한 법률 제78조의 규정에 의한 이주대책의 실시에 따른 주택지의 조성 및 주택건설을 위한 용지</td><td></td><td></td></tr>
<tr><td>공용의 청사용지와 학교용지확보에관한특례법 제1조의 규정에 의한 각급학교 용지</td><td></td><td></td></tr>
<tr><td>③ 제외면적 계</td><td></td><td></td></tr>
<tr><td colspan="2">④부과대상 개발면적(② - ① - ③)</td><td></td><td></td></tr>
</table>

(※) 제외면적 내역은 대도시권광역교통관리에관한특별법시행령 제16조의2제1항의 규정에 의함

5. 용적률 내역 : ⑤(　　　　)%

[적용식]

6. 공제액 세부 내역

구　분	종전(최초)내역(원)	변경내역
도시철도 또는 철도의 건설 및 개량 비용	원	원
지구 · 구역 또는 사업지역밖의 도로설치 비용	원	원
⑥공제액 총계	원	원

주 : 공제액 내역은 대도시권광역교통관리에관한특별법시행령 제16조의2제3항의 규정에 의함

7. 부담금 부과액

구　분	종전(최초)내역	변경내역
⑦부 담 금	원	원
공 제 액(⑥)	원	원
⑧경 감 율	(　　　)%	(　　　)%
최종 광역교통시설부담금 부과액〔(⑦ - ⑥)×⑧〕	원	원

주 : ⑦부담금=표준개발비(국토교통부장관이 매년 고시하는 금액)×부과율(15%)×개발면적(④)×용적율(⑤)/200

주 : ⑧경감율은「대도시권 광역교통관리에 관한 특별법」제11조의2제2항의 규정에 의함

[별지 제5호 서식] <개정 2021. 9. 30.>

광역교통시설부담금 부과대상사업 승인 · 인가 · 준공검사 등 내역서
(주택건설사업, 주택재개발사업, 주상복합건물)

1. 부담금 부과 대상사업 시행자에 관한 사항

성 명		생년월일 (법인의 경우 법인등록번호)	
상 호		전화번호	
사무소 소재지			

2. 승인 · 인가 · 준공검사 등 통보사항

대상사업명					
사업지위치		대지면적(㎡)		세대수(세대)	
도시계획현황	지역(　　)	지구(　　)		구역(　　)	
부과근거 규정	주택건설사업(□재건축사업 □기타사업), □주택재개발사업, □주상복합건물(20세대이상)				
통보사유	□ 최초 승인 · 인가 · 허가 □ 준공검사 신청	□ 사용검사 신청		□ 변경 승인 · 인가 · 허가 □ 기타(　　)	

3. 부담금 면제대상 사업면적

구 분	종전(최초)내역(㎡)	변경내역(㎡)
도시 및 주거환경정비법에 의한 주거환경 개선사업		
주택건설사업중 5년이상 임대하기 위한 임대주택법에 의하여 주택건설사업으로서 국민주택규모 이하의 임대주택		
공익사업을 위한 토지 등의 취득 및 보상에 관한 법률 제78조의 규정에 의한 이주대책의 실시에 따른 주택의 건설		
「사회기반시설에 대한 민간투자법」에 의한 시설을 시행하는 자가 동법 제21조규정에 의한 부대사업으로 시행하는 사업		
① 계		

주 : 부담금 면제대상 사업내역은 대도시권광역교통관리에관한특별법 제11조의2제1항의 규정에 의함

4. 건축연면적 내역

<table>
<tr><th colspan="3">구 분</th><th>종전(최초)내역(㎡)</th><th>변경내역(㎡)</th></tr>
<tr><td colspan="3">② 총 건축연면적</td><td></td><td></td></tr>
<tr><td colspan="3">부담금 면제대상 건축연면적(①)</td><td></td><td></td></tr>
<tr><td rowspan="6">제외면적(※)</td><td colspan="2">지하층(주거용인 경우 제외)과 건물안의 주차장</td><td></td><td></td></tr>
<tr><td colspan="2">공용의 청사와 학교용지확보에관한특례법 제1조의 규정에 의한 각급학교</td><td></td><td></td></tr>
<tr><td rowspan="2">「주택법」 제2조</td><td>제13호 : 부대시설 중 관리사무소</td><td></td><td></td></tr>
<tr><td>제14호 : 복리시설 중 주민공동시설</td><td></td><td></td></tr>
<tr><td colspan="2">재개발 · 재건축사업의 조합원에게 분양되는 건축연면적</td><td></td><td></td></tr>
<tr><td colspan="2">③ 제외면적 계</td><td></td><td></td></tr>
<tr><td colspan="3">부과대상 건축연면적(②-①-③) 또는 주상복합건물인 경우 주택인 시설의 건축연면적</td><td></td><td></td></tr>
</table>

(※) 제외면적 내역은 대도시권광역교통관리에관한특별법시행령 제16조의2제5항의 규정에 의함

5. 부과대상 건축연면적 세부내역
(부과대상 건축연면적 세부내역 작성시 내용이 초과되면 별지로 작성하여 통보)

5-1. 주택부문 건축연면적 세부내역
〔종전(최초)내역〕

구 분	④공급면적(㎡)	층수(층)	⑤세대수(세대)	⑥면적계(㎡)(④×⑤)	⑦표준건축비(천원/㎡)	⑧부과율	부담금(원)(⑥×⑦×⑧)
계					–	–	

〔변경내역〕

구 분	❹공급면적(㎡)	층수(층)	❺세대수(세대)	❻면적계(㎡)(❹×❺)	❼표준건축비(천원/㎡)	❽부과율	부담금(원)(❻×❼×❽)
계					–	–	

5-2. 주택이외의 부문 건축연면적 세부내역

구 분		종전(최초)내역					변경내역				
전용면적	⑨부과율(%)	⑩건축연면적(㎡)	⑪호수(호)	⑫면적계(㎡)(⑩×⑪)	⑬표준건축비(천원/㎡)	부담금(원)(⑨×⑫×⑬)	❿건축연면적(㎡)	⓫호수(호)	⓬면적계(㎡)(❿×⓫)	⓭표준건축비(천원/㎡)	부담금(원)(⑨×⓬×⓭)
계					–		계			–	

6. 공제액 세부 내역

구 분	종전(최초)내역(원)	변경내역
도시철도 또는 철도의 건설 및 개량 비용	원	원
지구 · 구역 또는 사업지역밖의 도로설치 비용	원	원
⑭공제액 총계	원	원

주 : 공제액 내역은 대도시권광역교통관리에관한특별법시행령 제16조의2제3항의 규정에 의함

7. 부담금 부과액

구 분	종전(최초)내역	변경내역
⑮부 담 금	원	원
- 주택부문 부과액	원	원
- 주택이외부문 부과액	원	원
공 제 액(⑭)	원	원
⑯경 감 율	(　　)%	(　　)%
최종 광역교통시설부담금 부과액 〔(⑮ - ⑭)×⑯〕	원	원

주 : ⑯경감율은 대도시권광역교통관리에관한특별법 제11조의2제2항의 규정에 의함

저자소개

장 상 록(張相錄)

▷ 경 력

법학박사, 경영학박사
대구광역시청 지방세업무 30년(서기관 퇴임)
계명대학교 대학원 조세법 강의
밀양대학교 세무회계학과 조세법 강의
지방행정연수원 세무조사 강의
現) 한국공인회계사회 지방세연구위원
　　한국지방세정책학회 학회장
　　한국세무회계학회 부회장
　　한국조세정책학회 부회장
　　한국지방세협회 부회장
　　대한세무학회 부회장
　　법제처 국민법제관
　　안진세무법인 부대표

▷ 저 서

산업단지 입주기업 지방세감면실무 (북랩, 2020)
취득세 해설과 신고실무 (도서출판 탐진, 2020, 2022)
부동산개발 세무실무 (도서출판 탐진, 2022)
지빙세 세무조사 실무 (심일인포마인, 2017, 2019)
지방세 체납정리 실무 (삼일인포마인, 2015, 2017)
사회복지법인의 세무와회계실무 (세연 T&A, 2013)

▷ 수상내역

대한민국 자치발전 대상(2017)
지방공무원 정책연구 최우수상(2016)
대한민국 신지식인(2016)
한국세무회계학회 우수논문상(2012, 2020)
대통령표창(2010)

문 진 기(文鎭基)

▷ 학력 및 경력

계명대학교 경제학과 졸업
대구광역시 지방세업무 30년
대구광역시 남구청 세무과 근무
대구광역시 북구청 세무과 근무
대구광역시 서구청 세무조사팀장
대구광역시 서구청 구세팀장
대구광역시 서구청 세입관리팀장
現) 대구광역시 서구청 체납처분팀장
행안부 지방세포럼 최우수상(2017)
지방재정우수사례 최우수상(2022)

김 정 훈(金正勳)

▷ 학력 및 경력

영남대학교 법학전문대학원(석사)
공인회계사(2008) 변호사(2017)
삼일회계법인
대검찰청 중앙수사부 첨단범죄수사과
회계법인 베율
법무법인 하민
現) 한국세무회계학회 이사
한국금융조세포럼 이사
한국지방세협회 정회원
다인법률회계사무소 대표 변호사

김 성 범(金性範)

▷ 학력 및 경력

경희대학교 경영대학원(경영학석사)
세무사 (2016)
現) 한국세무사회 지방세제도연구위원
한국세무사회 조세제도연구위원
한국토지보상법학회 자문세무사
세무법인 메가넷 파트너 세무사

한 권으로 끝내는 광역교통시설부담금

지 은 이 ‖ 장상록 · 문진기 · 김정훈 · 김성범

펴 낸 이 ‖ 최재범

펴 낸 곳 ‖ 도서출판 탐진

등록 1-996호(倫). 1990. 1. 12.
서울시 마포구 신수로 27-1
Tel. 02) 715-1092 ~ 3
Fax. 02) 701-6391
E-mail. tamjin1990@hanmail.net
Homepage. www.tamjin.co.kr

저자와의 협의하에 인지 생략

2022. 11. 28. 초 판 발행

ISBN 978-89-5540-703-7 93320

정가 22,000원